国家社科基金项目（13BJL052）

新疆对外贸易发展方式转变研究

——基于丝绸之路经济带战略背景

Study on the Transformation of Foreign Trade Development Mode in Xinjiang：Based on Silk Road Economic Zone as Strategic Background

龚新蜀　黄伟新/著

经济科学出版社

图书在版编目（CIP）数据

新疆对外贸易发展方式转变研究：基于丝绸之路经
济带战略背景/龚新蜀，黄伟新著 . —北京：经济科
学出版社，2015.9
ISBN 978 - 7 - 5141 - 6055 - 0

Ⅰ. ①新…　Ⅱ. ①黄…②龚…　Ⅲ. ①对外贸易 - 贸
易发展 - 发展方式 - 研究 - 新疆　Ⅳ. ①F752. 845

中国版本图书馆 CIP 数据核字（2015）第 215447 号

责任编辑：张庆杰　王东岗
责任校对：刘　昕　王肖楠
版式设计：齐　杰
责任印制：邱　天

新疆对外贸易发展方式转变研究

——基于丝绸之路经济带战略背景

龚新蜀　黄伟新/著

经济科学出版社出版、发行　新华书店经销

社址：北京市海淀区阜成路甲 28 号　邮编：100142

总编部电话：010 - 88191217　发行部电话：010 - 88191522

网址：www. esp. com. cn

电子邮件：esp@ esp. com. cn

天猫网店：经济科学出版社旗舰店

网址：http://jjkxcbs. tmall. com

北京万友印刷有限公司印装

710 × 1000　16 开　13 印张　220000 字

2015 年 10 月第 1 版　2015 年 10 月第 1 次印刷

ISBN 978 - 7 - 5141 - 6055 - 0　定价：35. 00 元

前　言

　　第二次世界大战以来，在科技革命和经济全球化浪潮推动下，国际贸易获得了迅猛发展。当今国际贸易格局中，发达国家始终在全球贸易中占据主导地位。分析发达国家贸易强国历程，不难发现，依靠科技创新和产业结构的不断升级，从而实现对外贸易发展方式转变是维护其贸易强国地位的根本原因。而对于大多数发展中国家来说，由于科技水平较低，只能依靠廉价劳动力和资源投入参与国际分工，虽然对外贸易获得快速发展，但是过于追求出口增长高速度和高产值，而不注重环境保护、忽视经济效益和社会效益的粗放型对外贸易发展方式，使得"贫困化增长"现象日益严重。尤其是近年来，随着金融危机后贸易保护主义日渐抬头和贸易摩擦日益加剧，粗放型的对外贸易发展方式使发展中国家面临的国际贸易环境不断恶化，如何加快对外贸易发展方式转变进而实现经济社会的可持续发展成为后发国家的重要议题。

　　改革开放以来，我国顺应发达国家产业转移的良好契机，利用丰富的资源优势大力发展对外贸易，并取得了迅速的发展，为经济和社会发展做出了历史性贡献。但我国总体上依然保持着数量型、粗放型与外延型的对外贸易发展方式，这种依靠资源能源、劳动力等有形要素投入的传统对外贸易发展方式，一方面致使出口产品档次低、附加值低，造成了资源的浪费和环境的污染；另一方面也致使我国产品出口竞争力不强。如果不加快转变对外贸易发展方式，我国外贸发展将难以持续。特别是在国际金融危机影响进一步加深，发达国家市场需求疲软，发展中国家出口产品竞争力增强，国际市场竞争更加激烈，各国贸易保护主义明显抬头的国际贸易环境背景下，主动适应国际经贸格局调整，加快对外贸易发展方式转变，实现我国由贸易大国向贸易强国转变则显得更为迫切。2009年中央经济工作会议正式提出了加快对外贸易发展方式转变，国家"十二五"规划纲要则明确要求"加快转变对外贸易发展方式，推动外贸发展从规模扩张向质量效益提高转变，从成本优势向综合竞争优势转变"。2011年《政府工作报告》中明确提出了"切实转变外贸发展方式"之后，2012年商务部等十部门联合发布了《关于加快转变外贸发展方式的指导意见》，并从国际竞争力提升和外贸结构优化等方面提出了我国转变对外贸易发展方式的发展目标。2014年中国经济进入新常态，经济增速从高速增长转向中高速增长，增长方式从规模速度型的粗放增长转向质量效益型的集约增长，经济结构从增量扩能转向调整存量、做优增量，发展动力从要素驱动、投资驱动转向创新驱动，进入新常态的中国经济由此也为助力我国对外贸易发展方式加快转变奠定了经济基础。

新疆是我国边境线最长，毗邻国家最多的省区，如果放在世界的版图中，新疆乃是欧亚大陆的中心。改革开放以来，新疆的对外贸易正是以其独特的向西开放区位优势以及优越的资源禀赋，在国家政策扶持与推动下，通过全面推进"外引内联、东联西出、西来东去"的开放战略与不断夯实对外贸易的产业基础实现了进出口贸易的快速增长和外贸结构逐步优化，对外贸易已经成为拉动新疆经济增长的重要引擎和促进新疆社会稳定与发展的推进器。然而，随着2008年美国次贷危机引发全球经济衰退，2009年欧债危机进一步拉低全球经济增长预期，2010年初俄白哈关税同盟启动对邻近周边市场影响的不确定性增加，以及2010年底"阿拉伯之春"后中东国家争夺地区影响力的竞争日益激烈，使得新疆外贸发展面临的国际经济与政治环境愈发严峻。2011年中国—亚欧博览会的举办至今，已成为新疆与周边国家多领域合作的重要渠道，特别是随着2013年中国提出共建"丝绸之路经济带"战略以来，中国政府通过高层引领，签署合作框架，推动项目建设，完善政策措施，发挥平台作用等方式积极推动"丝绸之路经济带"建设，这将开启我国与俄罗斯、中亚、西亚、南亚乃至东欧、西欧、阿拉伯国家及北非等国经贸合作新时代。同时，也为地处新丝绸之路经济带核心区的新疆带来了前所未有的机遇。如何加快推进新疆对外贸易发展方式转变，进一步推动新疆对外贸易发展，增强与丝绸之路经济带沿线国家的经贸合作，推动丝绸之路经济带建设，已成为新疆亟待解决的重要现实问题。基于此，本书以新疆对外贸易发展方式转变为研究对象，分析丝绸之路经济带战略背景下新疆对外贸易发展方式转变存在问题及其成因，探讨影响新疆对外贸易发展方式转变的制约因素，设计促进新疆对外贸易发展方式转变的路径，提出新疆对外贸易发展方式转变的保障措施，旨在加快推进新疆对外贸易发展方式的转变。同时也为丝绸之路经济带建设中的西部边疆少数民族地区加快对外贸易发展方式转变提供参考和范式。

本书综合运用经济学、管理学、社会学、地理学等学科的理论和研究方法，结合新疆外贸发展所处的特殊区情，对丝绸之路经济带建设中加快新疆对外贸易发展方式转变进行了研究。本书共7章。第1章概念界定与理论基础。主要对对外贸易、对外贸易发展、对外贸易发展方式、对外贸易发展方式转变概念进行了界定，对比较优势理论、内生增长理论、外贸转型升级理论、竞争优势理论进行阐述。第2章新疆对外贸易发展方式转变现状。在梳理新中国成立以来新疆对外贸易发展方式转变历程基础上，从进出口贸易规模、对外贸易结构、对外贸易竞争力、对外贸易的经济社会贡献以及对外贸易的节能环保效益等方面分析新疆对外贸易发展方式转变的实践效果，进一步对新疆现行对外贸易发展方式中的出口产品国内生产环节的资源利用方式、外贸参与国际市场竞争方式、外贸增进国民收益的方式存在不足进行分析。第3章新疆对外贸易发展方式转变综合测评。通过构建新疆对外贸易发展方式转变的综合评价指标体系，运用改进的熵值法综合测评新疆对外贸易发展方式转变的总体进程和各子系统的转变效果，进一步探讨新疆对外贸易发展方式转变存在的问题及成因。第4章新疆对外贸易发展方式转变影响因素。利用调查问卷收集得到的影响因素评价数据，运用因子分析方法和二项分布logistic模型探寻影响当前新疆对外贸易发展方式转变的因素、作用方向和力度。第5章国内外对外贸易发展方式转变经验及对新疆的借鉴。分析美国、德国和日本三个世界贸易强国对外贸易发展方式转变经验，并对国内沿海发达地区的广东、浙江和与新疆区情相近的广西对外贸易发展方式转变经验进行剖析，在此基础上探寻这些国家和地区对外贸易发展方式转变的成功经验，为新疆加快对外贸易发展提供经验借鉴。第6章新疆对外贸易发展方式转变目标取向和路径设计。提出在丝绸之路经济带建设中当前和今后一段时间新疆对外贸易发展方式转变的目标取向和转变思路，并据此从提高技术创新能力驱动新疆对外贸易发展方式转变，优化产业结构推动新疆对外贸易发展方式转变，推动企业"走出去"带动新疆对外贸易发展方式转变，加强区域经贸合作加速新疆对外贸易发展方式转变等方面设计加速新疆对外贸易发展方式转变有效路径。第7章新疆对外贸易发展方式转变的保障措施。从科技支撑、制度保障、金融支持、人才引领四个方面提出促进丝绸之路经济带建设中新疆对外贸易发展方式转变的保障措施。

　　对外贸易发展方式的转变是一个涉及内容非常丰富的议题。宏观层面涉及不同国家法律、制度和政策问题，中观层面涉及不同区域产业转型升级和资源的最优配置问题，微观层面还涉及不同企业技术创新和产品竞争力提升等相关问题，绝非本书的内容所能涵盖。此外，本书在新疆对外贸易发展方式转变的动力机制，以及新疆各地州市对外贸易发展方式转变路径选择等问题都还有待于今后进一步深入研究。由于作者能力有限，尽管在研究过程中尽了最大努力，但本书难免存在不足之处，恳请读者批评指正！

龚新蜀

2015 年 6 月

目　　录

第 1 章

概念界定与理论基础

1.1 相关概念界定

1.1.1 对外贸易

对外贸易简称外贸，是指从一国或地区角度观察的国际贸易。《维基百科》将国际贸易界定为跨越国境的资本、货物和服务的交易，一般由进口贸易和出口贸易两部分组成，故亦称进出口贸易。那么从一国或地区角度看，当"本国（或本地区）跟外国（或外地区）进行贸易"① 时，国际贸易就是对外贸易或简称外贸，由此《世界经济学大词典》将对外贸易解释为："一个国家（地区）同其他国家（地区）进行商品、劳务和技术的交换，以及与此有关的经济往来。"② 显然从定义出发，以对外贸易的商品内容为标准，我们可以将对外贸易划分为货物贸易（即国际贸易标准分类中的十六类商品）、服务贸易（即世界银行列出的服务行业涉及的十二个部门）和技术贸易（即国际工业产权组织认为的"制造一种产品或提供一项服务的系统的知识"）。然而，从我国对外贸的认识过程看，由于受经济发展水平以及世界贸易发展趋势影响，我国对外贸易的定义长期以来一直仅限于货物贸易即有形贸易，技术贸易和服务

---

① 中国社会科学院语言研究所词典编辑室．现代汉语词典第 5 版 ［M］．北京：商务出版社，2005：346.

② 李琼主编．世界经济学大辞典 ［M］．北京：经济科学出版社，2000：154.

贸易少有涉及，虽然在《中华人民共和国对外贸易法》中，外贸法明确了对外贸易适用范围包括货物进出口、技术进出口和国际服务贸易，但从目前学术界研究重点来看，服务贸易也是近几年才开始受到学者和政府的重视。就新疆而言，新疆正处于对外贸易快速发展时期，其中货物贸易占对外贸易总额一直以来均保持在 90% 以上，服务贸易所占比重低，而且与之相关的数据统计从 2010 年才开始规范起来，从而着重审视新疆货物贸易发展方式转变不仅具备经验数据支撑，而且也极具现实意义。

基于上述考虑，本书将着重强调新疆对外贸易中的货物贸易，从而本书的新疆对外贸易指的是"中国新疆跟外国（或外地区）进行的货物贸易"。需要说明的是，鉴于国际服务贸易和国际要素流动的基本原理与国际商品流动并未有本质区别，下文在论述国际贸易相关理论和国内外学者研究成果时，国际贸易和对外贸易不做明显区分。

1.1.2 对外贸易发展

对外贸易作为国民经济的组成部分，同经济增长和经济发展一样，同样存在增长和发展的区别。但如同经济学家对经济增长和经济发展之间联系和区别认识过程一样，将外贸增长与外贸发展区分开来也是经历了很长一段过程。在经济理论早期研究中，外贸增长与外贸发展是统一概念，都是指一定时期内实际货物和劳务进出口量增加以及人均进出口总额的提高，随着以研究发展中国家经济发展为对象的发展经济学对发展中国家外贸增长过程中出现的贸易条件恶化，甚至出现"出口贫困化增长"，以及外贸增长对外福利转移效应在"合成谬误"条件下更加明显（易先忠、欧阳峣，2009）[1]，发展中国家技术水平提高缓慢以及生态环境破坏等现实情况的深入研究，增长不等于发展已经基本达成共识，而且认为发展可以定义为如下这样一个式子："发展 = 增长 + …"[2]。

由于发展的概念内涵丰富，学者们就对外贸易发展的内涵也给出了各自的

---

① 易先忠，欧阳峣. 中国贸易增长的大国效应与"合成谬误"［J］. 中国工业经济，2009 （10）：36 – 46.

② 马春文、张东辉. 发展经济学［M］. 北京：高等教育出版社，2005：15.

定义。赵芳（1991）[①] 认为外贸发展是以外贸增长为基础，其不仅体现为量的增长，更重要的是国际分工水平、进出口商品结构和技术状况的优化。而外贸增长是一国在一定时期内实际货物和劳务进出口量的增长。外贸出口增长既可借助于竞争力支持下的价格上扬，又可在竞争力不变条件下，以低价换取大量出口而实现。如以后者实现增长，外贸有可能有增长而无发展。但外贸发展必然伴随增长，而且外贸发展是在增长中求得国际竞争力的提高。外贸发展最终表现为一国国际竞争力的提高。金林燕[②]（2012）认为外贸的快速增长并不意味着外贸的科学发展，外贸发展和外贸增长之间是一种包含与被包含的关系，外贸发展包含外贸增长和相关的社会、政治及其他因素。其中，"外贸增长"指一个国家或地区在一定时期内通过生产要素投入的增加或由于生产效率的提高，其外贸规模在数量上的增加，表现为产品数量的增加、出口产品产值的增加等。"外贸发展"不仅指一般的外贸增长，而且指一国家或地区随着外贸产品产出的增长而出现的投入结构、产品结构、相关产业结构等经济结构的升级、资源配置的优化、人民生活质量由此带来的改善。李霞[③]（2012）认为"外贸发展"是个综合的概念，超越了对外贸规模的追求，还寻求外贸结构、制度、效益的协调。因此，外贸发展要求协调各因素之间的关系，必然是一项长期而复杂的任务。而"外贸增长"是一个相对短期的概念，偏重于追求外贸发展的规模和速度，数量的扩大、速度的提升。吴晋[④]（2013）从经济发展概念角度可以引申出外贸发展的概念，认为与外贸增长相比，外贸发展不仅包含出口绝对数量的增加，还包括经济结构、产业结构、劳动者素质、生态环境保护、制度变迁和技术进步等广泛的内容。

　　综上可知，外贸发展含义比外贸增长更为丰富，如果仅以外贸增长为目标，就难免缺少长远考虑，容易出现为了追求短期的经济利益，不惜采取低价换取出口量增长的情况，或者盲目追求进出口数量，而忽视其行为对产业结构调整带来的效益，也不会关注外贸结构优化及提高适应不断变化的外部环境能力。本书认为外贸发展与外贸增长具有紧密的联系，外贸发展的内涵应该是以

　　① 赵芳. 试论我国外贸增长与外贸发展的统一 [J]. 国际经贸探索, 1991 (2): 17 – 23.
　　② 金林燕. 安徽转变外贸发展方式研究 [D]. 合肥: 安徽工业大学, 2012: 9.
　　③ 李霞. 福建省转变外贸发展方式对策研究——基于优化外贸结构视角 [J]. 福建商业高等专科学校学报, 2012 (4): 37 – 47.
　　④ 吴晋. 新疆对外贸易发展方式转变研究 [D]. 石河子大学, 2013.

外贸平稳增长为基础和前提，不断追求外贸结构优化，外贸经济社会效益提高以及适应资源环境约束下可持续发展能力提升的过程。

1.1.3　对外贸易发展方式

适应转变经济发展方式的内在要求，2009 年中央经济工作会议正式提出转变对外贸易发展方式，并在大量调研和组织专家深入研究基础上，于 2012 年由商务部联合八部委出台《促进外贸发展方式转变的指导意见》以解决外贸发展中存在的不平衡、不协调、不可持续的问题。事实上，在金融危机中首当其冲的沿海省份早已意识到以往根据转变外贸增长方式理念指导外贸发展存在的不足。比如浙江作为外贸大省，但其外贸出口缺乏具有自主知识产权的核心技术、自主出口品牌和营销网络，在国际分工价值链上主要处于加工组装等低增值或低端环节（张佑林，2007）[①]。大而不强的浙江外贸使得张钱江[②]（2008）指出"外贸发展方式"与"外贸增长方式"是有重要区别的，比如单就目前更要强调外贸对经济发展的促进作用，对社会就业的贡献等而言，用"外贸增长方式"老概念就无法涵盖或者容易忽视这些要求，更不用说外贸运行范围既要考虑国内生产环节又要考虑国际市场营销环节等因素与国内其他产业部门之间的差别。于凤霞[③]（2009）则在思考如何促进山东省对外贸易发展方式转变时，从利用全球智力资源促进自主创新、在境外建立可持续发展资源基地、发展服务外包优化产业结构、培育具有国际竞争力的跨国公司四个方面提出了看法。然而，早期研究同样存在简单套用经济发展方式概念问题，比如赵英奎[④]（2008）顺应党的十七大报告将"经济增长方式"改为"经济发展方式"的新提法，把"外贸增长方式"改为"外贸发展方式"进行研究。但正如前文所述，如此沿用经济发展方式概念及其分类，并不能突出外贸发展特点，从而不利于转变对外贸易发展方式理论的发展。

在 2009 年中央提出转变对外贸易发展方式之后，近几年关于对外贸易发

①　张佑林. 从产业结构看浙江外贸发展方式的定位 [J]. 浙江树人大学学报（人文社会科学版），2007（6）：34 – 40.

②　张钱江. 重构浙江外贸发展方式 [J]. 国际贸易，2008（2）：29 – 32.

③　于凤霞. 关于山东省转变外贸发展方式的思考 [J]. 经济研究导刊，2009（33）：155 – 156.

④　赵英奎. 对转变外贸发展方式与扩大就业相结合问题的思考 [J]. 理论学刊，2008（3）：39 – 42.

展方式内涵的探讨开始丰富起来。然而现有研究中对对外贸易发展方式内涵不但未能达成一致概念，反而存在一种不好的倾向，就是不仅对对外贸易发展方式与外贸增长方式不加区分，而且将对外贸易发展方式与外贸发展质量、外贸可持续发展的因果关系混淆，出现多数研究中评价对外贸易发展方式指标与外贸增长方式以及后两者并无多大区别的情况（李明生和何天祥①，2005；范爱军和刘云英②，2007；季开胜③，2010；朱启荣④，2011；汪素芹和余康⑤，2011；朱启荣和言英杰⑥，2012）。无疑这不利于决策部门根据对外贸易发展方式转变的评价指标及其结论出台相应对策。同时我们也注意到有的学者在总结我国转变对外贸易发展方式的实践经验并通过理论分析之后，提出了有见地的看法，如裴长洪等⑦（2011）通过对国际金融危机以来我国转变外贸发展方式的经验总结和经济理论分析，将外贸发展方式的经济学含义定义为：外贸的国民收益方式和格局、外贸的竞争方式、外贸的市场开拓方式和外贸的资源利用方式。由于裴长洪等（2011）对对外贸易发展方式转变的经济学解读源于对对外贸易发展方式转变的实践观察，那么其所提出的一个包含从转变外贸的资源利用方式，到转变外贸的市场开拓方式和转变外贸的竞争方式，再到外贸收益的国民收入分配方式的分析框架，有利于后续研究沿着这种分析思路通过更多的实践观察对以此概念为逻辑前提的对外贸易发展方式转变理论加以验证，甚至修正或提出新的理论体系。避免以往研究由于没有一个明确的关于对外贸易发展方式含义，进而讨论转变对外贸易发展方式内容的范围界定看法不一导致当前理论研究仍旧过于关注内涵争论，出现混淆对外贸易发展方式与外贸发展质量或外贸发展水平、外贸可持续发展的因果关系，以及过多遵循转变经济发展方式研究思路带来后续实证研究难以突破

---

① 李明生，何天祥. 区域对外贸易可持续发展综合评价 [J]. 求索，2005（2）：8-11.

② 范爱军，刘云英. 外贸增长方式评价指标体系的构建及实际运用——以山东省为例 [J]. 国际贸易问题，2007（8）：35-40.

③ 季开胜. 外贸发展方式综合评价指标体系探讨 [J]. 中国集体经济，2010（27）：55-56.

④ 朱启荣. 中国外贸发展方式转变的实证研究 [J]. 世界经济研究，2011（12）：65-70，86.

⑤ 汪素芹，余康. 中国外贸增长方式转变绩效的实证研究——基于江苏数据 [J]. 产业经济研究，2011（2）：87-94.

⑥ 朱启荣，言英杰. 中国外贸增长质量的评价指标构建与实证研究 [J]. 财贸经济，2012（12）：87-93.

⑦ 裴长洪，彭磊，郑文. 转变外贸发展方式的经验与理论分析——中国应对国际金融危机冲击的一种总结 [J]. 中国社会科学，2011（1）：77-78，222.

的困境。

由上可知，存在两条思路来把握对外贸易发展方式的内涵，一条思路是从经济发展方式内涵出发，根据外贸发展特点及其条件来界定；另一条思路是总结外贸发展经验，运用经济理论分析并对其发展方式进行概括和总结得出基本含义。然而，正如前文所述，自外贸增长方式概念提出以来，与两条思路相关的研究对其内涵界定和对外贸易发展方式最新提法认识都存在诸多不足，基于此，本书以裴长洪等（2011）对外贸易发展方式的经济学含义为参考，将对外贸易发展方式界定为在一定国际经济环境背景下，一国或地区经济发展阶段表现出来的，能够实现外贸平稳增长的基础上，不断追求外贸结构优化，外贸经济社会效益提高以及适应资源环境约束下可持续发展能力提升的方式和途径。具体包涵外贸出口商品国内生产环节的资源利用方式；为获取进出口贸易收益所选取的市场开拓方式；为进一步扩大国际市场份额所采取的竞争方式；外贸增进国民收益的方式等四方面内容。

第一，外贸出口商品国内生产环节的资源利用方式指的是决定本国（或地区）外贸出口各种要素的结合和作用以实现出口增长的方法和途径。由于本国（或本地区）为完成出口订单而组织商品生产的过程也就是资源利用的过程，因此，外贸出口商品在国内生产环节的生产方式实际上也就是资源利用方式。一般根据生产要素投入使用情况，可以将外贸出口商品国内生产环节的资源利用方式分为资源（如土地、矿产资源、能源等）密集型、劳动密集型、资本密集型、技术密集型；此外，如果以要素投入产出为标准，那么可以分为粗放型的资源利用方式和集约型的资源利用方式；如果根据政府和市场在资源配置中的作用，那么，还可以分为政府主导型和市场主导型的资源利用方式。

第二，为获取进出口贸易收益所选取的市场开拓方式，也即外贸国际市场开拓方式是对外贸易经营者为打开国际市场所采用的手段和方法，是对外贸易在贸易环节促进发展方式转变的重要内容，包括传统方式和现代方式两大类型。合理的市场开拓方式既要发挥自身优势提升传统贸易方式打开国际市场上效率，也要勇于采用国际通用的现代贸易方式，甚至创新开拓国际市场的新方式。通过多种市场开拓方式的组合运用推动市场多元化发展，以逐步降低外贸国际市场过于集中的风险。

第三，为进一步扩大国际市场份额所采取的竞争方式，即外贸国际市场的竞争方式是指一国或地区可贸易的本国产品、产业以及从事贸易的企业在向本国开放的外国市场上为占据其市场份额并以此获取利益的所采取的竞争手段，同样是对外贸易在贸易环节促进方式转变的重要内容，也是对外贸易经营者开拓国际市场方式的延伸。在经济全球化时代，随着信息技术的发展，不同行业和不同地区已经由互联网联结起来，使得整个国际市场的竞争领域不断扩大，表现为竞争已不再仅限于单个产业市场和特定区域范围，而是呈现多行业或地区之间的互动竞争态势，而且竞争内容和形式也不再仅局限于争夺产品的销售市场，还包括在资金、技术、人才、信息乃至于战略伙伴等多个层次上展开竞争。如此也带来了国际市场竞争方式发生了很大变化，如，从以往单靠低廉的价格争取销路、占领国际市场、战胜贸易竞争对手的价格竞争方式转向依靠高质量产品、销售服务、广告宣传及其他推销手段扩大产品销路的非价格竞争方式，乃至这两种竞争方式的组合和创新使用的竞争方式转变；从以往利用企业的可控因素如产品、定价、分销与促销等营销因素的组合作为竞争手段向积极利用经济、心理、政治和公共关系等所有可控与不可控因素，充分发挥权力和公共关系等竞争新手段转变（黄维梁，2001）①。从以往企业单打独斗的纯竞争模式向依靠竞争主体通过建立网络系统，吸引多种角色成员加入，各司其职，形成互依、共生的关系来竞争的"商业生态系统竞争方式"②或生产性服务的组织化，即实现境内外连接各种生产性服务的商业机制和平台的一体化的（裴长洪和彭磊等，2011）③既竞争又合作的混合模式转变。

　　第四，由于外贸的国民收益不仅要看产品附加值中所体现的厂商利润，更要看就业福利和收入福利以及资本形成和增长福利。因此，外贸增进国民收益的方式是指外贸商品生产及其相关经济活动在分配环节促进国民福利增加的手段。就促进区域外贸分工增进国民收益而言，既要鼓励具有先天优势的局部地

---

① 黄维梁. 国际市场竞争方式变化与我国外贸企业策略创新 [J]. 国际商务（对外经济贸易大学学报），2001（2）：1-4.

② "商业生态系统"是由美国学者穆尔（Moore）1993年在《哈佛商业评论》上发表"捕食者与被捕食者：竞争的新生态学"论文中首次提出的概念，是指以组织和个人（商业世界中的有机体）的相互作用为基础的经济联合体，是客户、供应商、主要生产厂家以及其他有关人员——他们相互配合以生产商品和服务——组成的群体。同时包括提供资金的人以及有关的行业协会、掌管标准的组织、工会、政府和半政府组织以及其他有关方面等。这些群体在一定程度上是有意识建立的、在很大程度上是自行组织的、甚至是由于某种原因而偶然形成的。但结果却是：其成员作出的贡献能够相互完善、相互补充（参见：范保群. 商业生态系统竞争方式及其启示 [J]. 商业经济与管理，2005（11）：3-7）。

③裴长洪，彭磊，郑文. 转变外贸发展方式的经验与理论分析——中国应对国际金融危机冲击的一种总结 [J]. 中国社会科学，2011（1）：77-87，222.

区参与国际分工，获取更多进出口收益，也要促进国际生产分工在国内更大范围内优化区域布局，缩小外贸国民收益的区域差距；从产业角度，既要鼓励部分行业提升生产分工的价值链，提高产品质量和附加值，从增长方式上扩大国民收益来源，还要实现中低端制造技术在更多行业的普及，带动国内产业结构调整和优化升级；从市场主体角度，不仅要看产品附加值中所体现的厂商利润，还要站在广大低技能劳动生产者立场上去普及中低端制造业生产，提供更多的就业机会和增加收入，从而缩小个体间的收入差距（裴长洪和彭磊等，2011）①。

本书论述的对外贸易发展方式是指宏观上的地区对外贸易发展方式，不是讲微观外贸发展即企业发展的方式或经营方式。上述四方面内容基本涵盖了外贸部门所涉及的生产、流通、交换以及收入分配的各个环节，从而构成了对外贸易发展方式的基本内容，其中，外贸出口商品的国内生产环节其资源利用方式是适应资源环境约束条件变化，实现外贸可持续发展的基础，为获取进出口贸易收益所选取的市场开拓方式和进一步扩大国际市场份额所采取的竞争方式是进入国际市场并提高外贸国际竞争力，提升产品附加值，赚取超额利润的保障，外贸国民收益的分配方式则决定了外贸发展成果分配的公平。但并不意味着四者之间是相互孤立没有相互联系的，相反，它们存在着紧密的相互联系，表现为：一是出口生产的资源利用方式一方面在决定外贸商品结构和外贸商品质量之时，也直接影响了外贸开拓国际市场及扩大市场份额竞争方式的选择，另一方面外贸商品生产的要素投入结构及其使用效率，则决定了外贸增进国民收益的方式；二是外贸国际市场的开拓方式及扩大市场份额所采取的竞争方式对能否最大限度的实现外贸国民收益起到直接作用，从而一方面从收益总量上影响到外贸增进国民收益的方式，另一方面则从收益实现途径影响外贸国内生产环节的要素投入方式及其效率增进的动力；三是外贸增进国民收益的方式对参与外贸经济活动的行为主体产生直接的激励作用，也就是说，无论是对外贸国内生产环节中投入要素的产权所有者而言，还是对参与国际市场的竞争主体来讲，不管是以何种分工方式参与外贸活动都有利于提高要素使用效率，从而在更大意义上增进社会福利，也将对出口商品国内生产环节的资源利用方式和外贸经营者在国际市场的竞争方式产生重要影响。

---

① 裴长洪，彭磊，郑文. 转变外贸发展方式的经验与理论分析——中国应对国际金融危机冲击的一种总结 [J]. 中国社会科学，2011 (1)：77 - 87，222.

1.1.4　对外贸易发展方式转变

前文对对外贸易发展方式相关概念的定义已经指出，本书界定的对外贸易仅限于货物贸易，外贸发展的目标不仅包括实现外贸进出口量值的增加，还包括在外贸平稳增长的基础上，不断追求外贸结构优化，外贸经济社会效益提高以及适应资源环境约束下可持续发展能力的提升，相应的，为实现外贸发展目标而采取的方法、手段和途径，则称之为对外贸易发展方式。由于外贸在一个国家或地区经济发展的不同阶段或不同地区所扮演角色或发展侧重点不尽相同，那么，不同地区和不同发展阶段为促进外贸发展目标而采取的方式类型也会有所不同。比如不同国家关注外贸发展的经济指标是不太一样的，现在中国已经成为名副其实的贸易大国，但是中国外贸大而不强，在技术创新能力、外贸商品结构、产品质量、自主品牌、营销网络体系、环境保护、主动参与贸易规则制定等方面还处于较低水平，所以这些方面的问题应该成为关注的重点；而像美国这样的传统贸易强国由于受到金融危机冲击，持续多年的贸易赤字对美国经济增长和就业增加拉动作用减弱，如何推动"出口倍增计划"[①] 实施扩大出口，创造就业岗位成为当前美国关注的焦点；还有像日本这样一个拥有众多的跨国企业和全球领先科学技术的贸易强国，由于国内能源资源匮乏，特别是发生福岛核电站泄漏事故之后，如何获取更多能源进口是其关注重点，而另外一些国家则拥有丰富矿产资源（如中亚国家），如何保证本国能源出口获取最大利益同时，进口国内大量需求的轻工产品则是这些国家的诉求。由此可见，外贸发展的目标在不同的国家和地区、不同的发展阶段侧重点是不同的，由此可以采取的实现外贸发展的方式和手段也就不同。从这个意义上讲，对外贸易发展方式没有绝对优劣之分，只要这种发展方式能够适应国际环境变化，符合地区当前发展阶段的技术水平和经济发展要求，并且具有适时转变发展方式应对突发环境变化的能力，那么处于该发展阶段的对外贸易发展方式不存在非转不可的必要。换个角度而言，转变对外贸易发展方式只有当经济发展到一定阶段或外贸发展面临的国际贸易环境发生变化时才具

---

① 2010 年 1 月 27 日，美国总统奥巴马在国情咨文中提出，在未来 5 年内推动出口扩大 1 倍，创造 200 万个就业岗位。这就是美国"五年出口倍增计划"，简称国家出口计划（National Export Initiative, NEI）。

有转变的必要性和可行性。

经过以上分析，既然对外贸易发展方式是在一定国际经济环境背景下，一国或地区经济发展阶段表现出来的，能够实现外贸平稳增长的基础上，不断追求外贸结构优化，外贸经济社会效益提高以及适应资源环境约束下可持续发展能力的提升的外贸增长的方式和途径。那么，就新疆而言，针对现阶段外贸发展面临的国内要素禀赋结构正显著发生变化，外贸管理体制不适应国际通行惯例，加上规模迅速扩张引致国外贸易保护程度加深的现实问题，现阶段对外贸易发展方式转变的经济学含义是：

第一，在外贸国内生产环节，把出口产品的资源利用方式从依靠资源、劳动和资金投入转变到依靠科技创新，提高科技含量和科技贡献率的轨道上来；把以往依靠高投入、低产出的粗放型资源利用方式转变到依靠技术进步，资源利用效率提高的集约型资源利用方式上来；把政府对资源配置过多的行政干预转变到发挥市场在资源配置中的基础地位上来。

第二，在外贸进入国际市场环节，拓展国际市场需要运用新的技术手段和新的贸易方式。为此，国际市场开拓方式的转变不仅包括通过境内外国际贸易中心的建设，发展边境贸易、转口贸易、出口展销等其他贸易方式，还包括通过企业的跨国经营，把生产性服务连接起来的供应链延伸到海外的各种目标市场和细分市场，通过内外贸一体化的供应链体系，增强出口商品的市场渗透力和竞争优势，把市场多元化提高到更高水平，最大限度地把潜在的外需转化为现实的外需市场。从而改变出口贸易停留在"离岸"贸易、境外市场开拓完全依赖境外服务供应商的状况。此外，利用国际电子商务平台，不仅为企业经营管理提供了便捷、廉价的技术手段，而且扩大企业与国际市场的联系，也在一定程度上弥补了海外经营分销渠道不足的缺陷，从而也是转变外贸国际市场开拓方式的重要内容（裴长洪和彭磊等，2011）①。

第三，在参与国际市场竞争扩大国际市场份额环节，把以往单靠价格竞争方式转变到依靠非价格竞争方式以及这两种竞争方式的组合和创新使用的竞争方式上来；把以往利用企业的可控因素作为竞争手段转变到积极利用所有可控与不可控因素，充分发挥权力和公共关系等竞争新手段上来；把以往依靠企业单打独斗、被动参与国际竞争的纯竞争模式转变到依靠竞争主体通过主动建立

① 裴长洪，彭磊，郑文. 转变外贸发展方式的经验与理论分析——中国应对国际金融危机冲击的一种总结 [J]. 中国社会科学，2011 (1)：77-87，222.

网络系统，实现境内外连接各种生产性服务的商业机制和平台的一体化的既竞争又合作的混合模式上来。

第四，在外贸增进国民收益环节，把以往过多强调产品附加值中所体现的厂商利润转变到更多关注依靠全球价值链攀升和推进中低端技术部门的产业转移增加国民收益来源，扩大就业效应和收入福利以及增进社会福利上来。

1.2　理 论 基 础

1.2.1　比较优势理论

比较优势理论是国际贸易理论的重要内容，主要是指以李嘉图的比较成本理论和赫克歇尔—俄林的要素禀赋理论为基本框架，在吸纳其他贸易理论的合理内核的基础上所形成的动态发展的比较优势理论（刘海燕，2003）①。根据社会生产力发展阶段的演变以及理论研究对比较优势形式和来源认识的变化，比较优势理论一般分为静态比较优势理论和动态比较优势理论。

1.2.1.1　静态比较优势理论

静态比较优势理论是在各国消费者的需求偏好完全相同、要素禀赋与技术水平保持不变的假定前提下，阐述国家之间在生产条件上的任何差异都会体现为相对价格差异并由此产生各自比较优势的一种理论。静态比较优势理论以大卫·李嘉图的比较成本学说和赫克歇尔—俄林的要素禀赋理论为代表。其中，比较成本学说是在亚当·斯密绝对成本学说基础上提出来的，该理论假设在市场完全竞争、各国资源禀赋和技术水平相同、生产要素不能跨国流动且国内充分就业等情形下，国际贸易的发生并不局限于劳动生产率不同引起生产成本的绝对差异，比较成本差异也是不同国家参与国际分工和贸易互换获利的基础。在《政治经济学及赋税原理》一书中李嘉图以英国和葡萄牙利用两国在生产布匹和葡萄酒时劳动投入的比较差异并互换商品获利的例子就很好阐释了比较

① 刘海燕. 比较优势理论与中国对外贸易的发展 [D]. 山东师范大学，2003：6－7.

优势理论。与比较成本学说相比，要素禀赋理论在解释贸易产生的原因时并不是依据各国之间的劳动生产率差异，认为在完全竞争市场、各国技术水平相同、生产要素国内自由流动而跨国流动受限、不存在规模经济等情况下，各国间由于资源禀赋差异而产生的生产成本相对差异是两国互利贸易的基础，并主张一国应该生产并出口其国内充裕资源密集型产品，进口国内稀缺资源密集型产品。不仅如此，要素禀赋理论还进一步指出，由于产品相对价格的变动会对要素所有者的相对收入产生很大影响，而贸易会导致相对价格改变，从而国际贸易将会产生很强的收入分配效应。也即对外贸易使得本国相对充裕要素所有获利增加，相对稀缺要素所有利益受损。

1.2.1.2　动态比较优势理论

无论是比较成本学说还是要素禀赋理论，都假定劳动生产率和资源禀赋差异是外生给定的，从而由此形成的比较优势和贸易模式是既定不变的。然而，从长期观察可以发现，一国所拥有资源的数量和结构以及技术水平是随着经济发展而动态变化的，因此需要放宽静态比较优势理论关于规模报酬不变、资源的数量和结构以及技术水平不变等一系列假设，对比较优势进行动态分析才能解释国际贸易出现的新现象，从而诞生了以技术差距论、产品生命周期理论为代表的动态比较优势理论。

技术差距论。技术差距论由美国学者波斯纳于 1961 年在其论文《国际贸易与技术变化》中正式提出。该理论把科学技术视为一种影响国际贸易商品比较利益的独立生产要素，强调了技术在比较优势形成中的决定作用。波斯纳认为各国对某类产品技术的投资及革新的进度不相一致，从而技术创新国与其他国家之间就会存在一个技术差距，或者称之为非技术创新国对技术创新国的模仿滞后，这样技术领先国家就会形成出口技术密集型产品的比较优势，由此促成了该类产品的国际贸易。不过由于技术会通过专利转让、对外直接投资以及贸易的示范效应被转移和扩散到其他国家并最终被这些国家掌握，那么，如果技术创新国技术进步停滞，建立在技术差异基础上的贸易优势将会逐渐消失。

产品生命周期论。产品生命周期论由美国经济学家弗农在其论文《产品生命周期中的国际贸易和国际投资》中首次提出，并由威尔斯等人加以发展。产品生命周期理论认为产品的生产要素比例会随着产品生命周期的不同阶段发生规律变化。在产品创新时期，创新企业在新产品的生产过程主要依靠知识和技术熟练劳动投入维持，企业在生产和销售方面享有垄断权，产品要素密集度表现为技术密集型；随着技术的成熟和生产企业的增加，产品进入成熟时期，创新企业为了降低成本将会减少技术投入，增加资本和管理要素投入，这时期产品表现为资本密集型；而当此类产品生产企业的进一步增多，技术实现标准化之后，产品即进入标准化阶段，这时期创新企业不再具有生产和销售垄断优势，而那些具有低劳动成本的企业更有价格竞争力，此时产品表现为劳动密集型。那么，一个要素禀赋既定的国家就不可能在产品生产的每个阶段都具有比较优势，换言之，要素禀赋不同的国家会在同一产品生产周期的不同阶段形成生产该产品的比较优势，从而生产该产品的比较优势会在国家间发生规律性转移。

综合静态比较优势理论和动态比较优势理论的观点，发挥比较优势是一个国家或地区以合意的对外贸易发展方式获取贸易收益的最佳选择，但需要注意的是形成比较优势的条件或来源并非一成不变的，这就要求一个国家或地区要根据比较优势的动态变化适时转变自身的对外贸易发展方式才能实现外贸的可持续发展。

1.2.2　内生增长理论

受新贸易理论启发，20 世纪 80 年代以罗默、卢卡斯为代表的经济学家把内生创新模式扩展到包括商品、资本和管理经验等诸多要素在内的国际流动，提出了新增长理论。由于他们构建的各个增长模型均以假设要素报酬不变或递增来解释长期的内生增长，认为经济增长是由经济系统的内生变量决定的，因此，新增长理论也称为内生增长理论。由于内生增长理论强调国际贸易是实现技术外溢、知识溢出、人力资本溢出的重要途径，因此，内生增长理论从国际贸易和经济增长的长期关系角度进一步揭示了国际贸易产生的积极作用。其中，罗默的内生增长模型通过引入知识并假定知识的创造是投资的副产品消除要素报酬递减趋势解释了现代经济在知识积累作用下的长期内生增长，认为国际贸易可以加速知识在世界范围内的传播和积累，促使落后国家经济快速增长进而缩小与发达国家之间的差距。卢卡斯的内生增长模型引入和强调了人力资本的作用，认为人力资本的积累一方面对生产率提高具有直接的正向作用，另一方面还有提高劳动和物质资本生产率的外部效应，从而保证了要素报酬递增，由此解释了现代经济的长期内生增长，该理论用于国际贸易领域，一国通过扩大开放尤其是开展对外贸易就可以吸收外国的先进技术和人力资本，从而加速经济发展。

内生增长理论强调内生增长动力的来源于知识、技术与人力资本的积累，同时认为国际贸易可以加速这些要素的积累进程，从而推动贸易各国经济持续增长的观点得到了国内理论学者认可。通过理论发展国内也形成了可以指导我国对外贸易发展方式转变的新增长理论，主要包括创新增长理论、协调增长理论、包容性增长理论。其中，创新增长理论要求我国政府不仅要培育鼓励创新增长的市场体系，为企业发展创造公平竞争的环境，还要加大政府的战略导向和政策支持，加大产业政策的倾斜度和实施力度，有针对性地选择一些重点行业进行突破，实现技术跨越；要通过注重资本和技术密集型的产品的发展和出口，推动高和中高技术密集型的产业，尤其是技术密集型的新兴主导产业的发展和出口，从而推动技术进步，实现对外贸易的创新增长。协调增长理论认为，我国对外贸易要保持适度增长、均衡增长及集约增长。适度增长就是要保持我国对外贸易合理的发展速度，既不追求超常增长，也要策略性调节过慢增长；均衡增长就是要努力实现总需求和总供给的基本平衡，实现产业结构和产品结构的合理布局，实现进口与出口、贸易方式、贸易主体、贸易伙伴的平衡发展，实现贸易与生产、交换、分配、消费等各领域的协调发展；集约增长就要以科学发展观为基础，实事求是发展对外贸易，将外贸发展与环境保护、国民福利提升等结合起来，要注重外贸发展的质量和效益，要坚持绿色发展观和以人为本观。包容性增长理论要求我国外贸发展应遵循可持续发展模式，通过制定与经济可持续发展、生态可持续发展、社会可持续发展等相协调的外贸战略与政策，促使对外贸易形成经济效益、社会效益与生态效益的高度统一，实现对外贸易的持久、稳定、健康发展，实现与对外贸易伙伴的互利共赢（张莉，2012）①。

1.2.3　外贸转型升级理论

外贸转型升级理论是我国学者在吸收西方国际贸易理论合理内核上，根据

---

① 张莉. 构建转变外贸发展方式理论体系探讨 [J]. 国际贸易，2012 (5)：28 - 32.

中国外贸发展面临的国际贸易环境变化不断完善发展起来的。转型升级理论认为，贸易发展到一定的规模，必然伴随着一系列的问题，既有传统积存下来的问题，也有新的发展形势下需要面对的新问题。解决问题可以通过转型升级的方式，即对发展较好的领域稳步升级，优化发展，对不适应发展形势的方式进行转型（张莉，2012）[①]。王静娴在其博士论文《要素市场扭曲对外贸转型升级的影响研究》[②]中从理论上对外贸转型升级的内涵、目标和路径进行分析，认为外贸转型升级不是一个现象的归纳总结，而是一种改变现实的产业行为规范和要求，它既是企业层面的微观行为价值规范，也是中观层面的产业规划，还是宏观层面的区域与国家战略。由于外贸结构包含了外贸发展各方面、各层次属性，而结构决定功能，因此外贸转型升级的内涵实质就是外贸结构的优化升级。外贸转型升级的目标是不同时期国家对于外贸发展重心有不同的战略部署，是适应当时的国内外环境的合理安排。中国外贸转型升级在外贸出口产品方面应按照逆向产品生命周期的路径进行波浪式升级，从依赖出口劳动密集型产品为主，逐步向出口资本密集型产品，出口技术密集型产品方向转变，如果按照微笑曲线的发展路径，应当促进外贸产业向微笑曲线两端的高附加值方向发展以促进外贸转型。而在新国际贸易环境下，影响对外贸易发展的要素不再局限于传统的土地和劳动等生产要素，研发、信息和组织管理等都是新生产要素，而且与一个国家出口产品的国际竞争能力存在着很强的正相关性，并可以改变一国的国际分工和国际贸易地位。因此在新国际贸易环境下，中国要实现外贸转型升级，还应当沿着新要素的发展路径，加大对于人力资本、技术创新、信息管理要素的投入，对只注重传统要素的对外贸易发展方式进行转型升级，延长价值链及产业链，实现对外贸易的可持续发展。同时，依靠科技投入提高全要素生产率，发展中国技术密集型产业，也是实现对外贸易创新增长和转型升级的路径。

1.2.4 竞争优势理论

竞争优势理论是美国著名战略管理学家哈佛大学迈克尔·波特教授在20世纪80年代系统地提出的。波特关于竞争优势理论的研究在其1980年的《竞

---

① 张莉. 构建转变外贸发展方式理论体系探讨 [J]. 国际贸易，2012 (5)：28 - 32.
② 王静娴. 要素市场扭曲对外贸转型升级的影响研究 [D]. 辽宁大学，2014.

争战略》、1985 年的《竞争优势》、1990 年的《国家竞争优势》三部最具代表性著作中均有体现。波特在《竞争战略》中强调了竞争策略与环境之间的关系，通过构建"五力分析（供应商的讨价还价能力、购买者的讨价还价能力、潜在竞争者进入的能力、替代品的替代能力、行业内竞争者现在的竞争能力）"模型，提出了企业获取竞争优势的三种战略，即成本领先战略、差别化战略、目标集聚战略。在《竞争优势》中，波特提出了价值链概念，认为企业要保持的竞争优势实际为企业在价值链某些特定战略环节上的优势，而企业竞争优势的来源既可以来源于企业间协调或合用价值链所带来的最优化效益，也可以是价值活动所涉及的市场范围的调整。在《国家竞争优势》中，波特从微观角度对竞争力和经济发展展开了分析，创立了钻石理论（也翻译为菱形理论）用以揭示某一区域的某一特定领域影响生产率和生产率增长的各因素，而我们熟知的竞争优势理论即是指波特的菱形理论①。

　　波特竞争优势理论的钻石体系包括四大关键要素和两个辅助因素，四大关键要素分别是生产要素、需求条件、相关和支持性产业以及企业战略、企业结构和同业竞争，两个辅助因素分别是机会和政府。四大关键要素中，第一个关键要素生产要素在于考察一个国家在特定产业竞争中有关生产方面的表现，根据专业化程度可以将生产要素分为一般性生产要素和专业性生产要素，并认为一般性生产要素虽然能提供最基本的优势，但是这些优势很多国家都有，因此相比专业性生产要素提供产业更具决定性和持续力的竞争优势基础而言，其效果相对不甚显著，由此一个国家要想经由生产要素建立起又强又持久的产业优势，就必须发展专业性生产要素。第二个关键要素需求条件在于考察本国市场对该项产业所提供产品和服务需求如何，认为内需市场不仅可以借助它对规模经济的影响力而提高产业效率，而且更为重要的是内需可以作为产业发展的动力不断刺激企业改进和创新。不过波特也指出，从竞争优势观点来看，国内市场的质量对市场需求量更为重要。第三个关键要素相关和支持性产业是要考察这些产业的相关产业和上游产业是否具有国际竞争力。波特认为形成国家竞争优势的关键在于相比其他国家而言能提供更为健全的休戚与共的优势网络，这就要求必须在国内培育具有在国际上有竞争力的供应商及配套的相关产业。因为当上游产业具备国际竞争优势时，它对下游产业会产生多方面影响，但假如

---

　　① 符正平. 新竞争经济学及其启示——评波特竞争优势理论 [J]. 管理世界，1999（3）：216 –217.

下游的相关产业缺乏有效应用相关产业能力，单靠上游企业的竞争力，也不足以形成该国在这个产业的国际竞争力。第四个关键要素就是企业，包括该如何创新、组织、管理公司以及竞争对手的条件如何等。波特认为企业的目标、战略和组织结构往往随着产业和国情的不同而不同，国际竞争优势正是各种差异条件的最佳组合。而国内市场竞争者的状态，更在企业创新过程和国际竞争优势上扮演重要角色。对于两大辅助因素，波特认为机会非企业和政府所能控制，但是有些机会因素可能会调整产业结构，为一国企业超越另一国企业提供机遇；而对于政府的作用，波特认为政府与其他关键要素之间的关系既非正面也非负面，观察政府角色在产业创造竞争优势过程中作用，要根据公共政策的表现。比如政府政策运用在已经具备其他关键要素的产业上，那么可以加速和强化产业优势，但如果产业发展没有其他关键要素的搭配，那么政府政策再扶持也无济于事。①

---

① ［美］迈克尔·波特著，李明轩，邱如美译. 国家竞争优势（上）［M］. 北京：中信出版社，2012：63－116.

第 2 章

新疆对外贸易发展方式转变现状

2.1　新疆对外贸易发展方式转变历程

1949 年新中国成立后，新疆外贸事业开始步入长足发展的历史时期。特别是随着 1978 年中共十一届三中全会之后改革开放基本国策的确立和深入实施，新疆适时转变自身对外贸易发展方式，以不断适应国家和自治区对外开放战略实施和推进。纵观新中国成立以来新疆对外贸易发展方式的转变历程，新疆对外贸易发展方式历经了从计划经济时期的对外贸易发展方式向过渡经济体制时期的对外贸易发展方式，再向市场经济体制时期的对外贸易发展方式三个历史转变阶段，而且表现出了如表 2 - 1 所示的鲜明特征，具体到各时期又展现出丰富的历史内容。

表 2 - 1　　　　　不同历史阶段新疆对外贸易发展方式的特征

时期　　　领域	计划经济体制时期（1949~1978）	计划经济向市场经济过渡时期（1979~1991）	市场经济体制时期（1992~2014）
出口商品国内生产环节	高投入、高消耗、低产出的粗放型生产方式	以高投入、高消耗、低产出的粗放型生产方式为主	技术进步加快，趋向集约型生产，但高投入、高消耗特征明显
进入国际市场环节	无权直接经营进出口贸易	以一般贸易、记账贸易、易货贸易、边境贸易等多种贸易形式直接进入国际市场	在传统贸易方式基础上，还形成了加工贸易、跨境电子商务、境外展销以及海关特殊监管区、对外承接工程带动出口等多元化的市场开拓方式

时期 领域	计划经济体制时期 （1949～1978）	计划经济向市场经济过 渡时期（1979～1991）	市场经济体制时期 （1992～2014）
扩大国际 市场份额 环节	生产企业和进口商品用户 与国际不发生关系	奖出限入政策下的以量 取胜竞争方式	以质取胜（1991）、科技兴贸 （1999）、走出去战略（2003）、 品牌战略（2006）等战略思想 指导下的多元竞争方式
增进国民 收益环节	外贸业务完全由国营进出 口公司垄断经营；进出口 物资国家计划调配；外贸 对经济贡献小	少数地方企业获准从事 对外贸易；外贸收益在 承包经营责任制下国家 与地方分成；外贸对经 济贡献小	国有企业、私营企业、外资企 业乃至个人组成的多路大军从 事对外贸易；外贸收益自主分 配；外贸对经济贡献逐步增大

2.1.1　计划经济体制下的对外贸易发展方式（1949～1978）

新中国成立后，中国废除了与国外签订的一切不平等条约，结束了鸦片战争以来外国洋行垄断中国对外贸易、西方人控制中国海关的历史，并通过实行对外贸易统制政策建立了我国独立自主的对外贸易政策。但从新中国成立到改革开放前的很长一段时间，新疆的对外贸易全部由国家对外贸易部集中管理和统一领导，由其负责编制外贸计划和制定有关法规，并在其授权下，新疆专业外贸公司负责执行国家外贸计划，从而这一时期形成的是计划经济体制框架下外贸体制高度集中、以行政管理为主、国家统负盈亏的对外贸易发展方式。并从外贸出口商品的国内生产环节到国际市场的营销环节，再到外贸国民收益的分配环节固化了计划经济体制下的对外贸易发展方式特征。

在出口商品国内生产环节的资源利用方式上，新中国成立初期，新疆生产设备和技术工艺落后，从1949年至1962年发生"伊塔事件"前很长一段时间，新疆与苏联和东欧国家的外贸出口产品多数来自农牧区收购而来的依靠劳力投入生产的农牧土特产品，然后由新疆国营商业机构和新疆军区军人合作社积极开展对外贸易。1962年"伊塔事件"发生之后直至1978年，由于中苏贸易中断，新疆一方面与巴基斯坦通过开展边境贸易，向巴出口收购而来的棉布、纺织品、陶瓷等商品，进口巴方的尼龙纱、干果、卷烟、药材等生活物资；另一方面有计划地办起一批出口商品生产基地、专用工厂、车间，开发适应西方资本主义国家和港澳地区市场的商品。正是在这个时期，新疆轻纺产品、化工产品以及食品土产品出口开始发展起来①。

在进入国际市场方式及扩大市场份额的竞争方式上，新中国成立初期和第一、第二个五年计划时期（1950～1962），新疆的对外贸易基本上是对苏联及部分东欧国家的记账贸易，外贸商品也均通过新疆口岸，由新疆外贸公司直接进行经营，自1962年中苏贸易中断后，虽然新疆与邻国巴基斯坦开展了边境贸易，并将对外贸易开始转向西方国家和港澳地区。但是新疆外贸发展由于受国家外贸管理体制制约，无权直接经营进出口贸易，在单一的计划管理体制下，新疆出口商品的生产企业和进口商品用户与国际不发生关系。外贸公司以买断方式收购出口商品，执行国家调拨计划，负责把收购商品运送到大连、天津、上海等口岸，其余工作由当地口岸完成。进口商品也按照国家计委、对外贸易部下达的货单完成进口订货、承付、商品托运等对外业务，并按计划将进口商品调拨给用货单位。

在外贸增进国民收益方式上，新中国成立初期，新疆对外贸易通过贸易换回生活必需品以满足人民的需求，为尽快恢复经济，稳定社会起到了重要作用。特别是在1950年中苏签订贸易协定后的很长一段时间，新疆通过霍尔果斯、吐尔尕特、巴克图和吉木乃等多个口岸将大量的农牧土特产品销往苏联，而苏联的农业机械、汽车、汽油等生产物资和布、糖、日用百货、医药、纸张等生活用品源源不断地进入新疆，但受到计划体制制约，新疆外贸业务全部由国营进出口公司经营，对外进出口经营权仅仅授予外贸专业总公司及其所属口岸分公司，并按经营分工统一负责进出口贸易的对外谈判、签约、履约等业务活动，其他机构一律无权经营进出口业务。尽管如此，这种外贸管理体制下的贸易收益分配方式，不仅丰富了新疆市场上的物资，而且为新疆的农牧产品开拓了市场，增加了农牧民收入。即使在"文革"期间，虽然新疆外贸发展处于缓慢甚至停滞状态，但从西方发达国家和港澳地区的出口创汇也很大程度上增加了国家的外汇收入。

---

① 曾锁怀. 辉煌六十载　丝路谱新篇——新疆对外贸易60年发展纪实［J］. 大陆桥视野，2009 (10)：80～82.

2.1.2　计划经济向市场经济过渡阶段的对外贸易发展方式 （1979～1991）

1978 年国家实行改革开放政策，新疆外贸事业迎来了发展的春天。为适应改革开放的时代需要，新疆积极转变原有高度集中的外贸体制下通过国家指令性计划以及行政干预，实行外贸专业公司独家经营，工贸分离、产销脱节以及外贸财务统包盈亏、缺乏激励机制的对外贸易发展方式。在 1979～1991 年的 12 年间，新疆外贸领域逐步开始了以市场为导向，在涉及外贸国内生产环节到流通、分配领域进行以打破旧制为主要内容的发展方式转变。

在出口商品国内生产环节的资源利用方式上，虽然自治区开始筹建外贸商品出口基地，由于当时生产设备和技术工艺落后，出口增长主要依靠大量劳动投入，通过简单的手工劳动用于生产出口的外贸商品，而且这些外贸出口商品仍旧以新疆具有资源优势的诸如棉花、哈密瓜、香梨、厂丝、羊毛衫、服装、地毯、酒花、肠衣、硫化碱、蛭石、元明粉、花色布等加工程度较低的初级产品为主，深加工产品尤其是机电产品出口比重小。即便在 20 世纪 90 年代兴起加工贸易业务，也是进口包装物料盒原材料，经过简单加工后复出口。

在进入国际市场方式及扩大市场份额的竞争方式上，自 1981 年国家批准新疆自营进出口业务后，1981 年 5 月自治区外贸局即在天津设立办事处，新疆专业外贸公司在给总公司供货之余，在沿海口岸通过一般贸易将本地商品出口至美国、日本等发达资本主义国家和港澳地区。同时，继 1982 年 4 月中苏两国对外贸易部就恢复中国新疆同苏联的贸易达成协议之后，1983 年先后开通了中国新疆同苏联边境的霍尔果斯和吐尔尕特两个通商过货口岸，打开了新疆对苏易货贸易的便捷通道。1986 年 2 月经外经贸部批准，新疆正式恢复和开展了同苏联中亚 5 个加盟共和国和俄罗斯共和国的阿尔泰、克拉斯诺亚尔斯克两个边疆区和克麦洛沃自治州的地方边境贸易。1987 年乌鲁木齐航空港经国家批准成为国际航空口岸。1988 年 11 月，中蒙两国就新疆与之相邻的西部地区开展贸易达成协议，先后开放了塔克什肯、乌拉斯台、老爷庙三个对蒙贸易口岸。这些边境口岸及沿边城市的开放，为新疆外贸开拓周边市场搭建了平台，也为新疆外贸企业利用多种贸易方式发展自己提供了可能。这一时期新疆形成了在政府主导下，以一般贸易、记账贸易、易货贸易、边境贸易等多种贸易形式的企业自主经营的直接进入国际市场的竞争方式，一改过去长期以来外贸公司只管出口货源的收购、调拨，无权经营出口业务，被动参与国际竞争的局面。

在外贸增进国民收益方式方面，这个时期为了贯彻落实《国务院关于大力开展对外贸易增加外汇收入若干问题的规定的通知》精神，新疆开展对外贸易的主要目的在于为国家赚取更多的外汇，于是在原有外贸专业公司之外，先后成立了农垦、有色金属、机械设备、基地公司等农贸、工贸结合的进出口公司，另外还建立了天山毛纺有限公司等一批中外合资企业，打破了以往对外贸易高度集中、独家垄断的格局，特别是1986年，新疆国际经济合作公司的成立，标志着新疆外贸已经初步构建起了一个多层次、多渠道的国际营销网络。之后，为了适应对外贸易发展需要，1987年新疆成立了地方贸易进出口公司、丝路贸易公司和伊犁、塔城、阿勒泰、昌吉、克孜勒苏、喀什等地州的外贸公司，从而使得新疆各地区均能在对外贸易中获益。但由于受到当时外贸管理体制的制约，扩大外贸收益来源的主要途径还是来自于几家专业外贸公司，但与以往不同的是，新疆外贸已经不再仅仅是完成国家外贸部下达的任务，而是利用外贸业务自营权，一边给有条件的地州下放边境贸易进出口经营权，另一边鼓励企业改善经营机制，尤其是在1988年国家推行出口承包责任制之后，鼓励各经营不同类型商品的外贸公司，大胆推行以承包经营责任制为主的多种经营方式，以多种贸易形式组织本地产品出口，增加财政收入和扩大出口创汇，逐步实现从以往由单纯完成计划任务的经营方式向主动适应市场的生产经营型方式转变。总体而言，这一过渡期的新疆外贸增进国民收益方式既注重出口创汇总量增加，又逐步扩大外贸收益的地区范围，同时对外贸企业扩权让利和推行承包经营责任制以改进激励机制，逐步实现了外贸企业从"吃大锅饭"向自主经营、自负盈亏的方式转变。也正因如此，新疆的对外贸易既增加了财政收入，扩大了出口创汇，还对增加就业门路，促进社会稳定和拉动经济增长和促进结构调整起到了重要作用。

2.1.3　市场经济体制下的对外贸易发展方式（1992~2014）

1992年邓小平发表南方谈话，6月中共中央提出"社会主义市场经济"的改革目标，同年10月召开的十四大正式确定这一目标，1993年十四届三中全会中通过《中共中央关于建立社会主义市场经济体制若干问题的决定》，正式标志着我国改革开放进入用社会主义市场经济体制代替旧体制的历史阶段。在此历史潮流推动下，新疆明确了以地缘优势带动资源优势，以贸易先行促进产业联动，把新疆建成全国向西开放的重要商品生产基地的外贸发展思路。在此战略思想指导下，新疆对外贸易发展方式转变历经了两大发展阶段。

2.1.3.1　第一阶段：市场经济体制下对外贸易发展方式转变起步阶段（1992～2001）

这一时期以 1992 年 3 月新疆作出《关于加快改革开放步伐，加速新疆经济发展的决定》为标志。在国务院《关于进一步积极发展与原苏联各国经贸关系的通知》推动下，新疆在加速市场经济体制改革进程中，对外贸易发展方式也作出了适时调整。总体而言，这一时期的方式转变还处于起步基础阶段，表现为：

在出口商品国内生产环节的资源利用方式上，由于新疆人才缺乏，科研开发经费不足，加上企业本身技术力量和创新能力不强，在工业基础比较薄弱条件下形成不了快速增长的技术密集型产业，导致产品种类少且技术含量低，出口产品主要是棉花、棉纱、棉布、羊毛衫等农业初级产品、纺织品和服装类产品之类的劳动密集型产品，出口结构还没有实现从数量型向质量型的转变。

在进入国际市场方式及扩大市场份额的竞争方式上，得益于国务院决定赋予新疆对外开放八条优惠政策支持，特别是国发〔1996〕2 号文件的出台，为新疆边境贸易发展给予了政策上的支持。新疆在做大做强边境贸易的同时，外贸企业利用多种贸易方式发展自己，由过去新疆仅有一般贸易、执行国家协定的记账贸易和对巴基斯坦的边境贸易等方式，开始不同程度的应用补偿贸易、易货贸易、边境小额贸易，租赁贸易、加工贸易、转口贸易、旅游购物贸易、寄售、租赁、劳务输出、工程承包等方式开拓国际市场。然而，在国际市场的竞争方式上，新疆具有比较优势的出口商品中，原料和半成品的比重偏大，制成品比重小，这样就使得产品附加值偏低的传统产业参与国际竞争方式仍旧主要是靠其低廉的价格，一直没有跳出"以量取胜"的模式[①]。

---

① 张华，段华友. 浅析新疆的出口贸易［J］. 新疆财经，2001（6）：14–16.

在开展对外贸易增进新疆国民收益方式上，就市场主体分工而言，1992年新疆给予了地州外贸公司一般贸易经营权和边境贸易经营权，1995年在财务上和自治区脱钩，与地州市财政挂钩。部分县级外贸企业1994年以来也获得了自营进出口权。1998年新疆私营生产企业和科研院所也被赋予自营进出口权，标志着新疆对外贸易领域形成了多种所有制企业和科研院所共同发展的局面。就区域分工而言，新疆建立伊宁、博乐、塔城边境经济合作区，并后续先后开放了乌鲁木齐航空港、喀什机场、阿拉山口、巴克图等一类口岸，自治区政府方面同时也批准对外开放二类口岸12个。依托沿边沿桥优势，伊犁州、博州、喀什、克州、塔城、阿勒泰等地通过发展特色的边境贸易有效带动了地区经济发展。伊犁州坚持外贸强州战略，通过推行跨境经济合作新模式，加速出口加工区、商务区、互市贸易区的多区联动开展边境贸易，有力带动了地区经济发展；博州立足口岸兴州，发挥阿拉山口口岸物流通道优势，促成一批工业项目落地投产并实现出口，加速了地区产业结构调整；喀什地区、克州依托口岸发展对外贸易，吸引区内外企业落户共同开拓周边市场，推动了地区外向型经济发展；乌鲁木齐市发挥区域商贸物流中心作用，大力发展边贸项下旅游购物贸易，带动了与外贸相关的商业、金融、运输等行业的发展。其他地州以开放促发展的思路极大地推动外经贸发展。

2.1.3.2　第二阶段：市场经济体制下对外贸易发展方式转变加速阶段（2002~2014）

进入21世纪，特别是中国"入世"后，在国家进一步深化外贸体制改革以适应世界贸易体制要求下，2002~2014年，新疆也在以下方面逐步转变对外贸易发展方式以适应新的外贸体制框架下不断变化的国际贸易环境对新疆外贸发展带来的挑战。

在出口商品国内生产环节的资源利用方式上，为扭转新疆外贸出口商品生产技术落后，产品质量不高及附加值偏低的状况。这一时期新疆始终致力于扩大地产品出口和进口商品在新疆的落地加工，打造面向中西南亚的进出口商品加工基地。新疆从特色农业、轻纺工业、机电和高技术产业等领域的众多企业中，选出若干产业特色鲜明、技术创新能力突出、出口规模不断扩大、国际竞争力较强、产业链和配套体系完整企业作为新疆出口创新和外贸转型示范基地，鼓励和扶持有一定基础的外向型企业生产适合周边国家市场需求的出口产品。由此推动外贸出口生产从以往过多依赖物质投入和资源消耗的格局向节约能源、绿色环保等与转变资源利用方式有关的对外贸易发展方式转变。

目前，新疆已经建立了国家级特变电工科技兴贸出口创新基地，和昌吉回族自治州番茄基地、巴音郭楞蒙古自治州林果产业基地、乌鲁木齐功能聚合物及复合材料基地三个国家级外贸转型升级示范基地（见表 2 - 2）。此外，为了发挥农业资源优势和提高出口产品科技含量，2012 年自治区商务厅联合多部门出台了《自治区农产品出口示范基地创建实施办法》，认定了首批 6 家自治区农产品出口示范基地。联合科技厅认定了 11 家自治区科技兴贸出口创新基地，鼓励自主出口品牌企业加大创新投入，引进研发人才，配置必要资源，积极研究开发拥有自主知识产权的新产品、新品种，不断提高自主出口品牌商品的科技含量和附加值。从而拥有了一批包括三一重工（工程机械）、特变电工（变压器、电线电缆）、屯河型材、新能源（太阳能光伏电）、伊品酪蛋白等高新技术企业在内的可以生产开发具有自主知识产权的出口产品。同时，主动承接东部沿海地区的一些外资企业和有实力的大企业来新疆投资开发和扩大产业转移力度，以提高新疆本地产品科技含量和质量。但是，新疆地方工业化仍处于初级发展阶段，外向型经济产业所占比重小，产业配套能力较差，科技创新能力弱，参与国际市场竞争的物质技术基础薄弱。从而多年来新疆出口商品以纺织、服装、鞋帽、食品、机电、建材等制成品为主，而且商品结构中将近 70% 的轻工产品和机电产品主要是由内地企业生产提供，其余新疆具有资源优势的本地产品诸如纺织纱线及织物、农产品等占比不到 30%①。

表 2 - 2　　　　　　　　新疆外贸出口基地认定情况

项目类别	认定部门	认定时间	获批基地
国家科技兴贸出口创新基地	商务部、科技部 商务部、科技部	2008 年 2010 年	特变电工科技兴贸出口创新基地 乌鲁木齐高新区（新市区）
国家外贸转型升级示范基地	商务部 商务部 商务部	2012 年 2013 年 2014 年	昌吉回族自治州番茄基地 巴音郭楞蒙古自治州林果产业基地 乌鲁木齐功能聚合物及复合材料基地

① 岳永生. 新疆外贸发展特征及金融支持路径研究 [J]. 西部金融，2013（5）：63 - 67.

续表

项目类别	认定部门	认定时间	获批基地
自治区科技兴贸出口创新基地	商务厅、科技厅	2009 年	乌鲁木齐高新技术产业开发区
	商务厅、科技厅	2009 年	新疆中亚食品研发中心
	商务厅、科技厅	2009 年	新疆溢达纺织有限公司
	商务厅、科技厅	2009 年	东风汽车新疆有限公司
	商务厅、科技厅	2009 年	中粮新疆屯河股份有限公司
	商务厅、科技厅	2013 年	新疆金硕植物添加剂有限责任公司
	商务厅、科技厅	2013 年	克拉玛依石化工业园区
	商务厅、科技厅	2013 年	新疆昆仑工程轮胎有限责任公司
	商务厅、科技厅	2013 年	新疆松叶电子科技有限公司
	商务厅、科技厅	2013 年	新疆新姿源生物制药有限公司

资料来源：新疆商务之窗

在国际市场开拓方式方面，新疆利用与周边 8 个国家毗邻区位优势以及丝绸之路经济带上的陆路交通便利，在做大边民互市、旅游购物、边境小额贸易等传统贸易方式之时，还形成了一般贸易、加工贸易、租赁贸易，跨境电子商务、境外展销以及海关特殊监管区、对外承接工程带动出口等多元化的开拓国际市场的方式。其中具有代表性的国际市场开拓方式有：

——搭建国际会展平台。为积极开展贸易促进活动，积极实施"走出去"战略，新疆不仅支持企业抱团出展，而且加强了中国—亚欧博览会和在哈萨克斯坦、格鲁吉亚、蒙古国、吉尔吉斯斯坦、乌兹别克斯坦、塔吉克斯坦等地的自主展会。2012 年新疆共计在境外办展和参展项目 36 个（其中境外办展项目 5 个、境外参展项目 16 个、引导企业参展项目 15 个）。2013 年实施"走出去"项目共 38 个（境外办展 8 个，境外参展 12 个，引导企业参展 18 个）。通过参加境内外展销活动，为新疆外贸企业打开了销售渠道。比如中国新疆华凌工贸（集团）有限公司在第比利斯华凌国际经济特区举办 2013 年格鲁吉亚中国新疆出口商品展洽会，吸引 150 多家中国企业带来了建筑装饰、陶瓷卫浴、机电设备、特色农副产品等 20 多类商品，同时吸引了 200 多位中国企业代表和迪拜、土耳其、格鲁吉亚当地有影响的企业代表前来。在短短 3 天展期中，展洽会贸易成交额近 1.5 亿元，签订投资贸易意向协议约 65 亿元，另有 60 家企业拟在第比利斯华凌国际经济特区和库塔依西华凌免税工业园投资落户，还有约 90 家企业找到了代理商或合作伙伴。

——企业海外直接投资。新疆通过推动企业海外投资有效地应对金融危机冲击和俄白哈关税同盟带来的负面影响，促进了对外贸易发展方式转变。这时期企业走出国门参与国际竞争的数量也开始从无到有，规模也逐步由小到大，从而通过境外工程承包、勘探开采项目等带动成套设备、高新技术出口和能源资源性产品进口。据统计，截至 2013 年，新疆已经有 200 多家企业在周边国家开展商贸物流、资源开发合作、承包大型输变电工程、建设境外园区①等，带动了新疆成套设备、原辅材料出口和资源进口等快速增长②，特别是边贸企业已从经贸合作初期的纯贸易往来行为发展成相互投资建厂。双方企业通过边贸合作积累资金，密切关系，进而投资合作，逐步推动贸易规模扩大，为新疆对外贸易做出了积极贡献。比如新疆三宝实业集团有限公司通过参与国际工程承包，以工程拉动一系列工程需要产品出口，2009 年该公司在哈萨克斯坦巴甫洛达尔市 3 年期石油化工项目，直接带动公司的 3.5 万吨气分联合装置出口。2013 年公司又联合乌鲁木齐经济技术开发区（头屯河区）在哈萨克斯坦曼吉斯套州阿克套市实施"中国工业园"项目，也将带动国内更多制造企业抱团进军中亚甚至欧洲市场。又如作为新疆企业"走出去"发展的代表，中国新疆华凌工贸（集团）有限公司已经在格鲁吉亚投资建立了华凌国际经济特区和华凌自由工业园，已经成为带动新疆众多企业"走出去"、进入欧洲市场的桥头堡和跳板。

——企业构建海外营销渠道。新疆鼓励企业加快建设境外营销总部、专卖店、贸易代表处，推动自治区重点商品市场到境外开设分市场和产品配送中心。目前，在《自治区外经贸区域协调发展促进资金》资助下，新疆一些企业开始在海外建设境外营销网络（见表 2 - 3），从以往单纯接单生产而且过于依赖境外经销商向供应商转型升级，不断提高企业在价值链中的分工层次。比如霍尔果斯富强商贸有限责任公司积极应对俄白哈三国关税同盟大幅上调数千种商品关税税率给企业大宗商品出口带来的成本压力，主动转变市场开拓方式，把产业投资到哈萨克斯坦，在当地直接生产销售，结果一方面降低了产品成本，不断扩大经营领域，另一方面扩大了市场范围，形成以哈国为中心，辐

---

① 目前，新疆已经在格鲁吉亚、俄罗斯、哈萨克斯坦建立了 3 个境外工业园区，2014 年自治区商务厅将组织疆企启动乌兹别克斯坦境外园区建设，这将是疆企布局境外市场的第四个工业基地。见李宁艳. 疆企将建第四个境外工业基地［EB/OL］. 新疆网：http：//www. xinjiangnet. com. cn/xj/corps/201401/t20140120_ 3699495. shtml.

② 董少华. 陈蔷薇. 200 多家"走出去"企业带动新疆对外开放［N］. 新疆日报（汉）. 2013 - 02 - 25.

射中亚、东欧等的销售格局。现在该公司在哈的销售网络已经覆盖全国，工厂增加到了3家。

表 2 - 3　　　　　2012 年自治区外经贸区域协调发展促进资金资助

的 15 个海外生产和营销渠道项目

序号	项目单位	项目名称
1	新疆森兴源进出口贸易有限公司	哈萨克斯坦瓦楞板生产加工项目
2	新疆兄弟联盟网络科技有限公司	新疆美格跨境电子商务公共信息服务平台
3	新疆七宝贸易有限公司	中哈合资矿物质水厂境外营销网点建设
4	乌鲁木齐鼎力盛国际贸易有限公司	阿特劳市车辆及工程机械售后服务机构建设
5	新疆金海达国际贸易有限公司	"宝碗"牌系列食品境外营销网点建设
6	新疆银星永固钢结构有限公司	银星永固（乌兹别克）有限责任公司境外投资前期费用
7	新疆三宝实业集团有限公司	塔吉克斯坦中国制造机电产品展览销售及售后服务机构建设
8	新疆汇屯工贸有限公司	哈萨克斯坦 LZIMOV 公司玻璃制品生产加工及销售
9	新疆隆博实业有限公司	隆博 KEDR 机电产品销售中心建设
10	新疆恒安丰国际贸易（集团）有限公司	阿斯塔纳科格建材销售中心
11	新疆正和经贸有限公司	乌兹别克斯坦塔什干汽车维修站境外合资项目
12	新疆独山子吉利化工有限责任公司	在哈萨克斯坦国阿拉木图设立营销网点
13	伊宁市图勒帕尔外贸有限公司	境外营销网点建设项目
14	新疆新盟丰国际进出口有限公司	哈萨克斯坦新盟丰进出口公司产品展示中心建设项目
15	新疆海利力国际贸易有限公司	境外投资企业改扩建项目

资料来源：2012 年新疆维吾尔自治区外经贸区域协调发展促进资金项目公示

在国际市场竞争方式方面，新疆许多贸易型企业在过去仅做外贸代理基础上对疆内外出口生产企业增加了仓储物流、报关报检等服务内容，有的还形成了包括进出口代理、物流、报关报检、商业融资、代理信用保险、法律咨询等多项生产性服务内容的供应链机制。比如新疆隆博投资集团有限公司通过由外贸流通型企业向集生产、加工、组装、销售为一体的全产业链的外向型企业迈进，现已拥有两个自主品牌"P. I. T."和"KEDR"及上千种销售产品，隆博机电产品在中亚各国的市场占有率达 50% 以上，其中在哈萨克斯坦的市场份额达到 70% ~80%，成为新疆电动工具外贸出口量最大的民营企业。2010 年俄白哈关税同盟建立，在出口贸易壁垒不断增高下，得益于公司产业链竞争方式，2012 年该公司实现进出口总额 2.2 亿美元，比 2009 年的 1.2 亿美元增长了 83%。目前，新疆已经涌现了一批如隆博投资集团一样，通过加强供应链管理，不断从依靠低成本优势、忽视流通领域服务供给的传统竞争方式向依靠高效物流效率、完善售后服务、周到客户关系的竞争方式转变的外贸企业大军。使得新疆外贸在国际市场竞争中从以往缺乏跨国经营的市场主体及其全球商业网络向通过疆内企业的跨国经营，把生产性服务连接起来的供应链延伸到海外市场，通过内外贸一体化的供应链体系，增强出口商品竞争优势的国际市场竞争方式转变。

除上述增加服务内容提高新疆外贸企业竞争力之外，为促进技术进步，主动适应国际贸易的需要，新疆积极推动对采用国际标准的产品实行标志制度，鼓励具有实力的企业也开始利用技术标准参与国际竞争。据统计，自 1978 年我国重新进入国际标准化组织（ISO）以后，截至 2012 年，新疆共有 36 家企业的 50 个产品备案使用国际标准标志，新疆已累计 1185 个产品被确认采用国际标准和国外先进标准。在这些采用国际标准，利用技术标准竞争参与国际贸易的新疆企业中，特变电工采用国际标准涵盖了变压器、电抗器、电线电缆、电力线路设计等 30 余个产品和技术服务领域，涉及具体国际标准近千件。同时，特变电工依托在特高压变压器领域的制造技术优势和国内产业业绩，每年还有多位行业技术专家参与国际标准的磋商和制定，成功将我国的特高压标准纳入国际标准体系。依托企业国际标准主导优势，规划在"十二五"末，特变电工国际市场销售额将占到企业销售总额的 50%。新疆八一钢铁集团有限公司为扩大出口，采用了俄罗斯和原苏联的标准生产钢筋混凝土用的热轧带肋钢筋，充分满足了中亚市场对该产品的质量要求。此外，新疆八一钢铁集团有限公司生产的冷轧板、热轧板、镀锌板、彩涂板等板带产品也采用了国际通行的欧共体 EN 标准、德国 DIN 标准、日本 JIS 标准进行生产，产品出口量逐年上升，企业目前在出口方面已获得了上亿元的利润[①]。

在外贸增进国民收益方式上，方式转变主要表现在：

---

① 资料来源：王涛. 新疆累计有 1185 个产品被确认采用国际标准天山网 [EB/OL]. 天山网. http://news. ts. cn/content/2012－10/12/content＿7324226. htm.

第一，根据各地州地理区位和资源禀赋以及产业发展所处阶段，新疆既发挥具有先天优势的沿边沿桥地区发展对外贸易，也鼓励条件较差的地区发展外向型产业与拉动当地经济结合起来。比如乌鲁木齐实施科技兴贸战略，连续多年加大对出口加工基地、自主出口品牌建设和本地产品出口扶持力度，进出口贸易总额多年稳居全区首位，同时出口贸易在拉动乌鲁木齐经济增长同时，也加速了乌鲁木齐国际商贸中心、国家向西出口加工基地、中转集散地和物流大通道的建设步伐。伊犁州落实"外贸强州"战略，在 2006 年就实现地产品出口 7000 万美元，由此带动当地新增就业 1 万人，促进农牧民增收 1260 万元，也为国家财政创收 5000 万元①。塔城地区依托沿边地缘优势，每年有超过五成的新疆绿色果蔬产品从巴克图口岸出口至国外市场，由此绿色蔬菜出口基地建设已经成为地区新的出口增长点和地区外向型经济的着力点。喀什地区建立外经贸发展扶持基金，鼓励地产品出口，停止征收口岸建设费，改善贸易环境，有力地促进了外向型农业的发展、农业结构调整和农民收入的增加。其他地州市也都把发展外向型产业与拉动当地经济结合起来，在贸易促进地区发展上下功夫，取得了较好成效。

第二，发挥各种类型市场主体的优势，既注重国有外贸企业的重组改造，又鼓励以股份制企业、外资企业和私营企业为主体的非国有企业发展，从而通过微观外贸企业的转型升级促进新疆经济结构调整和产业技术升级，进而对增加全区就业人数、繁荣市场、拉动内需和发展第三产业发挥积极作用。

第三，主动吸引和承接东部地区产业转移，支持沿海内地企业参与新疆工业园区、出口加工区和合作中心建设，发展面向中亚及周边国家市场的外向型产业。

第四，发挥新疆向西开放的地缘优势，坚持"外引内联、东联西出、西来东去"，利用新疆作为内地与周边国家经贸合作大通道作用，发挥集公路、铁路、航空、管道为一体的国际大通道优势，扩大贸易规模，以贸易促进人流、物流、资金流和信息流的大发展，取得综合性的带动效应。总体而言，在市场经济发展及推动下，入世以来新疆不断扩大外贸国民收益的来源及其分配方式，改变了以往国有外贸企业一支独大，区域布局集中，外向型产业与地区资源优势紧密度不强的发展方式，因而对外贸易不仅有力拉动了新疆国民经济的

① 曾锁怀.90 亿美元书写新疆外贸新篇章 [J]. 大陆桥视野，2007 (4)：26-27.

平稳增长，而且在加快促进新疆经济结构调整、带动新型工业化建设和新农村建设，增加财政收入和就业方面发挥了积极的拉动作用①。

2.2　新疆对外贸易发展方式转变的实践成果

转变对外贸易发展方式的目的在于更好地利用国际国内两个市场、两种资源服务当地经济社会发展。60 多年来，新疆根据国内外贸易形势的变化采取了符合自身特点的对策措施，实现了对外贸易发展方式的适时转变，从而卓有成效地促进了新疆对外贸易的快速发展。特别是改革开放以来，新疆对外贸易发展方式的转变使得新疆外贸发展有了显著变化。

2.2.1　进出口贸易规模持续扩大

新疆转变对外贸易发展方式的突出成效之一就是带来了进出口贸易规模的持续扩大。从表 2-4 和图 2-1 给出的新疆进出口总额及其变化趋势可以得知，计划经济体制下的新疆外贸总体规模较小，这一时期虽然自 1949 年至 1960 年进出口总额不断增加，至 1960 年达到了那段时期的最高历史水平 7318 万美元，其中，进口总额在 1960 年达到 2518 万美元，比 1950 年的 713 万美元增加 2.53 倍，出口总额达到 4800 万美元，比 1950 年的 637 万美元增加 6.53 倍。但之后由于中苏关系恶化导致新疆与苏联贸易往来急剧减少，加上外贸缺少自主经营权，之后长达 28 年时间里进出口贸易增长缓慢，截至 1977 年底进出口贸易总额仅为 1407 万美元，几乎与新中国成立初期的 1350 万美元持平。十一届三中全会以后，特别是从 1981 年新疆获批进出口经营权以来至 1992 年中国明确建立社会主义市场经济这段时期，新疆对外贸易规模开始持续扩大，在历经 12 年的持续正增长之后，到 1991 年底新疆进出口贸易总额已经达到 45933 万美元，比 1979 年的 2346 美元翻了 18.85 倍，尤其出口贸易总额更是比 1978 年的 937 万美元多出 40.84 倍，进口贸易尽管在 1985～1991 年出现波动性增长，但与 1979 年相比也增加 5.13 倍。1991 年苏联解体，随后的

① 曾锁怀. 辉煌六十载　丝路谱新篇——新疆对外贸易 60 年发展纪实 [J]. 大陆桥视野，2009 (10)：80-82.

1992 年国务院出台《关于进一步积极发展与原苏联各国经贸关系的通知》，新疆在巩固原有国际市场同时，采取多种方式积极开展与周边国家的对外贸易，结果仅在 1992 年进出口贸易总额就达到 75039 万美元，比 1991 年增长 63.37%，并于 1994 年突破 10 亿美元，又于 2000 年达到一个新的台阶，达到 20.64 亿美元，不过在 2001 年"入世"之前这 10 年时间，进口贸易总额在不断加速增长的同时，出口贸易分别在 1996 年和 2001 年出现负增长。2002 年中国正式履行"入世"承诺，全面融入世界市场，新疆进出口贸易规模也水涨船高，保持进一步持续扩大趋势，在 2007 年实现 137.16 亿美元，成功迈入百亿美元之列，并在一年之后的 2008 年更上一个台阶达到 222.168 亿美元。2009 年，由于新疆爆发"七五"恐怖事件以及金融危机蔓延至新疆的传统贸易市场周边及中亚国家，新疆进出口贸易受到严重影响，但新疆通过对外贸易发展方式的积极转变，已经于 2011 年实现恢复性增长，并在 2013 年进出口贸易总额达到了 275.62 亿美元。

表 2-4　　　　　　　1950~2013 年新疆进出口贸易总额　　　　单位：万美元

年份	进口总额	出口总额	年份	进口总额	出口总额	年份	进口总额	出口总额	年份	进口总额	出口总额
1950	713	637	1966	303	362	1982	1594	9032	1998	72425	80789
1951	822	1111	1967	67	47	1983	2047	9697	1999	73791	102743
1952	889	1431	1968	26	44	1984	7747	15966	2000	105991	120408
1953	835	1048	1969	87	142	1985	11177	18020	2001	110299	66849
1954	1121	1052	1970	127	38	1986	7877	20535	2002	138337	130849
1955	3093	1965	1971	120	50	1987	9244	22291	2003	222977	254221
1956	2808	3631	1972	118	206	1988	10888	29887	2004	258905	304658
1957	2017	3249	1973	369	335	1989	12545	35881	2005	290165	504024
1958	1776	3414	1974	565	252	1990	7495	33530	2006	196404	713923
1959	2233	4956	1975	533	374	1991	9616	36317	2007	221312	1150311
1960	2518	4800	1976	570	336	1992	29653	45386	2008	291755	1929925
1961	958	2848	1977	948	459	1993	42701	49509	2009	300446	1082325
1962	736	1958	1978	1409	937	1994	46441	57612	2010	415853	1296981
1963	9	1687	1979	1568	868	1995	65918	76880	2011	599339	1682886
1964	57	1692	1980	1450	1710	1996	85392	54975	2012	582389	1934687
1965	108	1253	1981	1526	4730	1997	78120	66547	2013	529211	2226980

资料来源：新疆五十年（1955~2005），新疆统计年鉴（2014）

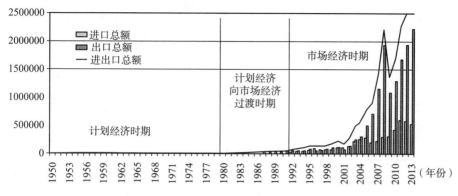

图2-1 1950~2013年新疆外贸进出口总额变化趋势（万元）

资料来源：新疆五十年（1955~2005），新疆统计年鉴（2014）

2.2.2 对外贸易结构不断优化

2.2.2.1 进出口商品结构有序转换

随着周边国家经济发展以及居民生活水平提高，国外对新疆外贸产品在需求总量不断扩大之时，对商品质量和档次也有了更高的要求。为了适应周边国家这些传统贸易市场贸易需求的变化，新疆在转变对外贸易发展方式过程中，一方面不仅发挥亚欧大陆桥的物流交通优势发展过货经济；另一方面也在出口生产基地、进出口产品集散地和发展国际商贸中心上下功夫，调整和优化新疆的对外贸易商品结构，结果带来了新疆进出口商品结构的明显改观。在出口商品结构方面，从表3-5给出的根据《联合国国际贸易商品分类》分类方法[①]整理得到的新疆出口商品结构比例变化情况可以看出，1996年新疆工业制成品占出口商品比重首次超过初级产品，实现了以往出口商品以初级产品为主向以工业制成品出口为主的出口商品结构转变，而且工业制成品在出口商品中所

---

① 注：根据联合国秘书处起草的《联合国国际贸易商品分类》（SITC）分类方法，贸易商品的划分标准是：食品及主要供食用的活动物（SITC0）、饮料及烟类（SITC1）、燃料以外的非食用原料（SITC2）、矿物燃料、润滑油及有关原料（SITC3）、动植物油脂（SITC4）划分为初级产品，而将其余五类产品划分为工业制成品，分别为：化学品及有关产品（SITC5）、轻纺产品、橡胶制品矿冶产品及其制品（SITC6）、机械及运输设备（SITC7）、杂项制品（SITC8）、未分类的其他商品（SITC9）。在工业制成品中，化学品及有关产品（SITC5）和机械及运输设备（SITC7）又可以归为资本及技术密集型产品，其他产品则归为劳动及资源密集型产品。

占比重也呈上升趋势，开始由 1996 年的 70.18% 不断增加到 2013 年的 95.19%，而初级产品所占比重则相应地由 1995 年的 50.31% 下降到 2013 年的 4.81%。不仅如此，出口工业制成品内部结构也开始呈现出积极变化。如图 2-2 所示，虽然新疆劳动及资源密集型产品在出口商品中一直居于主导地位，然而自 2008 年开始，这种类型产品所占比重已经呈现下降趋势，而资本及技术密集型产品在出口商品中的比重正不断上升，这说明资本及技术密集型产品现今正成为新疆外贸出口的新增长点。

表 2-5　　　　1992-2013 年新疆出口产品中各分类产品所占比例　　　单位：%

年份	初级产品	SITC0	SITC1	SITC2	SITC3	SITC4	工业制成品	SITC5	SITC6	SITC7	SITC8
1992	59.92	31.45	0.67	27.35	0.40	0.04	40.08	3.79	1.69	2.69	31.91
1993	64.70	41.31	2.24	19.02	0.34	1.46	35.30	2.52	0.98	4.03	27.63
1994	56.84	22.38	7.78	23.68	2.38	0.40	43.16	2.63	2.53	5.72	32.09
1995	50.31	17.13	5.67	14.15	3.30	0.52	49.69	3.90	2.42	5.82	37.38
1996	29.82	16.07	1.87	7.30	4.46	0.13	70.18	8.09	3.52	6.21	51.30
1997	27.94	14.46	5.18	3.26	4.78	0.26	72.06	8.49	2.69	5.37	55.17
1998	21.90	12.47	1.60	4.39	3.22	0.22	78.10	4.83	3.63	4.54	64.95
1999	22.43	6.85	0.77	13.66	1.15	0.00	77.57	3.72	20.33	2.97	50.51
2000	29.90	5.92	0.81	21.22	1.95	0.00	70.10	3.25	21.21	5.48	40.12
2001	33.14	18.96	0.95	8.97	3.95	0.31	66.86	7.46	21.09	14.85	23.46
2002	30.74	15.34	0.29	13.25	1.78	0.08	69.26	3.70	14.61	8.22	42.67
2003	14.06	9.02	0.16	3.55	1.29	0.04	85.94	3.72	13.48	6.44	62.29
2004	12.38	7.79	0.15	1.37	3.07	0.00	87.62	3.74	13.40	5.67	64.81
2005	9.81	7.32	0.09	0.64	1.73	0.02	90.19	3.60	19.93	5.42	61.25
2006	5.78	4.92	0.00	0.04	0.82	0.00	94.22	0.63	13.03	17.71	62.85
2007	6.31	5.37	0.00	0.00	0.89	0.00	93.69	0.99	13.10	19.42	60.18
2008	5.25	4.32	0.00	0.12	0.81	0.00	94.75	1.16	12.17	11.65	69.77
2009	7.92	7.74	0.00	0.00	0.18	0.00	92.08	0.98	16.98	17.99	56.13
2010	7.35	6.83	0.00	0.00	0.08	0.00	92.65	1.08	16.08	18.66	56.83
2011	6.59	5.79	0.00	0.29	0.50	0.00	93.41	1.15	16.10	20.65	55.51
2012	5.03	4.35	0.00	0.36	0.32	0.00	94.97	1.04	17.57	24.03	52.32
2013	4.81	3.86	0.00	0.43	0.52	0.00	95.19	1.62	17.43	27.34	48.79

注：（1）2005 年以前数据由《新疆五十年（1955~2005）》计算整理所得，2005 年以后数据根据乌鲁木齐海关网站提供的统计数据整理所得；（2）初级产品包括的其他项及工业制成品包括的 SITC9 未分类的其他商品，由于金额较小，本章未予以考虑。

资料来源：新疆五十年（1955~2005），乌鲁木齐海关网站

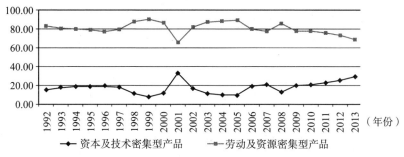

图 2 - 2　1992～2013 年新疆出口工业制成品结构变化趋势（％）

资料来源：新疆五十年（1955～2005），乌鲁木齐海关网站

　　在进口商品结构方面，由表 2 - 6 和图 2 - 3 可以发现，新疆进口商品结构也发生了积极变化，具体表现在：①初级产品进口比重的提升主要来自国内紧需的矿物燃料、润滑油及有关原料（STIC3）这类产品进口，从而进一步彰显了新疆作为连接中亚石油、天然气以及其他矿产资源的能源资源陆上大通道的战略地位；②相比初级产品在进口商品所占绝对大比重而言，工业制成品虽然比重呈现逐年下降趋势，然而工业制成品绝对出口总额在增加的同时，其内部结构中的资本及技术密集型产品进口比重已经于 2006 年开始完成对劳动及资源型密集型产品的赶超，近些年也一直维持在 70% 以上。这说明新疆进口贸易不仅能够满足国家对能源资源产品的进口战略需要，而且正加大资本及技术密集型产品进口用于国内产业发展所需的资本替代和技术改进。

表 2 - 6　　　　　　1992～2013 年新疆进口产品中各分类产品所占比例　　　　单位：%

年份	初级产品	SITC0	SITC1	SITC2	SITC3	SITC4	工业制成品	SITC5	SITC6	SITC7	SITC8
1992	7.81	0.54	0.00	4.99	2.28	0.00	92.19	58.42	11.96	13.41	8.40
1993	11.11	1.61	0.86	4.28	1.61	0.00	88.89	15.33	40.72	28.77	4.06
1994	30.50	0.21	0.11	23.09	5.68	0.53	69.50	10.44	20.62	23.06	7.27
1995	41.74	0.22	0.00	29.04	11.54	0.00	58.26	13.95	18.94	20.82	3.14
1996	19.65	0.24	0.02	19.04	0.04	0.00	80.35	19.28	35.17	20.26	5.03
1997	22.97	0.52	0.00	22.44	0.01	0.00	77.03	13.50	42.44	15.45	5.01
1998	16.30	0.20	0.03	15.95	0.12	0.00	83.70	19.20	45.16	13.33	5.79

续表

年份	初级产品	SITC0	SITC1	SITC2	SITC3	SITC4	工业制成品	SITC5	SITC6	SITC7	SITC8
1999	38.82	1.29	0.16	36.99	0.37	0.00	61.18	10.36	31.87	17.13	1.82
2000	43.87	0.99	0.08	42.47	0.28	0.05	56.13	5.65	33.04	15.61	1.83
2001	34.72	2.48	0.10	31.52	0.62	0.01	65.28	6.38	41.82	14.65	2.44
2002	20.81	1.25	0.01	17.49	2.03	0.02	79.19	5.15	62.46	10.23	1.35
2003	18.71	1.14	0.00	15.08	2.49	0.00	81.29	4.93	59.99	15.06	1.31
2004	27.24	0.21	0.00	22.91	4.09	0.03	72.76	7.80	52.66	10.78	1.51
2005	40.35	0.25	0.00	27.47	12.63	0.00	59.65	4.62	43.38	10.45	1.21
2006	58.96	0.06	0.00	26.81	32.09	0.00	41.04	4.77	17.20	18.31	0.76
2007	63.57	3.44	0.00	17.70	42.44	0.00	36.43	4.14	10.08	22.10	0.11
2008	70.00	3.00	0.00	23.34	43.51	0.15	30.00	3.23	7.71	19.03	0.04
2009	52.29	2.95	0.00	15.80	33.54	0.00	47.71	2.22	12.63	32.86	0.00
2010	67.99	2.35	0.00	23.05	42.59	0.00	32.01	1.81	6.50	23.70	0.00
2011	76.55	1.39	0.00	19.68	55.48	0.00	23.45	0.97	6.45	16.04	0.00
2012	82.91	2.01	0.00	22.26	58.64	0.00	17.09	0.43	4.98	11.68	0.00
2013	83.29	3.61	0.00	19.10	60.58	0.00	16.71	1.07	4.47	10.90	0.26

注：（1）2005 年以前数据由《新疆五十年（1955～2005）》计算整理所得，2005 年以后数据根据乌鲁木齐海关网站提供的统计数据整理所得；（2）初级产品中包括的其他项及工业制成品中包括的 SITC9 未分类的其他商品，由于金额较小，本章未予以考虑。

资料来源：新疆五十年（1955～2005），乌鲁木齐海关网站

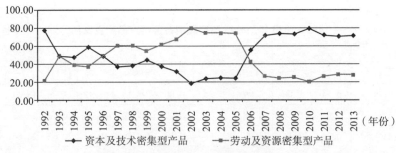

图 2-3　1992～2013 年新疆进口工业制成品结构变化趋势　单位：%

资料来源：新疆五十年（1955～2005），乌鲁木齐海关网站

2.2.2.2　对外贸易方式愈加多元

新疆在转变对外贸易发展方式过程中，利用与周边 8 个国家毗邻区位优势以及丝绸之路经济带上的陆路交通便利，在做大边民互市、旅游购物、边境小额贸易等传统贸易方式之时，还形成了一般贸易、加工贸易、租赁贸易以及海关特殊监管区、对外承接工程带动出口等多元化的开拓国际市场的贸易方式。从图 2 - 4 可以看出，新疆对外贸易方式多年来一直以边境小额贸易和一般贸易为主，其中，边境小额贸易进出口总额在新疆外贸中的比重长期占有一半以上，在 2008 年更是达到历史峰值 79.41%；一般贸易进出口总额所占比重与边境小额贸易所占比重则表现出此消彼长的态势，值得关注的是，自 2008 年以来，一般贸易进出口总额在新疆外贸所占比重在边境小额贸易进出口总额所占比重不断下降之时，已经于 2013 年稳步提高到 34.51%，而其他贸易方式所占比重也有一定程度的提高，这在一定程度上反映了新疆对外贸易方式愈加多样化发展的特点。

表 2 - 7　　　2009 ~ 2013 年新疆进口贸易方式和出口贸易方式结构变动趋势　　　单位：%

进出口	年份	2009	2010	2011	2012	2013
进口贸易	一般贸易	42.84	37.17	28.51	24.79	18.94
	加工贸易	0.85	0.55	0.5	1.17	5.63
	边境小额贸易	52.39	56.93	67.03	70.12	70.38
	外商投资企业作为投资进口的设备、物品	0.33	0.79	0.34	0.3	0.03
	海关特殊监管区域	3.46	4.54	3.6	3.61	5.0
	其他贸易	0.13	0.01	0.02	0.01	0.02
出口贸易	一般贸易	15.53	16.11	28.33	36.23	38.21
	加工贸易	2.97	2.34	1.4	0.99	0.95
	边境小额贸易	69.68	59.17	52.4	46.1	47.75
	对外承包工程出口货物	1.28	1.22	0.42	0.95	1.77
	租赁贸易	0.05	0.27	0.08	0.04	0.02
	海关特殊监管区域	0.01	0.07	0.12	0.72	0.51
	其他贸易	10.48	20.81	17.25	14.96	10.79

资料来源：乌鲁木齐海关网站

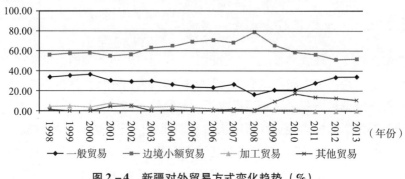

图 2 - 4　新疆对外贸易方式变化趋势（%）

资料来源：新疆统计年鉴（1999~2014）

　　进口贸易和出口贸易也根据贸易需求呈现多种贸易方式并存，多渠道开拓国际市场寻求贸易收益的特点。由表 3 - 7 给出的新疆进口贸易方式与出口贸易方式结构演变可知：金融危机以来，为尽可能获取外贸收益，新疆外贸企业在进口国外商品时，充分发挥邻近周边国家市场的区位优势，在进口贸易中，根据贸易商品类型，多以边境小额贸易方式进口周边国家的资源能源类产品，同时也大力开展加工贸易，使得加工贸易进口比重从 2008 年的不到 1% 增加到 2013 年的 5.63%，而经济特区、综合保税区、出口加工区、保税仓库等海关监管场所也成为新疆进口贸易增加的新渠道。在出口贸易中，新疆外贸企业也采取多种贸易方式营销自身产品，不过与进口贸易方式演变趋势不同，新疆出口贸易方式中边境小额贸易出口比重是逐年下降，一般贸易出口比重是逐年递增，除一般贸易之外的出口贸易方式虽然目前所占比重还比较小，但也可以看到，与企业走出去有关的对外承包工程出口也有了一定程度的增加，海关特殊监管区域的外贸出口开始出现积极变化。

2.2.2.3　对外贸易地理方向越趋合理

　　对外贸易地理方向是指一定时期内一个国家或地区进口商品的来源和出口商品的去向，可以反映出本国或本地区与世界其他国家的经济联系情况。新疆对外贸易发展方式转变的主要目标之一是减少市场过于集中可能带来的市场风险。尤其在金融危机之后和俄白哈关税同盟成立运行以来，特别是 2013 年初哈萨克斯坦下调本国货币哈萨克坚戈对美元汇率对新疆外贸的强烈冲击，使得新疆更加坚信降低贸易市场集中度的急迫性。目前而言，新疆通过企业走出去建立营销网络，主办或组织企业参加国际展会等手段转变对外贸易发展方式，这在保持与周边及中亚国家贸易增长速度稳定的同时，降低对这些国家的贸易依存度方面还是取得了一定成效。

表 2 - 8 反映的是 2006 ~ 2013 年新疆按国别（或地区）计算的各国进口贸易总额占新疆进口贸易总额比重排名前十位的国家和地区变化情况。从表中可知，新疆进口贸易地理方向的集中程度仍然比较高。2006 ~ 2013 年，新疆进口贸易总额所占比重位居前十位国家和地区在各年的贸易总额中的比重均超过了 80%，特别是 2013 年之前很长一段时期，新疆与中亚及周边国家和美国、德国、日本等发达国家的进口贸易额均超过进口总值的 75%。不过，进入 2013 年之后，这种进口国别结构已经发生了显著变化。表现为 2013 年新疆进口国别市场除了哈萨克斯坦依旧是新疆最大进口来源国之外，其余 9 个国家中马来西亚、塔吉克斯坦、印度尼西亚、韩国、新加坡已经取代乌兹别克斯坦、美国、德国、日本、俄罗斯成为新疆新的进口来源国，而中国香港、澳大利亚和尼日利亚也入围 2013 年进口前十的国家和地区。这说明新疆进口来源地已经不再局限于原有发达国家，目前世界新兴经济体如东南亚国家和北非国家已经成为新疆进口商品的重要来源地。

表 2 - 8　　2006 ~ 2013 年新疆按国别计算的进口贸易总额占比排名前十位的国家和地区　　单位：%

2006	哈萨克	乌兹别克斯坦	吉尔吉斯斯坦	美国	俄罗斯	日本	意大利	韩国	德国	法国
	66.55	6.43	5.6	4.62	3.84	2.29	1.37	1.66	1.47	0.81
2007	哈萨克斯坦	俄罗斯	美国	吉尔吉斯斯坦	乌兹别克斯坦	德国	日本	意大利	韩国	伊朗
	60.96	5.68	5.06	4.94	4.15	3.36	1.91	3.19	1.32	1.23
2008	哈萨克斯坦	俄罗斯	美国	德国	吉尔吉斯斯坦	乌兹别克斯坦	芬兰	韩国	日本	瑞士
	65.14	6.18	4.19	4.00	3.75	3.33	1.70	2.93	1.54	0.97
2009	哈萨克斯坦	德国	美国	乌兹别克斯坦	韩国	芬兰	日本	俄罗斯	意大利	吉尔吉斯斯坦
	54.94	7.19	6.33	4.49	4.38	4.16	0.27	3.48	2.33	1.48
2010	哈萨克斯坦	乌兹别克斯坦	俄罗斯	德国	美国	芬兰	吉尔吉斯斯坦	日本	韩国	意大利
	58.46	9.42	5.18	4.63	3.99	3.76	1.66	2.61	1.57	1.02

续表

2011	哈萨克斯坦	乌兹别克斯坦	俄罗斯	德国	美国	日本	芬兰	吉尔吉斯斯坦	蒙古	意大利
	65.60	7.08	6.82	3.73	3.45	2.28	1.66	1.42	1.23	0.91
2012	哈萨克斯坦	乌兹别克斯坦	俄罗斯	美国	日本	德国	蒙古	吉尔吉斯斯坦	韩国	贝宁
	69.16	7.66	4.46	3.83	2.04	1.99	1.53	0.87	0.84	0.75
2013	哈萨克斯坦	马来西亚	塔吉克斯坦	印度尼西亚	韩国	新加坡	中国香港	澳大利亚	伊朗	尼日利亚
	73.42	7.18	3.53	2.20	1.95	1.65	0.98	0.97	0.74	0.61

资料来源：新疆统计年鉴（2007~2014）

　　表2-9给出的是新疆按国别（或地区）计算的向各国出口贸易总额占新疆出口贸易总额比重排名前十位的国家和地区变化情况。分析发现，在2006年至2013年的8年期间，新疆外贸商品的出口去向主要销往与新疆毗邻的中亚及周边国家市场，其中对哈萨克斯坦和吉尔吉斯斯坦的商品出口一直位于前两位且占有较高比重，不过得益于新疆市场多元化战略的推进，新疆外贸出口国别市场日趋多元，直接表现为对哈萨克斯坦出口贸易比重从2006年的51.93%下降到2013年37.58%的同时，出口贸易所占比重排名靠前的前10个国家出口贸易总额占新疆出口贸易比重已经从2012年开始连续两年保持在80%以下，而且在2013年出口贸易总额比重排名位于前十的国家中，伊朗、乌克兰、印度首次入围十强名单，分别位列第四、第九和第十，并且出口贸易总额占比也较上一年相应名次国家的比重有所提高。以上事实说明在新疆对外贸易发展方式加速转变的推动下，新疆外贸出口商品正逐步摆脱市场过于集中的困境，现今正朝着市场多元化方向前进。

表2-9　　　　　2006~2013年新疆按国别计算的出口贸易总额占
比排名前十位的国家和地区　　　　　单位：%

2006	哈萨克斯坦	吉尔吉斯斯坦	巴基斯坦	阿塞拜疆	塔吉克斯坦	乌兹别克斯坦	美国	俄罗斯	中国香港	日本
	51.93	24.47	4.78	3.48	2.97	1.96	1.41	1.31	0.64	0.6
2007	哈萨克斯坦	吉尔吉斯斯坦	俄罗斯	巴基斯坦	塔吉克斯坦	阿塞拜疆	乌兹别克斯坦	美国	日本	意大利
	48.89	27.31	4.11	3.56	3.26	2.79	2.12	1.08	0.6	0.4

续表

2008	哈萨克斯坦	吉尔吉斯斯坦	塔吉克斯坦	俄罗斯	阿塞拜疆	巴基斯坦	土库曼斯坦	乌兹别克斯坦	蒙古	美国
	37.15	40.74	6.47	2.79	2.31	2.11	1.76	0.69	0.64	0.53
2009	哈萨克斯坦	吉尔吉斯斯坦	塔吉克斯坦	乌兹别克斯坦	俄罗斯	阿塞拜疆	巴基斯坦	美国	意大利	苏丹
	48.47	27.05	79.7	2.32	1.89	1.83	1.76	0.67	0.62	0.61
2010	哈萨克斯坦	吉尔吉斯斯坦	塔吉克斯坦	阿塞拜疆	俄罗斯	蒙古	乌兹别克斯坦	巴基斯坦	土库曼斯坦	苏丹
	52.65	19.96	8.17	2.74	1.83	1.92	1.77	0.97	0.85	0.64
2011	哈萨克斯坦	吉尔吉斯斯坦	塔吉克斯坦	美国	俄罗斯	阿塞拜疆	巴基斯坦斯坦	蒙古	乌兹别克斯坦	德国
	39.60	22.11	10.01	3.77	3.08	2.58	2.26	2.07	1.88	0.99
2012	哈萨克斯坦	吉尔吉斯斯坦	塔吉克斯坦	美国	俄罗斯	乌兹别克斯坦	马来西亚	阿塞拜疆	蒙古	印度尼西亚
	36.90	20.61	7.07	4.12	1.99	1.99	1.75	1.34	1.32	1.03
2013	哈萨克斯坦	吉尔吉斯斯坦	塔吉克斯坦	伊朗	美国	乌兹别克斯坦	马来西亚	俄罗斯	乌克兰	印度
	37.58	18.56	7.08	4.67	2.79	2.21	1.97	1.65	1.34	1.31

资料来源：新疆统计年鉴（2007～2014）

图 2-5 给出了新疆进口市场集中度和出口市场集中度变化趋势情况，可以看出，在进口国别方向中，由于进口的能源资源产品所占比重大且主要来自新疆近邻的哈萨克斯坦，因此进口市场集中度从 2006 年降低之后，自 2009 年开始又开始有了回升，而且速度明显加快，截至 2013 年市场集中度指数值已经达到 0.547。与进口贸易国别市场趋于集中不同，新疆出口市场集中度已经从 2006 年的 0.335 下降到 2013 年的 0.186，说明了新疆外贸出口正在逐步减少对传统中亚及周边国家市场的依赖，新疆出口商品已经开始得到世界越来越多的国家消费者所认可。

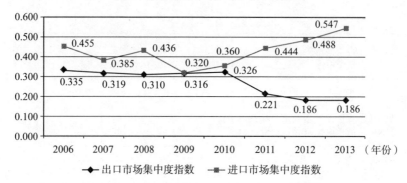

图 2－5　2006～2013 年新疆进口贸易和出口贸易市场集中度变化趋势

注：市场集中度指数计算公式为：$HHI = \sum_{1}^{n} Y_i / Y$，式中 i 表示国别、n 表示国家个数，$Y_i$ 表示 i 国进口或出口总额，Y 表示新疆当年进口或出口总额。市场集中度指数数值越大，说明进出口市场集中度越高，反之，市场集中度越小。

资料来源：新疆统计年鉴（2007～2014）

2.2.2.4　对外贸易疆内区域布局加速调整

缩小新疆各地区对外贸易发展之间的差距也是新疆转变对外贸易发展方式的重要目标之一。从表 2－10 反映的情况来看，在国家政策支持和各地区发挥各自比较优势促进地区外贸发展努力下，新疆进出口贸易规模在持续扩大的同时，对外贸易在疆内的区域布局也已经开始有所调整。从三大区域层面来看，北疆地区进出口贸易总额在全区外贸总额中占有绝对高的比例，不过自 2009 年金融危机之后，北疆地区进出口贸易占全区比重在连续 4 年超过 90% 之后已经从 2011 年最高时期的 92.50% 下降到 2013 年的 87.65%，南疆地区 2013 年的进出口贸易总额达到历史最高水平 32.29 亿美元，与此同时南疆进出口贸易总额占全区比重也在历经金融危机之后在 2013 年达到 11.72%，东疆地区虽然比重较小但也稍有提高。从地州层面观察，在国家设立喀什、霍尔果斯经济特区的优惠政策支持下，喀什地区外贸进出口总额在 2013 年达到 20.09 亿美元，比 2012 年高出 9.26 亿美元，同比增长 85.50%；伊犁州直属 2013 年进出口贸易总额同样突破历史最高水平达到 75.04 亿美元，比上年增长了 31.42%，其他地区除了乌鲁木齐和昌吉州外贸负增长之外，都实现了外贸增长。然而，仍不可忽视的是，对外贸易在疆内的区域发展差距依旧较大，具体到各地州市来看，乌鲁木齐市、伊犁州直属、昌吉州、博州、喀什地区等 5 个地州市的进出口贸易额一直居于前五位，而且这些地区进出口贸易长期占到全疆的 80%

以上，而其他地区进出口贸易规模不仅偏小而且贸易额绝对值与前五名的差距甚至还在进一步拉大。图 2 - 6 给出的用于反映新疆区域外贸发展水平的相对差异程度的变异系数指标显示，新疆在 2006 ~ 2013 年间各区域开展对外贸易的程度存在较大差异，而且外贸进口贸易变异系数大于出口贸易系数，这样反映出新疆在各地区之间开展的进口贸易差异程度较于出口贸易比较大。而且这种差距在金融危机爆发之后还呈现出进一步扩大之势，这就说明，新疆在促进外贸发展的方式选择上，虽然各地州发挥各自优势带来了区域对外贸易的发展和新疆进出口贸易规模的持续扩大，但总体而言，新疆各地区开展对外贸易所获取的外贸收益差距依旧很大，调整外贸国民收益在疆内区域间的分配格局任重而道远。

表 2 - 10　　　　2006 ~ 2013 年新疆各地区进出口贸易总额占全区比重　　单位：%

	区域	2006	2007	2008	2009	2010	2011	2012	2013
	全区合计	100	100	100	100	100	100	100	100
北疆地区	乌鲁木齐市	26.26	27.52	23.54	26.63	34.94	39.57	41.31	28.29
	克拉玛依市	0.78	0.85	0.55	1.31	1.63	2.05	0.95	2.82
	石河子市	1.50	2.05	1.78	1.66	3.14	3.99	3.05	5.43
	昌吉州	14.59	17.52	16.32	16.39	12.12	9.26	8.38	5.72
	伊犁州直属	24.41	18.90	28.60	26.81	28.51	24.45	22.68	27.23
	塔城地区	6.06	5.91	4.53	6.05	3.81	2.36	1.78	4.35
	阿勒泰地区	0.32	0.39	1.26	3.38	4.01	3.76	3.61	4.02
	博州	17.53	12.48	9.90	7.93	3.56	7.06	9.76	9.79
	北疆合计	91.45	85.62	86.49	90.17	91.72	92.50	91.53	87.65
南疆地区	巴州	1.00	1.78	2.05	0.87	0.71	0.72	0.66	0.69
	阿克苏地区	0.23	0.20	0.38	1.01	1.53	1.41	2.20	2.12
	克州	1.30	2.30	1.58	1.08	0.60	0.68	1.04	1.57
	喀什地区	5.35	9.59	8.95	6.33	5.22	4.42	4.30	7.29
	和田地区	0.03	0.04	0.23	0.01	0.04	0.02	0.03	0.05
	南疆合计	7.90	13.91	13.19	9.31	8.10	7.25	8.23	11.72
东疆地区	吐鲁番地区	0.04	0.04	0.04	0.08	0.05	0.14	0.14	0.34
	哈密地区	0.60	0.44	0.28	0.45	0.13	0.11	0.10	0.30
	东疆合计	0.65	0.47	0.32	0.53	0.18	0.25	0.24	0.63

资料来源：新疆统计年鉴（2007 ~ 2014）

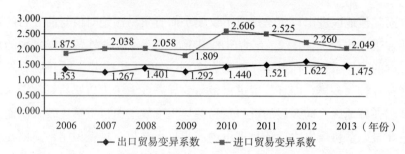

图 2 - 6 2006～2013 年新疆 15 地州（市）进口贸易和出口贸易发展差异的变化趋势

注：变异系数的计算公式为：$CV = \dfrac{\sqrt{\sum_{i=1}^{n}(X_i - \overline{X})^2/n}}{\overline{X}}$，本章中 CV 表示变异系数，$X_i$、$\overline{X}$ 分别表示 i 地州市各年进出口总额和 15 地州市各年总体进出口总额，n 表示地州市的数目。变异系数越大，说明新疆各地区外贸差异越大，反之越小。

资料来源：新疆统计年鉴（2007～2014）

2.2.3　对外贸易竞争力有所提升

随着新疆外贸出口商品质量的提高以及开拓国际市场竞争方式的多样化，新疆对外贸易竞争力水平得到了整体提升。这一变化可以从以联合国国际贸易商品分类方法分类计算得到的新疆各类商品贸易竞争优势指数①变动反映出来。由表 2 - 11 可知，初级产品贸易竞争优势指数已经由 1992 年的 0.843 不断降低到 2013 年的 - 0.609，工业制成品竞争优势指数则从 1992 年的 - 0.201 波动上升至 2013 年的 0.920，说明 20 多年时间里新疆初级产品贸易竞争力由强变弱，而工业制成品贸易竞争力则是不断由弱变强。对各类商品的具体分析还可发现，在初级产品中，食品及主要供食用的活动物（SITC0）贸易竞争优势指数虽然大于 0.5，属于具有较大竞争力的产品，不过在 2006 年之后开始不断下降说明该类产品的贸易竞争力正在削弱。而燃料以外的非食用原料（SITC2）和矿物燃料、润滑油及有关原料（SITC3）两类商品的贸易竞争优势

---

①　贸易竞争优势指数即 TC 指数，是对国际竞争力分析时比较常用的测度指标之一，该指标可以用于反映一国或地区外贸进出口差额所反映出的产业或产品的竞争优势，由一国或地区进出口贸易差额占进出口贸易总额的比重计算得到，其计算公式为：TC 指数 =（出口额 - 进口额）/（出口额 + 进口额）。该指标作为一个与贸易总额的相对值，剔除了经济膨胀、通货膨胀等宏观因素方面波动的影响，即无论进出口的绝对量是多少，该指标均在 - 1～1 之间。其值接近于 0 表示竞争力越接近于平均水平；该指数为 - 1 时表示该产业只进口不出口，越接近于 - 1 表示竞争力越薄弱；该指数为 1 时表示该产业只出口不进口，越接近于 1 则表示竞争力越强。

指数近些年基本在 − 1 附近增减，说明这两类产品新疆不具有很强的贸易竞争力；在工业制成品中，总体而言，无论是劳动及资源密集型产品还是资本及技术密集型产品的贸易竞争优势指数均呈现上升趋势（如图 2 − 7 所示），具体来讲，属于劳动及资源密集型产品的轻纺产品、橡胶制品矿冶产品及其制品（SITC6）贸易竞争优势指数在 2006 年之前一直小于零，而在之后开始呈现不断提升趋势，说明该类产品在国际市场上竞争力有了一定程度提高，另一类劳动密集型产品杂项制品（SITC8）由于主要销往具有旺盛需求的中亚及周边国家市场，该类产品一如既往地具有极大的竞争优势。属于资本及技术密集型产品的化学品及有关产品（SITC5）和机械及运输设备（SITC7）贸易竞争优势指数在 2009 年之后均呈现持续上升趋势，也可看出金融危机之后新疆积极转变对外贸易发展方式，对该类产品在国际市场的贸易竞争力提升起到了显著的积极作用。

表 2 − 11　　1992 ~ 2013 年按 SITC 分类的新疆外贸产品竞争优势指数变化

年份	初级产品	SITC0	SITC1	SITC2	SITC3	SITC4	工业制成品	SITC5	SITC6	SITC7	SITC8
1992	0.843	0.978	1.000	0.787	− 0.577	1.000	− 0.201	− 0.819	− 0.644	− 0.530	0.707
1993	0.742	0.935	0.502	0.675	− 0.607	1.000	− 0.369	− 0.680	− 0.946	− 0.721	0.775
1994	0.396	0.985	0.977	0.120	− 0.316	− 0.033	− 0.130	− 0.524	− 0.736	− 0.529	0.691
1995	0.169	0.978	1.000	− 0.289	− 0.500	1.000	− 0.003	− 0.508	− 0.741	− 0.508	0.866
1996	− 0.012	0.955	0.967	− 0.604	0.973	1.000	− 0.280	− 0.575	− 0.879	− 0.670	0.736
1997	0.018	0.919	1.000	− 0.780	0.995	1.000	− 0.113	− 0.302	− 0.898	− 0.543	0.807
1998	0.200	0.972	0.967	− 0.530	0.935	1.000	0.020	− 0.562	− 0.835	− 0.449	0.852
1999	− 0.108	0.762	0.740	− 0.321	0.625	—	0.277	− 0.333	− 0.059	− 0.611	0.950
2000	− 0.127	0.743	0.840	− 0.276	0.776	− 1.000	0.173	− 0.210	− 0.157	− 0.430	0.923
2001	− 0.267	0.645	0.704	− 0.706	0.589	0.899	− 0.234	− 0.171	− 0.532	− 0.239	0.707
2002	0.166	0.841	0.930	− 0.165	− 0.093	0.582	− 0.095	− 0.191	− 0.638	− 0.136	0.935
2003	− 0.077	0.800	1.000	− 0.577	− 0.257	1.000	0.093	− 0.075	− 0.592	− 0.344	0.964
2004	− 0.303	0.955	1.000	− 0.869	− 0.062	− 1.000	0.173	− 0.279	− 0.539	− 0.235	0.961
2005	− 0.406	0.961	1.000	− 0.922	− 0.616	1.000	0.448	0.150	− 0.112	− 0.052	0.978
2006	− 0.475	0.993	—	− 0.989	− 0.830	—	0.786	− 0.351	0.467	0.557	0.993
2007	− 0.319	0.781	—	− 0.971	− 0.803	—	0.861	0.108	0.742	0.641	0.999
2008	− 0.337	0.810	—	− 0.934	− 0.781	− 1.000	0.909	0.408	0.825	0.604	1.000
2009	− 0.294	0.809	—	− 1.000	− 0.962	—	0.749	0.228	0.658	0.327	1.000

续表

年份	初级产品	SITC0	SITC1	SITC2	SITC3	SITC4	工业制成品	SITC5	SITC6	SITC7	SITC8
2010	−0.496	0.801	—	−1.000	−0.927	—	0.801	0.301	0.771	0.421	1.000
2011	−0.611	0.842	—	−0.921	−0.951	—	0.836	0.538	0.750	0.567	1.000
2012	−0.665	0.756	—	−0.898	−0.964	—	0.897	0.779	0.843	0.745	1.000
2013	−0.609	0.636	—	−0.827	−0.930	—	0.920	0.729	0.885	0.827	0.997

注：（1）2005 年以前数据由《新疆五十年（1955～2005）》计算整理所得，2005 年以后数据根据乌鲁木齐海关网站提供的统计数据整理所得；（2）初级产品中包括的其他项及工业制成品中包括的 SITC9 未分类的其他商品，由于金额较小，本章未予以考虑；（3）"－"表示数据缺失。

资料来源：新疆五十年（1955～2005），乌鲁木齐海关网

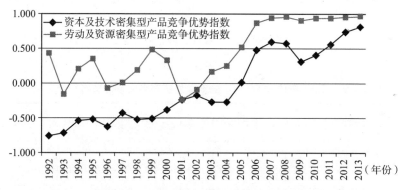

图 2－7　1992～2013 年新疆工业制成品贸易竞争力变化趋势

资料来源：新疆五十年（1955～2005），乌鲁木齐海关网

2.2.4　对外贸易对经济发展贡献显著

新疆对外贸易发展方式转变实践成果的另一个重要内容就是拉动了地区经济增长并带来了社会效益的相应提高。就经济效益而言，一方面外贸出口产品在国内生产环节不断加大科技投入，使得新疆本地产品的生产加工能力显著增强并获取了更高的产品附加价值；另一方面通过进口国外先进的生产设备和技术，也为新疆产业结构的加速调整进而带动新疆的经济增长做出了不可磨灭的贡献。表 2－12 给出的外贸对新疆经济增长贡献情况正是对新疆转变对外贸易发展方式拉动新疆经济增长的最好说明，分析可知，"八五"以来，新疆外贸进口贸易和出口贸易对地区经济增长的贡献率分别达到 5.53% 和 18.27%，同时进口贸易和出口贸易对新疆经济增长的拉动度也分别达到了 1.04% 和

3.08%，而在进出口贸易作用下净出口对新疆经济增长的贡献率和拉动度也分别达到了12.74%和2.04%。如果深入对比"十一五"期间和"十二五"以来新疆外贸对经济增长的贡献，可以发现"十二五"以来新疆外贸对经济增长的贡献要明显好于"十一五"期间的表现，这将更加凸显转变对外贸易发展方式提升新疆外贸对地区经济发展影响力的必要性。在增进社会福利方面，新疆充分发挥区位和交通优势，以"东联西出，西来东去"的外贸发展思路，积极将新疆打造成为丝绸之路经济带上的国际物流通道，极大发挥了新疆外贸在促进向西开放的先导作用，从而新疆外贸不仅在增加出口贸易的外汇收入和拓展外贸进出口的税收收入来源同时，还从增进社会效益方面提高了外贸促进就业的贡献率和缩小了地区发展差距。

表 2 – 12			1990 ~ 2013 年对外贸易对新疆经济增长的贡献					单位：%
年份	外贸依存度			外贸对经济增长的贡献率			外贸对经济增长的拉动度		
	进出口	进口	出口	净出口	进口	出口	净出口	进口	出口
"八五"期间	9.86	3.59	6.27	0.13	6.90	7.03	0.14	1.71	1.85
"九五"期间	12.63	6.31	6.32	5.18	3.75	8.93	0.11	0.63	0.75
"十五"期间	17.40	8.04	9.36	5.23	12.66	17.89	1.05	1.85	2.90
"十一五"期间	26.75	4.95	21.80	-91.45	-0.28	-91.72	3.61	0.02	3.63
"十二五"以来	21.30	4.89	16.40	16.38	0.72	17.10	2.29	0.37	2.66
平均 *	17.06	5.76	11.31	12.74	5.53	18.27	2.04	1.04	3.08

注："*"表示计算 1990 ~ 2013 年平均值时未包括 2009 年。
资料来源：新疆五十年（1955 ~ 2005），新疆统计年鉴（2014）

2.2.5　对外贸易节能环保效益逐步显现

资源环境承载力过低是新疆外贸发展一个重要瓶颈，那么，节约资源和保护环境是增强新疆外贸发展可持续性的必要举措。这也就要求新疆在促进外贸发展的方式和手段选择上，必须要减少对生态环境的破坏，必须要不断降低新疆具有出口竞争优势的本地产品在生产过程中的资源消耗率。以此为目标，新疆在转变对外贸易发展方式过程中一方面发挥沿边沿桥优势尽量增加资源净进口数量；另一方面加快出口基地和外贸公共服务平台建设，提升科技服务外贸质量，不断降低本地出口产品的资源消耗量，下大力气减少每单位本地出口商品生产过程中的废水、废气和废物排放量。通过这些努力，自 2008 年金融危机爆发以来新疆对外贸易发展方式正在从过度依赖能源消耗和低环境门槛的不可持续发展方式向更为节能环保的可持续发展方式转变。从资源节约方面来看，新疆每万元工业制成品出口价值能耗从 2006 年的 1.45 吨标准煤下降到 2011 年的 1.02 吨标准煤（见表 2 - 13），然而在 2012 年每万元工业制成品出口价值能耗出现增多势头，这说明新疆外贸发展的资源节约虽然有所改善，但新疆外贸出口产品依然具有高耗能特点。从环境保护方面来说，新疆因外贸而带来的环境破坏在 2009 年具有较大影响，其中以固体废弃物和废水排放的大量增多最为明显，但新疆对外贸易发展方式转变很快扭转了因外贸而加重环境污染的趋势，然而近四年新疆因外贸而产生的环境污染并没有很大改善，原因在于新疆每单位本地产品出口废水减少的同时，废气排放量、固体废弃物一直保持增长趋势，因此，新疆在转变对外贸易发展方式，加强环境保护方面仍需付出更多努力。

表 2 - 13　　　　2006 ~ 2013 年新疆每单位工业制成品出口交货值的节能环保效益

年份	资源节约	环境保护		
	单位出口价值能耗（吨标准煤/万元）	单位出口价值工业废水排放量（吨/万元）	单位出口价值工业废气排放量（万标立方米/万元）	单位出口价值工业固体废物排放量（吨/亿元）
2006	1.45	7.12	1.75	0.55
2007	1.34	6.05	1.67	0.62
2008	1.05	4.94	1.33	0.53
2009	1.24	5.78	1.67	0.77
2010	1.02	4.40	1.61	0.68
2011	1.02	4.05	1.67	0.73
2012	1.13	3.77	2.01	1.00
2013	—	3.80	2.19	1.02

注：单位工业制成品出口能耗等于（出口交货值/工业总产值）乘以工业能源消耗总量再除以出口交货值，也等于工业总产值除工业能源能耗总量。据此计算，每单位本地产品出口价值"三废"排放量等于工业"三废"排放量除以工业总产值得到。

资料来源：新疆统计年鉴（2007 ~ 2014）

2.3　新形势下新疆对外贸易发展方式存在的不足

新疆转变对外贸易发展方式不仅要在生产环节依靠技术进步提高产品质量

和附加值，还要在贸易环节采取多种竞争方式开拓国际市场以赚取最大限度的外贸收益，更要在国民收益的分配环节建立公平合理的利益分配机制，激励外贸市场主体投身新疆对外贸易事业。然而，金融危机以来，新疆外贸发展环境风云变化，虽然新疆对外贸易发展方式做出了积极调整，但是总体而言，对外贸易所涉及各环节在方式转变上依然推进缓慢，已经难以适应当前形势的新要求，具体表现为：

2.3.1　出口商品国内生产环节资源利用方式粗放

受工业化整体上仍处于起步阶段、产业配套能力较弱、科技创新能力不强等因素影响，新疆食品、纺织、冶金、建材等主要传统出口产业技术含量不高，加上企业技术装备水平和生产能力有限，进出口商品的深加工制造业发展受到极大限制，从而一直以来新疆进出口商品结构中将近70%的出口商品不是新疆本地产品。即便在少有的新疆本地生产出口商品中，在生产环节资源利用方式上仍是以牺牲资源环境为代价，具有粗放型资源利用方式突出的高资本投入、高资源消耗、低技术创新能力典型特征。具体来讲：一是出口生产的高资本投入。表现为出口地产品主要集中于附加值较低、科技含量不高的特色农牧业产品，即便增速较快的本地产工业制成品也主要依赖于资本投入的增加，据估算近几年新疆出口工业制成品增长的资本产出弹性就达到了 0.8582。二是高资源消耗。以每单位出口本地产品出口能耗看，"十二五"以来，全国每单位出口资源消耗呈现下降趋势之时，新疆万元 GDP 能耗不降反升，2011 年、2012 年分别增长 6.96% 和 6.47%，2013 年前 5 个月新疆万元 GDP 能耗更是同比增长 16.40%，位居全国榜首①。三是低技术创新能力。虽然近年来新疆本地产品出口，包括农产品和机电产品出口都已渐具规模，且形势良好，但具有技术密集型特征的机电产品在新疆出口商品所占份额严重偏少，除了宝钢集团新疆八一钢铁集团有限公司、特变电工股份有限公司等大型知名企业具有自主研发能力之外，大部分出口生产企业还是处于模仿创新阶段。反映到各行业分布上，在劳动力密集型部门，目前新疆具有生产出口能力的规模以上企业在农副食品加工业、食品制造业、纺织业、家具制造业等产业的出口交货值占到

---

① 资料来源：2013 年 1～5 月新疆万元 GDP 能耗同比增长 16.40%［EB/OL］. 山东商务网：ht-tp：//www. shandongbusiness. gov. cn/index/content/sid/268603. html.

2013 年出口交货总值的 44.69%，在资本密集型部门集中分布在电气机械及器材制造业，该行业出口交货值占到 19.668%，而具有技术密集型特征的计算机、通信和其他电子设备制造业出口交货值仅占到 0.566%，且只有一家企业具有生产出口能力（见表 2-14）。即便在加工贸易领域，目前这类企业也还是处于技术要求比较低的简单加工环节，就 2013 年新疆所有的 67 家加工贸易企业中，也主要分为塑料加工、家具加工、食品加工、纺织品加工、石油加工、甘草加工等类型①，少有如同东部沿海地区加工贸易所涉及的技术水平要求较高的计算机及其设备生产、电子机械设备生产等产业。

表 2-14　　　　　2013 年按行业分新疆规模以上工业企业产品出口交货值

行　业	出口交货值		企业单位数（个）	平均每个企业年出口交货值（万元）
	交货值（万元）	占比（%）		
总　计	676518.7	100	1686	400.54
黑色金属矿采选业	14.5	0.002	74	0.20
非金属矿采选业	1681.5	0.249	30	56.05
农副食品加工业	30650.6	4.531	306	100.17
食品制造业	197055.4	29.128	121	1628.56
酒、饮料和精制茶制造业	3.5	0.001	67	0.05
纺织业	38606.7	5.707	82	470.81
纺织服装、鞋、帽制造业	12276.7	1.815	8	1534.59
家具制造业	18948.1	2.801	6	3158.02
造纸及纸制品业	950	0.140	29	32.76
化学原料及化学制品制造业	17682.5	2.614	156	113.35
医药制造业	6024.6	0.891	24	251.03
化学纤维制造业	21280.1	3.146	15	1418.67
橡胶和塑料制品业	16697.8	2.468	106	157.53
非金属矿物制品业	8.6	0.001	342	0.03
黑色金属冶炼及压延加工业	13003.5	1.922	91	142.90
有色金属冶炼及压延加工业	137063	20.260	49	2797.20
金属制品业	5393.9	0.797	76	70.97
通用设备制造业	707.1	0.105	23	30.74

---

①　资料来源：人民网-新疆频道，http://xj.people.com.cn/n/2014/0226/c349472-20657266.html。

行　业	出口交货值		企业单位数（个）	平均每个企业年出口交货值（万元）
	交货值（万元）	占比（%）		
专用设备制造业	10804.6	1.597	27	400.17
汽车制造业	91.5	0.014	8	11.44
电气机械及器材制造业	133056.7	19.668	45	2956.82
计算机、通信和其他电子设备制造业	3824.8	0.565	1	3824.80

资料来源：新疆统计年鉴（2014）

2.3.2　外贸参与国际市场竞争方式落后

为适应国际市场需求变化，新疆在国际市场上获取外贸收益的竞争手段已经不再局限于以往依靠企业单打独斗、依靠低廉价格争取销路的传统竞争模式，而是转向依靠质量、服务、品牌以及在关键领域的技术标准等多元竞争方式并用以最大限度地赚取外贸收益。但由于当前受到经济基础薄弱、加工制造业发展落后以及外贸管理体制和科技支撑体系不健全等原因，新疆外贸参与国际市场竞争的方式依旧难以适应形势发展需要。突出表现在：一是外贸企业更多采取的是单打独斗的纯竞争模式，与当代国际竞争中以跨国公司为龙头的供应链竞争、价值链竞争相比，还有很大差距，特别是大批中小型外贸企业都是独立完成从获取订单、组织货源、物流服务、报关报检、收汇付汇乃至售后服务等外贸进出口环节，从而极大承担了由于运营成本过高可能引发的风险，因此时常出现企业相互压价利润，甚至以次充好的竞争行为。目前，新疆正在建立的连接境内外市场的生产性服务商业机制，如面向国际市场的电子商品平台、多语种营销服务、公共物流、公共检测、园区公共展示以及供应链管理等外贸公共服务平台建设起步晚，服务能力和服务水平还不高，加上大多数外向型企业往往沉浸在以往中亚及周边国家市场需求旺盛时期轻而易举获取高利润的过去式，对利用外贸公共服务平台提升自身竞争力的认识存在不足，从而包括生产企业在内的大部分企业仍旧沿用等客上门的经营模式，缺少利用政府服务和商业平台主动参与国际竞争的动力。二是走出去企业参与国际竞争的方式尚处于起步阶段，仅有少量企业尝试以境外资源开发加工基地与农产品生产加工基地、建立设立境外营销网点、销售中心或服务机构、参加国际展会等多种经营手段构建企业的海外营销网络。目前新疆在周边市场具有国际知名度和影响力的大型跨国企业寥寥无几，仅有4家企业依托新疆本地优势能源产业在格鲁吉亚、俄罗斯、哈萨克斯坦、乌兹别克斯坦4国建立了境外工业园区，这些境外园区在带动新疆优势能源产业和特色农产品出口中的作用依然较小。即便如此，对于走出去的企业，在通关便利、产品运回的配额方面政府的优惠政策还存在落实还不到位的问题。

2.3.3　外贸增进国民收益方式局限性明显

为充分调动市场主体开展对外贸易的积极性，带动新疆产业结构调整和优化升级，从而增进对外贸易的就业福利和社会福利，国家和自治区政府出台了诸多鼓励新疆外贸发展的政策，对促进新疆外贸发展起到了重要作用，但也在一定程度上也使得新疆对外贸易发展方式陷入了某种意义上的路径依赖。具体来讲：

第一，推进外贸区域协调发展的方式选择具有局限性。新疆区域外贸发展的不协调问题早已受到政府决策部门的关注，并采取了各类手段促进国际生产分工更大范围的疆内布局。然而由于新疆各区域间所具备的地理区位、口岸条件以及物流基础设施差异较大，加上新疆具有相对比较优势，具备外贸发展潜力的产业①在各区域间的分布也不均匀，导致了促进外贸区域协调发展可以选择的载体范围较小。比如北疆地区拥有沿边沿桥的区位优势，在资源利用和市场占有方面占有主动权，对外贸易一直处于领先地位。南疆和东疆地区产业发展和城镇化建设步伐相对缓慢，加上社会治安环境和政策方面的限制，其对外贸易发展仍然处于比较劣势。在此状态下，新疆促进外贸发展的方式选择就受到极大限制，比如2012年自治区促进外经贸区域协调发展资金项目（见图2-8），仅乌鲁木齐就有22个，其他具备外贸发展的先发优势的伊犁州直属和博州也分别有11个、10个获得资金资助，而南疆5个地州加起来也只有18个项目获批。再比如自治区资金支持外贸公共服务平台建设项目（见表2-4）

---

①　新疆具有相对比较优势的产业依次为：石油和天然气开采业、石油加工、炼焦及核燃料加工业、黑色金属矿采选业、食品制造业、有色金属矿采选业、家具制造业、塑料制品业、黑色金属冶炼及压延加工业、纺织业。参见：司正家. 改革开放与新疆区域发展［J］. 新疆师范大学学报，2008（4）：16-21.

在各地区分布数量也有很大差距，2012～2013 年乌鲁木齐市累计获批 13 个、昌吉州 3 个、塔城地区 2 个、伊犁直属、博州、吐鲁番、哈密各 1 个，其他地区没有一个公共服务平台建设获得资助。

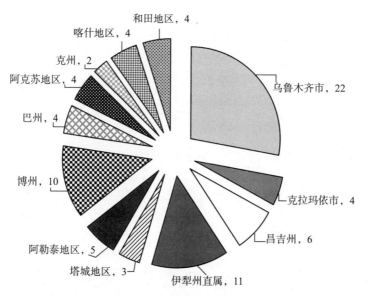

图 2－8　2012 年新疆各地区获批自治区外经贸区域协调发展促进资金项目数　单位：个

资料来源：2012 年新疆维吾尔自治区外经贸区域协调发展促进资金项目公示

　　第二，延伸产业分工价值链的方式选择具有局限性。在产业角度看，目前由于新疆产业结构欠优以及产业链建设不完善等原因，今后很长一段时间新疆陆路大通道经济格局还难以改变。就当前而言，新疆部分行业虽然积极提升自身在生产分工价值链中的位次，不断提高出口产品质量和附加值，然而产业基础薄弱和技术创新能力不足极大阻碍了当前优势产业技术升级步伐，与此同时，中低端制造技术也未能在更多行业普及，还是集中于农副产品生产加工，仅有少数面向中亚国家的食品和纺织服装产业向新疆转移。反映在出口商品来源和技术含量上，出口商品中的轻工产品和机电产品大部分来源于内地生产企业，新疆优势资源产品如特色农产品、纺织纱线及织物等缺少自主品牌，深加工程度低，未能形成产业关联度高，具有市场竞争力优势的完整产业链，对出口拉动作用不大。在进口商品中，资源能源产品占据很大比重，但未能实现在新疆的产业加工升值，多数经由政府主导通过新疆输送到内地，即便是进口的机电设备和高新技术产品也未能在促进新疆资源优势向产业优势转化中充分发挥作用。总而言之，新疆出口商品没有体现自身资源优势和产业优势，进口贸易没有适应自身产业发展需求，从而贸易结构和产业结构出现严重背离和缺乏优势产业集群，导致新疆进出口商品结构已然长期固化①。

①　程云洁. 新疆外贸发展的问题、原因和对策［J］. 开放导报，2013（6）：61 - 64.

第 3 章

新疆对外贸易发展
方式转变综合测评

早在 1995 年，中央经济工作会议就明确指出要转变经济增长方式。外贸作为国民经济的一个部门，外贸增长方式的转变已寓于转变经济增长方式的内涵之中。尽管转变对外贸易发展方式是继 2004 年中央提出要转变外贸增长方式，并在历经金融危机冲击后于 2009 年才正式提出的新要求，但多年来新疆一直致力于对外贸易发展方式的转变。在本章中，我们将对 2008 年以来新疆转变对外贸易发展方式的效果进行综合评价，找出方式转变进程中存在的问题，以为制定合理的政策措施，进一步加快新疆对外贸易发展方式转变起到积极的导向作用。

3.1　新疆对外贸易发展方式转变评价指标体系的建立

新疆对外贸易发展方式转变是渐进式的缓慢转变过程，是通过一系列的微观经济基础持续推动的，而不是一蹴而就的突变过程。为此需要从微观视角，从外贸发展的不同侧面，以及与外贸发展相关的其他方面选取具体指标对对外贸易发展方式转变进行多角度、层次化的综合评价。

3.1.1　评价指标体系设置原则

根据对外贸易发展方式的经济学内涵，在建立指标体系过程中，我们遵循了以下原则：

第一，科学性原则。构建指标体系要以科学的理论和原理为基础，选择的每个指标要属于对外贸易发展方式优化的领域，能够体现对外贸易发展方式转变的特征和内涵。

第二，整体性原则。整个综合评价指标涉及多个方面，要求选择的各个评价指标必须构成一个有机整体，以比较全面、科学、准确地反映对外贸易发展方式的内涵和特征。

第三，层次性原则。构建评价指标体系应该以一定的逻辑结构将指标体系分为若干层次，并且要求下层的统计指标要对上层起到分解的作用。

第四，相对独立原则。评价体系的各项指标要彼此相对独立，同一层次的各个指标应该不相互重叠，相互不存在因果关系。

第五，可比性原则。对外贸易发展方式评价指标设置要考虑纵向和横向可比性。纵向可比要求评价指标在不同时期相对稳定，横向可比要求评价指标尽力选取可比性较强的相对量指标和区间具有共性特征的指标

第六，可操作性原则。要保证对外贸易发展方式评价具有实际意义和减少工作量，指标选取应尽可能选择资料便于收集和整理、有统计资料可查的指标。

3.1.2　评价指标体系构建

对外贸易发展方式是外贸发展得以实现的方式和手段，因此，对外贸易发展方式转变的评价标准取决于方式转变前后对外贸易发展方式各层次目标的实现程度。由于对外贸易发展方式往往随着经济发展水平不同和人们需求的差异而有不同的衡量标准，从而对外贸易发展方式转变的目标在不同的国家和地区、不同的发展阶段侧重点也不尽相同，因此，衡量转变对外贸易发展方式的成效，可以对比对外贸易发展方式的状态加以描述和评价。

为了建立科学合理的评价体系，我们在对外贸易发展方式理论研究基础上，根据新疆外贸实践运行及国家外贸发展战略，首先根据科学性原则、整体性原则、层次性原则建立了一个基本指标体系，然后根据相对独立性原则、可比性原则、可操作性原则对各指标进行了筛选，形成了由 22 个具体指标构成的、涵盖 1 个总目标系统层、4 个分目标层（一级指标）和 11 个方面（二级指标）的新疆对外贸易发展方式评价指标体系，其结构框架如表 3 - 1 所示。

表 3-1		新疆对外贸易发展方式转变评价指标体系		
一级指标	二级指标	三级指标	单位	指标属性
出口生产资源利用方式（A1）	传统要素投入产出方式（B1）	每单位本地产品出口价值能耗量（C1）	吨标准煤/万元	负向
		出口增长中的劳动投入贡献率（C2）	%	负向
	现代要素投入产出（B2）	出口增长中的资本投入贡献率（C3）	%	适度
		出口增长中的全要素贡献率（C4）	%	正向
国际市场的开拓方式（A2）	传统方式（B3）	边境贸易在全区进出口贸易中占比（C5）	%	适度
		一般贸易在全区进出口贸易中占比（C6）	%	正向
	现代方式（B4）	加工贸易在全区进出口贸易中占比（C7）	%	正向
		海关特殊监管区域进出口贸易比重（C8）	%	正向
		对外承包工程出口货值占出口比重（C9）	%	正向
		国际展会对外贸易成交额占比（C10）	%	正向
国际市场的竞争方式（A3）	服务竞争（B5）	生产性服务业占服务业比重（C11）	%	正向
	标准竞争（B6）	新增采用国际标准产品数量（C12）	个	正向
	质量竞争（B7）	高新技术产品出口比重（C13）	%	正向
	品牌竞争（B8）	新增新疆名牌产品数量（C14）	个	正向
外贸国民收益的增进方式（A4）	区域分工（B9）	出口地区结构分布度（C15）	—	负向
		进口地区结构分布度（C16）	—	负向
	产业分工（B10）	出口工业制成品中本地产品比重（C17）	%	正向
		轻工业制成品在本地产出口工业制成品中占比（C18）	%	正向
		重工业加制成品在本地产出口工业制成品中占比（C19）	%	正向
	企业分工（B11）	国有大中型工业企业出口比重（C20）	%	负向
		私营企业进出口贸易比重（C21）	%	正向
		外资企业进口设备和物品比重（C22）	%	正向

如表 3-1 所示，本章从出口商品国内生产环节的资源利用方式、贸易环节的市场开拓方式和国际市场的竞争方式，以及分配环节的外贸增进国民收益方式等四个方面对新疆对外贸易发展方式进行评价，评价结果将衡量对外贸易发展方式转变前后的优化程度，各层次指标释义如下所述。

3.1.2.1　出口生产资源利用方式指标

出口商品生产的资源利用方式是一国或地区为完成出口订单在国内生产环节所选取的产出增长形式。本章从增长源视角，以能源、劳动力、资本和技术为基本要素投入考察这些要素对外贸出口商品生产的经济贡献用来反映新疆对外贸易发展方式情况。其中，除能源之外，其他要素对新疆本地生产的出口商品增长率贡献包括劳动投入对出口增长的贡献率、资本投入对出口增长的贡献率和全要素投入对出口增长的贡献率。

(1) 每单位本地产品出口价值能耗量

出口贸易活动需要消耗大量资源，而单位出口价值的资源消耗量可以测量出口行业资源节约程度，体现了出口行业的资源利用效率。考虑出口贸易对不同资源消耗量数据的可获得性和可操作性，本章以单位出口价值的能源消耗来表示 (朱启荣，2011)[①]。该指标反映一定时期新疆生产一单位外贸出口商品所消耗的能源数量，数值越大，说明每单位出口价值需要消耗的能源越多，反之越小。在能源日益短缺的时代，这种以消耗大量能源获取出口收益的增长方式与可持续发展目标背离，因此该指标是一个负向指标，其计算公式为：

$$每单位本地产品出口价值能耗量 = \left(\frac{X}{Y} \times E \right) / X = \frac{E}{Y} \qquad (3-1)$$

式 (3-1) 中，X 表示新疆本地产品总出口价值，用人民币汇价进行折算；Y 表示新疆国内生产总值 (GDP)；E 表示新疆国内生产总值能耗总量。因此，本章每单位本地产品出口价值能耗量采用新疆每万元 GDP 能耗量表示。

(2) 出口生产中的要素贡献率

假设新疆外贸出口商品的生产函数为柯布道格拉斯函数，其形式为 $Y = AK^{\alpha}L^{\beta}$，式中 K 表示资本投入，L 表示劳动力投入，α、β 分别为资本和劳动的产出弹性，那么，经过公式换算，新疆本地产品出口增长的中各要素贡献率分别由以下公式计算得到[②]，其中：

出口增长中的劳动投入贡献率计算公式为：

$$出口增长中的劳动投入贡献率 = \frac{0.1746 \times l}{y} \times 100\% \qquad (3-2)$$

出口增长中的资本投入贡献率计算公式为：

① 朱启荣. 中国外贸发展方式转变的实证研究 [J]. 世界经济研究，2011 (12)：65-70+86.

② 在时期和行业选择上，考虑统计口径调整和各行业在出口生产活动中的连续性，本研究在估算各要素产出弹性时选取了如下 2008 年至 2013 年间的 15 个行业进行分析：非金属矿采选业；农副食品加工业；食品制造业；纺织业；纺织服装、鞋、帽制造业；家具制造业；化学原料及化学制品制造业；医药制造业；黑色金属冶炼及压延加工业；金属制品业；通用设备制造业；专用设备制造业；汽车制造业；电气机械及器材制造业；计算机、通信和其他电子设备制造业。

$$出口增长中的资本投入贡献率 = \frac{0.8582 \times k}{y} \times 100\% \qquad (3-3)$$

出口增长中的全要素贡献率计算公式为：

$$出口增长中的全要素贡献率 = \left(1 - \frac{0.1746 \times 1}{y} - \frac{0.8582 \times k}{y}\right) \times 100\%$$

$$(3-4)$$

以上三个式子中 y 表示按行业分规模以上工业企业出口交货值增长率，l 表示按行业分规模以上工业企业全部从业人员年平均就业人数的增长率，k 表示以出口交货值占工业销售产值比重为比例折算的按行业分规模以上工业企业资产合计总产值增长率。

3.1.2.2　国际市场开拓方式指标

国际市场的开拓方式是对外贸易经营者为打开国际市场所采用的手段和方法，是对外贸易在贸易环节促进发展方式转变的重要内容，包括传统方式和现代方式两大类型。合理的市场开拓方式既要发挥自身优势提升传统贸易方式的打开国际市场上效率，也要勇于采用国际通用的现代贸易方式，甚至创新开拓国际市场的新方式。新疆与周边 8 个国家接壤，是丝绸之路经济带核心区，也是国家实施向西开放的战略前沿，传统方式以边境贸易和一般贸易两种方式为代表，现代方式包括加工贸易和利用海关特殊监管区、鼓励企业走出去以及举办国际展会带动贸易发展等新的开拓国际市场方式。

(1) 开拓国际市场的传统方式指标

开拓国际市场的传统方式指标包括边境贸易在全区进出口贸易中占比指标和一般贸易在全区进出口贸易中占比指标。其中，边境贸易长期以来一直是新疆与周边国家边民或企业之间货物贸易的主要形式，尤其对出口贸易而言，这种贸易方式已经成为国内商品进入周边国家市场重要手段。但鉴于边境贸易地域分散、贸易规模小且不易监管，尤其是新疆外贸企业对边境贸易政策依赖性凸显这种现状，本章认为边境贸易在全区进出口贸易中占比属于适度指标，其含义在于既要扩大贸易规模，但是在全区中比重需要降低，至于比例多少最为合适，就现阶段而言，新疆在没有东部沿海开展加工贸易和一般贸易的优势情况下，发挥沿边优势开展边境贸易可接受的比重取 50% 为宜。一般贸易目前在新疆占比仍然偏低，但这种国际上常用贸易方式，今后还需作为与国外商品贸易往来重要贸易手段。这两种贸易方式的量化及其含义见表 3 - 2。

表 3 - 2　　　　　　　　　　开拓国际市场传统贸易方式指标

指标	计算公式	表示含义
边境贸易在全区进出口贸易中占比	$\dfrac{\text{边境贸易进出口额}}{\text{新疆外贸进出口总额}} \times 100\%$	数值越大反映开拓市场方式依赖程度越大；反之越小
一般贸易在全区进出口贸易中占比	$\dfrac{\text{一般贸易进出口额}}{\text{新疆外贸进出口总额}} \times 100\%$	

（2）开拓国际市场的现代方式指标

开拓国际市场的现代方式指标包括加工贸易在全区进出口贸易中占比指标、海关特殊监管区域进出口贸易比重指标、对外承包工程出口货值占出口比重指标、国际展会对外贸易成交额占比指标。计算公共及其指标含义如表3 - 3所示。

表 3 - 3　　　　　　　　　　开拓国际市场现代贸易方式指标

指标	计算公式	表示含义
加工贸易在全区进出口贸易中占比	$\dfrac{\text{加工贸易进出口额}}{\text{新疆外贸进出口总额}} \times 100\%$	反映以两头在外的加工贸易参与国际分工的现代贸易方式
海关特殊监管区域进出口贸易比重	$\dfrac{\text{海关特殊监管区域进出口额}}{\text{新疆外贸进出口总额}} \times 100\%$	反映海关特殊监管区域优惠政策带动下外贸发展的新手段
对外承包工程出口货值占出口比重	$\dfrac{\text{对外承包工程出口贸易额}}{\text{新疆外贸出口总额}} \times 100\%$	反映企业走出去投资设厂带动外贸出口新形式
国际展会对外贸易成交额占比	$\dfrac{\text{亚欧博览会（乌洽会）外贸成交额}}{\text{新疆外贸进出口总额}} \times 100\%$	反映利用展会提高产品知名度进而促进外贸开拓国际市场的新方式

3.1.2.3　国际市场竞争方式指标

外贸国际市场的竞争方式是指一国或地区可贸易的本国产品、产业以及从事贸易的企业在向本国开放的外国市场上为占据其市场份额并以此获取利益的所采取的竞争手段，同样是对外贸易在贸易环节促进发展方式转变的重要内容，也是外贸经营者开拓国际市场方式的延伸，总体可以归为价格竞争和非价格竞争两类，其中，后者包括服务竞争、标准竞争、质量竞争和品牌竞争等多种形式。不过，鉴于价格竞争是一种通过价格的提高、维持或降低，以及对竞争者定价或变价的灵活反应等，来与竞争者争夺市场份额的一种竞争方式。使得现有统计数据难以构建适合指标用于观察外贸商品通过价格变化参与国际竞争的行为，因此，本书仅对非价格竞争方式予以着重观察。

非价格竞争是比价格竞争更高层次的一种竞争方式，是为顾客提供更好、更有特色，或者更能适合各自需求的产品和服务的一种竞争。与价格竞争相比，非价格竞争更能与经济发展状况相适应，同时也表现出独有的特点：一是就单一产品而言，竞争因素已经不再局限于价格因素，而是转向于包括产品质量，商品外观、形状和包装等可视性因素，以及如服务等延伸性因素在内的多因素竞争；二是形成了产品内外因素相结合竞争，这是因为现代信息爆炸时代，商品种类繁多，即便是同类产品也是层出不穷，从而使得人们在选择商品时不可能对每种商品都有清楚了解，这样一来企业形象和商品品牌已经成为除产品本身之外的竞争因素。新疆是丝绸之路经济带上外贸商品进出国境的物流大通道，面对国外对中国商品的旺盛需求，在本地产品供给能力有限情况下，需要仓储物流、金融以及商务咨询等生产性服务业发展以降低进出口贸易成本，同时还要鼓励企业采用国际标准甚至制定新的国际标准生产出口产品以应对各种贸易壁垒，此外，培育名牌产品和提高出口产品中技术含量高的高新技术产品比重也是新疆非价格竞争方式的重要内容。据此，本章选择了生产性服务业占服务业比重作为服务竞争指标、新增采用国际标准产品数量作为标准竞争指标、高新技术产品出口比重作为质量竞争指标、新增新疆名牌产品数量作为品牌竞争指标。具体指标计算公式及其含义如表 3 – 4 所示。

表 3 – 4　　　　　　　　　　国际市场竞争方式指标

指标	计算公式	表示含义
生产性服务业占服务业比重	$\dfrac{生产性服务业产值}{第三产业增加值} \times 100\%$	服务竞争指标，反映以提高出口生产企业服务环节效率降低贸易成本的服务竞争
新增采用国际标准产品数量	当年采用国际标准产品数量 – 上年采用国际标准产品数量	标准竞争指标，反映提高企业产品质量、应对国外技术贸易壁垒、加快与国际接轨的标准竞争

指标	计算公式	表示含义
高新技术产品出口比重	$\dfrac{高新技术出口贸易额}{新疆出口贸易额} \times 100\%$	质量竞争指标，反映出口具有高技术含量产品为特征的产品质量竞争
新增新疆名牌产品数量	当年新疆名牌产品有效个数 – 上年新疆名牌产品有效个数	品牌竞争指标，反映拥有知名品牌并被国外消费者认可的品牌竞争力

注：生产性服务业包括了以下行业：交通运输、仓储和邮政业；信息传输、计算机服务和软件业；金融业；房地产业；租赁和商务服务业；科学研究、技术服务和地质勘查业。

3.1.2.4 外贸增进国民收益方式指标

由于外贸的国民收益不仅要关注于外贸企业的厂商利润，还要将外贸对资本积累和经济增长的贡献，对就业的拉动作用及其带来的收入增加作为重要的衡量指标，那么，在外贸在增进国民收益的方式选择上，就不能仅仅依靠具有先天优势的局部地区参与国际分工以获取更多进出口收益，还要在国内更大范围内优化国际生产分工的区域布局；也不能仅仅鼓励部分行业提升生产分工的价值链以提高产品质量和附加值，还要实现中低端制造技术在更多行业的普及和带动国内产业结构调整和优化升级；更不能仅仅依靠少部分企业在政策呵护下参与国际竞争，还要鼓励更多类型的企业进入国际市场，从而形成多种所有制、不同规模大小的外贸企业在相互竞争与合作中共同发展壮大的局面。为此，本章分别从区域分工、产业分工、企业分工三个维度考察新疆外贸增进国民收益方式。

(1) 区域分工指标

区域分工是区域之间经济联系的一种形式。其形成的原因是在资源和要素不能完全、自由流动的情况下，各区域之间为克服经济发展和基础条件差异对各自追求多元化、高层次需求的阻碍，根据比较利益原则，选择和发展自身具有优势的产业以提高各区域经济效益和国民经济发展总体效益的一种选择。新疆外贸规模较小且各地区外贸发展也并不协调，为此，新疆既要促进乌鲁木齐市、博尔塔拉蒙古自治州、伊犁直属县市等具有先天优势的地区提升贸易产品的附加值与国际竞争力，还要鼓励其他优势并不突出的地区根据自身比较优势在外贸领域选择特色的优势产业参与国际分工和国际贸易，从而不但能够从更大范围拓宽外贸收益来源，而且还能够从分配格局上使外贸发展成果惠及更多的地区与国民。据此，本章选取出口地区结构分布度指标和进口地区分布度指标衡量新疆外贸区域分工增进国民收益的方式。这两个指标计算公式和含义见表 3 – 5。

表 3 – 5　　　　　　　　　　　外贸区域分工增进国民收益指标

指标	计算公式	表示含义
出口地区结构分布度	$\sqrt{\sum_{i=1}^{n}(X_i - \overline{X})^2}$，其中，$X_i$ 表示 i 地区出口贸易额占本地区 GDP 比重，$\overline{X}$ 表示 15 个地州市出口贸易额占本地区 GDP 比重的平均值，n 表示地州个数	反映新疆各地州外贸发展及其对地方经济贡献的差异程度，数值越大，说明新疆各地区对外贸易在增进地方经济福利的差异越大，反之越小。
进口地区结构分布度	$\sqrt{\sum_{i=1}^{n}(X_i - \overline{X})^2}$，其中，$X_i$ 表示 i 地区进口贸易额占本地区 GDP 比重，$\overline{X}$ 表示 15 个地州市进口贸易额占本地区 GDP 比重的平均值，n 表示地州个数	

（2）产业分工指标

对于一个处于工业化发展进程中的开放型经济体，高端、中端、低端生产制造的产业分工格局将长期同时存在。那么，从产业分工角度，要转变其外贸国民收益的增进方式，就不仅要提升部分外向型行业在产业链的其中环节在全球价值链中的位次，而且还要扩大中低端的生产制造技术在更多行业的普及，这不但能够形成一批具有国际领先技术的行业，而且还能够以外贸行业发展带动制造业部门在区域范围的扩大化。新疆正处工业化快速发展阶段，目前仍难以较低成本生产面向国际市场的出口商品，今后产业结构的调整方向将进一步降低重化工业的比重，转向于具有国际市场潜力的轻工业发展。据此，本章选取了出口工业制成品中本地产品比重指标、轻工业制成品在本地产出口工业制成品中占比指标、重工业加工制成品在本地产出口工业制成品中占比指标用于衡量外贸国民收益的产业分工增进方式。这三个指标计算公式及具体含义见表 3 – 6。

表 3 – 6　　　　　　　　　　　外贸产业分工增进国民收益指标

指标	计算公式	表示含义
出口工业制成品中本地产品比重	$\dfrac{\text{本地产工业制成品出口贸易额}}{\text{全区工业制成品出口贸易总额}} \times 100\%$	反映新疆工业部门参与国际分工获取外贸收益的能力，比重越大，说明新疆工业部门在全球产业链地位越高，反之越小

续表

指标	计算公式	表示含义
轻工业制成品在地产出口工业制成品中占比	$\dfrac{\text{轻工业制成品出口贸易额}}{\text{规模以上工业企业出口交货值}} \times 100\%$	反映新疆轻工业部门进入全球产业分工获取外贸收益以提升本部门在全区工业结构中地位的能力
重工业加工制成品在本地产出口工业制成品中占比	$\dfrac{\text{加工工业制成品出口贸易额}}{\text{重工业制成品出口贸易额}} \times 100\%$	反映新疆重工业部门发展加工工业实现全球产业分工价值链位次攀升的能力

注：由于现有统计资料中给出的出口商品并未按照国际贸易标准（修订4）归并，而是仅仅公布了大类商品数量和金额，因此，本章依据国际贸易标准（修订4）的分类方法将海关网站公布的商品归类并加总得到工业制成品贸易总额。

（3）企业分工指标

企业出现的原因在于随着人们劳动分工的深化，在大量中间产品出现时中间产品贸易比用于生产中间产品的劳动的贸易包含了更多的交易费用（杨小凯和黄有光，1999）[1]。企业分工有企业内分工和企业间分工之分，其在市场中内生的本质是要素市场取代了产品市场。根据分工与交易费用经济学原理，如果企业内分工的结果是节约市场交易的费用小于企业组织管理上升的费用，那么人们专业化分工将在企业内部进行；反之，如果企业间分工节约的市场交易费用大于企业组织管理上升的费用，那么人们的专业化分工将在企业之间进行（吴德进，2006）[2]。显然，依据企业分工内涵，从宏观层面考察外贸企业分工对增进国民收益的作用，重点探讨的是如何鼓励不同性质和类型外贸企业和出口生产企业根据自身运行特点进入外贸市场，在一定的区域范围内相互竞争与合作共同做大外贸市场和扩大贸易范围。新疆外贸行业相互竞争激烈，缺少具有国际影响力的跨国企业集团，即便在现有企业中，大部分企业也主要是代理国内出口生产企业产品，能够真正意义上实现工贸一体化的大型企业极少。其原因很复杂，从我国经济体制来讲，不同性质企业受到行政干预和政策影响程度具有很大差异，从而这些企业在增进国民收益中的作用方式也会有所不同，就新疆而言，国有企业受到政府行政干预影响较大，私营企业富有市场活力，

---

① 杨小凯，黄有光. 专业化与经济组织［M］. 北京：经济科学出版社，1999：52，209.

② 吴德进. 企业间专业化分工与产业集群组织发展——基于交易费用的分析视角［J］. 经济学家，2006（6）：89-95.

而外资企业具有拥有国际先进的管理经验和生产技术，因此，本章选取了国有大中型工业企业出口比重指标、私营企业进出口贸易比重指标、外资企业进口设备和物品比重指标衡量了不同所有制企业分工增进外贸国民收益方式。这三个指标计算公式及具体含义见表 3 – 7。

表 3 – 7　　　　　　　　　　外贸企业分工增进国民收益指标

指标	计算公式	表示含义
国有大中型工业企业出口比重	$\dfrac{国有控股大中型工业企业出口交货值}{规模以上工业企业出口交货值总和} \times 100\%$	反映新疆国有大中型工业企业代表全区规模以上工业企业参与国际分工获取外贸收益的能力。比重越大，国有企业获取外贸收益的能力越强，反之越小
私营企业进出口贸易比重	$\dfrac{私营企业进出口贸易额}{全区进出口贸易总额} \times 100\%$	反映新疆私营企业开展对外贸易获取外贸收益的能力。比重越大，私营企业促进外贸收益增收能力越强，反之越小
外资企业进口设备和物品比重	$\dfrac{外资企业进口设备及物品货值}{全区进口贸易总额} \times 100\%$	反映来疆投资外资企业进口先进设备提高自身生产加工能力促进新疆经济福利增收状况。比重越高，先进技术设备进口越多，对国民福利增加越有利，反之越不利

3.2　新疆对外贸易发展方式转变综合评价模型的构建

如前所述，评价对外贸易发展方式转变现有单一指标法和综合指标评价法两种方法。由于单一指标法未能系统全面对对外贸易发展方式加以考察，考虑到评价的全面性和准确性，本章采用综合指标评价法对新疆对外贸易发展方式转变进行评价。综合指标评价法的基本步骤是：首先在构建一个科学的评价指标体系基础上，然后运用相应方法对各级指标数据进行标准化处理，接着测算各层级指标权重并计算出一个综合值，最后基于测评结果综合评价某种经济现象或状态。本章使用熵值法对新疆对外贸易发展方式转变效果进行综合评价，该方法可以根据各指标值的差异程度，通过计算信息熵确定各级指标权重，然后通过简单加权法得出综合评价值。

3.2.1　评价指标数据的标准化处理

新疆对外贸易发展方式评价指标体系中各级指标的计量单位和量纲不同，为了便于不同单位或量纲的指标进行比较和加权计算，需要对这些指标数据进行标准化处理。由于运用熵值法计算各层级指标权重时，指标值不能为负，为保证数据的完整性，需要对指标数据进行变换处理（郭显光，1998）[①]。本书根据各指标数据特点，在对各指标进行标准化处理时做了如下改进：

当指标值为正向指标时，标准化处理值为：

$$
X_{ij}^* = \begin{cases} 100 & X_{ij} \leqslant X_{min} \\ c + \dfrac{X_{max} - X_{ij}}{X_{max} - X_{min}} \times d & X_{min} < X_{ij} < X_{max} \\ 0 & X_{ij} \geqslant X_{max} \end{cases} \tag{3-5}
$$

当指标值为负向指标时，标准化处理值为：

$$
X_{ij}^* \begin{cases} 100 & X_{ij} \geqslant X_{max} \\ c + \dfrac{X_{ij} - X_{min}}{X_{max} - X_{min}} \times d & X_{min} < X_{ij} < X_{max} \\ 0 & X_{ij} < X_{min} \end{cases} \tag{3-6}
$$

当指标值为适度指标时，标准化处理值为：

$$
X_{ij}^* = \begin{cases} c + \dfrac{X_{ij} - X_{min}}{X_m - X_{min}} \times d & X_{min} \leqslant X_{ij} \leqslant X_{max} \\ c + \dfrac{X_{max} - X_{ij}}{X_{max} - X_m} \times d & X_m < X_{ij} < X_{max} \\ 0 & X_{ij} \leqslant X_{min},\ X_{ij} \geqslant X_{max} \end{cases} \tag{3-7}
$$

以上三个式子中，常数 c 的作用是对数据进行平移，常数 d 的作用在于对数据进行缩放，根据本书数据情况，取值 c = 60，d = 40，那么各指标值标准化后取值范围 $X_{ij}^* \in [60, 100]$。

---

① 郭显光. 改进的熵值法及其在经济效益评价中的应用 [J]. 系统工程理论与实践，1998 (12)：99 - 103.

3.2.2　评价指标的权重确定

本书利用信息熵工具计算各级指标权重，其计算步骤如下：首先，计算第 j 项指标的信息熵 E_j，信息熵计算公式为：$E_j = -\left(\dfrac{1}{\ln m}\right) \sum_{i=1}^{m} X_{ij}^* \ln X_{ij}^*$，式中 m = 6 表示金融危机以来新疆转变对外贸易发展方式历经的 6 个年份。然后，计算第 j 项指标的信息效用值 D_k，并对各级指标效用值求和，记 R_j（$R_j = 1 - E_j$），（k = 1，2，…，k）。最后，根据熵的可加性计算各级指标的权重，其中，一级指标权重 W_a（a = 1，2，3，4）等于各一级指标效用值之和除以全部指标效用值总和；二级指标权重 W_b（b = 1，2，…，11）等于各二级指标效用值之和除以相应一级指标效用值之和；三级指标权重 W_c（c = 1，2，…，22）等于各指标效用值之和除以相应二级指标效用值之和。依据改进的熵值法得到的各级指标权重值见表 3 - 8。

表 3 - 8　　　新疆对外贸易发展方式转变评价指标体系各级指标的权重

一级指标权重	二级指标权重		三级指标权重		信息熵	效用值
A1 出口生产资源利用方式 （0.172）	B1	0.556	C1	0.400	0.9928	0.0072
			C2	0.600	0.9892	0.0108
	B2	0.444	C3	0.444	0.9936	0.0064
			C4	0.556	0.9920	0.0080
A2 国际市场的开拓方式 （0.257）	B3	0.357	C5	0.417	0.9928	0.0072
			C6	0.583	0.9899	0.0101
	B4	0.643	C7	0.282	0.9912	0.0088
			C8	0.259	0.9919	0.0081
			C9	0.218	0.9932	0.0068
			C10	0.241	0.9925	0.0075
A3 国际市场的竞争方式 （0.193）	B5	0.239	C11	1.000	0.9913	0.0087
	B6	0.327	C12	1.000	0.9881	0.0119
	B7	0.195	C13	1.000	0.9929	0.0071
	B8	0.239	C14	1.000	0.9913	0.0087

一级指标权重	二级指标权重		三级指标权重		信息熵	效用值
A4 外贸增进国民收益方式 (0.378)	B9	0.212	C15	0.503	0.9924	0.0076
			C16	0.497	0.9925	0.0075
	B10	0.354	C17	0.286	0.9928	0.0072
			C18	0.377	0.9905	0.0095
			C19	0.337	0.9915	0.0085
	B11	0.434	C20	0.352	0.9891	0.0109
			C21	0.358	0.9889	0.0111
			C22	0.290	0.9910	0.0090

3.2.3 综合评价模型构建

对指标进行标准化处理并确定指标权重以后，接下来是构建新疆对外贸易发展方式转变评价模型，用于计算新疆发展方式转变的综合得分。如果计算结果的分值越高，说明新疆对外贸易发展方式越合理，反之，说明对外贸易发展方式合理水平越低，也就意味着需要对现行对外贸易发展方式加以调整。新疆各年份对外贸易发展方式转变的综合评价值计算过程如下：第一步，计算二级指标评价值 F_1。其计算公式为：$F_1 = \sum_{c=1}^{k} W_c X_{ij}^*$，式中 k 表示该二级指标包含的三级指标个数，$W_c$ 表示该二级指标的第 c 个三级指标权重。第二步，计算一级指标评价值 F_2。其计算公式为：$F_2 = \sum_{b=1}^{m} W_b F_b$，式中 m 代表该一级指标包含的二级指标个数，$W_b$ 表示该一级指标下第 b 个二级指标权重，F_b 为相应的二级指标评价值。第三步，计算新疆对外贸易发展方式转变水平的综合评价值 F，记 $F = \sum_{a=1}^{n} W_a F_a$，式中 n 代表对外贸易发展方式转变水平的一级指标个数，W_a 为第 a 个一级指标的权重，F_a 为第 a 个一级指标的评价值。

3.2.4 数据来源及处理

在时间跨度上，本书选取的时间区段为 2008～2013 年，选取这一区段的主要依据在于：一是转变对外贸易发展方式是 2009 年国家为应对金融危机冲击在总结外贸增长方式转变经验基础上提出一个概念，有利于对比新疆在国家提出重视对外贸易发展方式转变前后的政策有效性；二是这一时期新疆对外贸易在 2008 年达到历史最高水平之后在 2009 年急剧下滑，而且随后欧债危机爆发、阿拉伯之春引发的中东地区政局动荡以及俄白哈关税同盟建立运行，使得新疆外贸发展面临的国际环境风云变幻，不仅如此，国内经济形势也不容乐观，加上以往东部沿海地区劳动密集型产业开始需求新的出路，那么，评价金融危机以来新疆转变对外贸易发展方式的成效，对合理制定支持新形势下新疆对外贸易发展方式转变的政策不无裨益；三是这一阶段与新疆对外贸易发展方式评价指标相关的各种统计资料和统计数据相对完整，数据的连续性较好，能够为本书系统深入地研究奠定了良好的数据基础。基于上述考虑，本书从历年的《中国统计年鉴》、《新疆统计年鉴》以及国家商务部网站、新疆商务厅网站和乌鲁木齐海关网站收集了相关指标的基础数据。需要说明的是，新疆采用国际标准产品数量和新疆名牌产品数量通过百度网搜索获得。此外，由于现有统计资料中给出的出口商品并未按照国际贸易标准（修订 4）归并，而是仅仅公布了大类商品数量和金额，因此，本书依据国际贸易标准的分类方法将海关网站公布的商品归类并加总得到工业制成品进出口贸易总额。最后，在数据处理的软件选择上本章采用的是微软 Excel 2007 办公软件。

3.3　新疆对外贸易发展方式转变测评结果分析

3.3.1　总体效果评价

表 3 - 9 和图 3 - 1 分别给出了 2008 ~ 2013 年新疆对外贸易发展方式及其四个子系统的综合评价值以及它们的变动趋势情况。分析发现：第一，出口商品在生产环节的资源利用方式经历了不稳定的优化转变过程。2008 ~ 2012 年其综合评价值从 2008 年开始到 2012 年虽然有所波动，但呈现优化趋势，然而在 2012 年达到最优状态之后急速下滑至 2013 年的 76.282，基本恢复至金融危机爆发初期的 2008 年评价值 74.914。这种状态说明，新疆本

地生产的出口产品其资源利用方式虽然有所尝试向更高水平做出转变，但其不仅没能够持续推进，而且还出现了急速倒退，因此需要挖掘背后原因并制定相应对策，促进新疆本地产品出口在生产环节的资源利用方式向更高层次转变。第二，国际市场开拓方式的转变趋势持续上升。2008 年开始新疆开拓国际市场的方式日益多元化，其综合评价值也由 2008 年的 58.29 提升到 2013 年的 86.089，不过也可注意到在 2009 ~ 2011 年，新疆开拓国际市场的方式也是经历了 3 年时间的调整适应阶段。第三，国际市场的竞争方式在调整适应过程中呈现恶化趋势。2008 ~ 2013 年间，新疆在国际市场的竞争方式其综合评价值虽然有所变化，但在 2009 年加速转变之后开始出现下降趋势，并且自 2011 年开始其综合评价值都低于 2008 年的 82.117，显然竞争方式在经济环境变幻莫测时期以慎重选择为好，然而这种调整方向对新疆加快对外贸易发展方式转变的要求还是存在一定差距。第四，外贸增进国民收益方式的转变趋势并不稳定。2008 ~ 2013 年 6 年间，新疆外贸增进国民收益方式的综合评价值先是从 2008 年的 77.049 连续 3 年上升至 2010 年的 82.392，随后下降到 2011 年的 79.068，并于 2012 年回升至 84.394 之后，在 2013 年进一步提高到 86.163。这一转变趋势说明新疆外贸在促进国民收益增加的方式上尚未探寻出一条符合新疆本地特点的发展道路，今后还需总结经验不断摸索。

表 3 - 9　　　　　2008 ~ 2013 年新疆对外贸易发展方式转变综合评价值

年份	出口生产的资源利用方式		国际市场的开拓方式		国际市场的竞争方式		外贸增进国民收益方式		对外贸易发展方式	
	评价值	排名	评价值	排名	评价值	排名	评价值	排名	综合评价值	排名
2008	74.914	5	58.290	6	82.117	3	77.049	6	72.839	6
2009	65.462	6	72.750	5	88.009	1	80.022	4	77.190	5
2010	83.976	2	73.448	4	82.575	2	82.392	3	80.401	3
2011	81.432	3	74.642	3	81.002	4	79.068	5	78.710	4
2012	90.816	1	82.598	2	77.466	5	84.394	2	83.700	1
2013	76.282	4	86.089	1	74.471	6	86.163	1	82.188	2

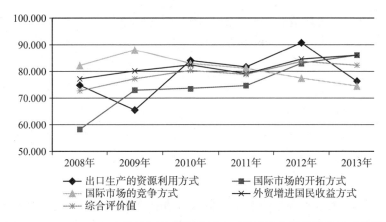

图 3 – 1　2008 ~ 2013 年新疆对外贸易发展方式转变综合评价值的变动趋势

综合新疆对外贸易发展方式四个子系统的分析，可以将 2008 ~ 2013 年新疆对外贸易发展方式综合评价值变化划分为两个阶段：第一阶段为2008 ~ 2010 年，这一时期是新疆对外贸易发展方式转变的起步探索阶段。在该阶段由于新疆外贸历经了"过山车式"大起大落，包括政府在内的外贸领域各部门都在采取了多种手段转变以往对外贸易发展方式以降低外部环境带来的负面影响，从而反映在综合评价值上连续三年保持了上升态势。第二阶段为 2011 ~ 2013 年，这一时期是新疆对外贸易发展方式调整适应阶段。该阶段主要特征在于各子系统方式转变的综合评价值或升或降，结果反映在对外贸易发展方式的综合评价值上是有升有降。最后，总体而言，2008 ~ 2013 年新疆对外贸易发展方式已经有所转变，但当前仍处于调整适应阶段。

3.3.2　分项指标评价

3.3.2.1　出口生产资源利用方式转变分析

新疆本地出口产品在生产环节资源利用方式的转变是新疆对外贸易发展方式转变的重要内容，其资源利用方式的转变对提升新疆本地产品出口竞争力以及扩大本地产品在新疆出口贸易中的比重具有积极意义。表 3 – 10 和图 3 – 2分别给出了 2008 ~ 2013 年新疆出口商品在生产环节的资源利用方式相关指标评价值及其变化趋势。分析发现：①依靠传统要素投入的粗放型资源利用方式指标评价值变化趋势先升后降，而且无论是上升还是下降两者变动幅度很大，其评价值自 2008 年的 64.42 低速上升 2011 年的 74.822 之后快速提高到 2012 年的 90.472 之后，在 2013 年急速下降到 61.167，说明依靠过多资源消耗和劳动力投入增加的粗放型资源利用方式具有极大的可变性。②依靠现代要素的集约型资源利用方式指标评价值变化趋势先降后升，先是从 2008 年的 88.056 下降到 2009 年的 60.00，而后快速提高到 2010 年的 93.14，并在微幅调整中于 2013 年达到 95.21。这一变化趋势说明新疆本地出口产品在生产环节的资源利用方式集约程度虽然在 2009 年急速下滑，但是多年来通过提高生产管理水平和加大先进技术在制造环节的运用，新疆外贸在实现出口生产的节能环保和生产效率快速提升方面正在逐步改善。③综合出口产品生产环节两种资源利用方式，一方面由于依靠传统要素的粗放型资源利用方式指标评价值变化趋势与出口生产的资源利用方式转变趋势一样都是先升后降，而且其大幅变动对拉动整体资源利用方式的转变起到了很大影响；另一方面依靠现代要素的集约型资源利用方式同样也具有一定的不稳定性。总体而言，目前集约型资源利用方式作用还不明显，减弱粗放型资源利用方式的影响仍是今后新疆转变出口产品在国内生产环节资源利用方式的重点。

表 3 - 10　　2008 ~ 2013 年新疆出口商品在生产环节资源利用方式转变评价值

指标	2008 年	2009 年	2010 年	2011 年	2012 年	2013 年
出口生产的资源利用方式	74.914	65.462	83.976	81.432	90.816	76.282
传统要素投入产出	64.420	69.823	76.659	74.822	90.472	61.167
现代要素投入产出	88.056	60.000	93.140	89.711	91.247	95.210

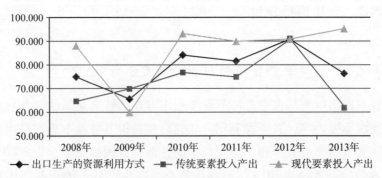

图 3 - 2　2008 ~ 2013 年新疆出口产品在生产环节资源利用方式的转变趋势

3.3.2.2 国际市场开拓方式转变分析

转变开拓国际市场的方式是新疆全面打开国际市场的必要手段，从而其在新疆对外贸易发展方式转变中起到举足轻重的作用。表3-11和图3-3显示的是2008~2013年新疆外贸国际市场的开拓方式相关指标评价值及其变化趋势。分析发现：①依靠传统贸易方式开拓国际市场的方式呈现持续较快提升的趋势。其指标评价值从2008年的60.0起步，在之后的五年里实现了三个飞跃，分别于2010年到达77.184，之后在2011年上升到88.187，并于2012年和2013年分别达到了97.802和98.813。表明新疆开拓国际市场的传统贸易方式虽然受金融危机影响在2009年受到了冲击，但由于新疆一般贸易的加快发展，加上周边国家对新疆商品的旺盛需求以及开展边境贸易的区位优势，这两种传统贸易方式在新疆开拓国际市场中起到了重要作用。②开拓国际市场的现代方式其变化趋势在较低水平具有波动性，其指标评价值在2008~2013年间均低于80.0，特别注意到在2009年达到72.404之后于2011年下降至67.121。这一变化趋势说明新疆开拓国际市场多种方式的组合运用尚处于起步探索阶段，也就说无论是企业走出去对外承包工程带动国内产品出口，还是举办国际展会搭建国际贸易平台，或者是发挥海关特殊监管区域的贸易新功能，这些新的国际市场开拓方式在新疆的运用都尚未成熟，今后仍需不断积累经验并进一步做优做强。③综合开拓国际市场的传统方式与现代方式分析，新疆开拓国际市场的方式其转变趋势总体而言尽管正在逐步优化，然而依旧存在国际市场开拓方式传统单一的不足。

表3-11　　　2008~2013年新疆外贸国际市场开拓方式转变评价值

指标	2008年	2009年	2010年	2011年	2012年	2013年
国际市场开拓方式	58.290	72.750	73.448	74.642	82.598	86.089
传统方式	60.000	73.372	77.184	88.187	97.802	98.813
现代方式	57.341	72.404	71.374	67.121	74.156	79.024

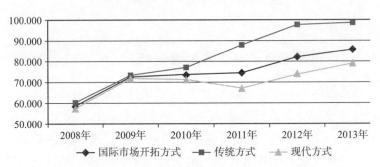

图 3 - 3　2008～2013 年新疆外贸国际市场开拓方式转变趋势

3.3.2.3　国际市场竞争方式转变分析

转变国际市场的竞争方式是新疆进一步巩固既有国际市场的必然要求。表3 - 12 和图 3 - 4 给出的 2008～2013 年新疆国际市场竞争方式相关指标评价值及其变化趋势正是其国际市场竞争方式转变趋势的反映。从中可以发现：①新疆外贸在国际市场上的服务竞争方式转变趋势表现为下滑势头，该指标评价值从 2008 年开始不断降低，在 2011 年达到最小值 60.0 之后开始小幅回升到2012 年的 72.823，不过回升势头未能维持且于 2013 年下降到 64.729，说明当前以生产性服务业降低出口生产企业成本的服务竞争方式未能成为新疆转变国际市场竞争方式的重要手段。②新疆企业采用国际标准提升企业国际竞争力的能力在金融危机以来的 6 年间从而具有较大波动，表现为指标评价值在 2010年和 2012 年分别处于波谷且与前后一年的波峰值相差甚大。③以高新技术产品出口比重衡量的新疆外贸出口商品质量竞争指标评价值呈现提升趋势，从2008 年的 60.0 趋势性的上升至 2013 年的 100.00，说明新疆以高技术含量产品出口为特征的质量竞争方式正在不断发挥积极作用。④以新疆新增拥有名牌产品的数量表示新疆外贸可以依托的在国际市场上的品牌竞争方式转变，从评价值变化趋势看，从 2008 年之后到 2010 年间新增品牌数不断增加，并于 2011年大幅减少，不过在 2012 年达到最高值后在 2013 年有所减少，说明新疆外贸在国际市场上的品牌竞争方式在完善过程中也具有较大变化。⑤综合四种竞争方式的作用，新疆外贸在国际市场上的竞争方式的综合评价值稳中有降，尤其自 2011 年开始四种竞争方式作用力分散导致总体竞争方式转变效果出现下降趋势可以得知，新疆外贸在国际市场的竞争方式在经济环境变幻莫测时期一直处于调整适应状态，虽然这种调整对未来新疆外贸扩大国际市场份额的必不可少，然而，这种微幅调整对新疆加快对外贸易发展方式转变的要求还是存在一定差距。

表 3 – 12　　　　　2008 ~ 2013 年新疆外贸国际市场竞争方式转变评价值

指标	2008 年	2009 年	2010 年	2011 年	2012 年	2013 年
国际市场竞争方式	82.117	88.009	82.575	81.002	77.466	74.471
服务竞争	100.000	87.261	82.982	60.000	72.823	64.725
标准竞争	98.400	93.600	77.600	100.000	60.000	61.600
质量竞争	60.000	74.657	75.191	88.368	84.829	100.000
品牌竞争	60.000	92.000	95.000	70.000	100.000	81.000

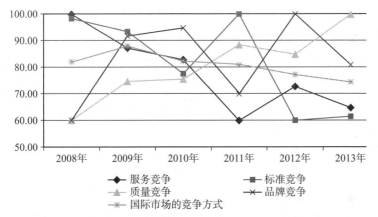

图 3 – 4　2008 ~ 2013 年新疆外贸国际市场竞争方式转变趋势

3.3.2.4　外贸增进国民收益方式转变分析

外贸增进国民收益的方式是新疆外贸发展成果能否从更大范围惠及各族人民的重要因素。表 3 – 13 和图 3 – 5 反映出 2008 ~ 2013 年新疆外贸增进国民收益方式相关指标评价值及其变化趋势，从中可知：①外贸增进国民收益的区域分工方式在 2009 年发生大幅度变化之后一直维持了较高水平，突出表现为其指标评价值在 2008 年仅为 60.0，而在一年后的 2009 年其评价值已经达到 94.867，并且之后都能保持在 95 以上。这说明虽然 2008 年新疆外贸进出口规模达到了历史最高水平，但是外贸对各地区经济贡献存在很大差距，新疆外贸发展成果并未能惠及新疆各个地区，不过自 2009 年之后变化，从区域分工衡量的新疆外贸增进国民收益方式转变已经取得实质性效果，反映在具体指标上就是无论出口地区结构分布度还是进口地区结构分布度都已经有了较大幅度下降，然而美中不足的是进口和出口地区结构分布度依旧很大。②以产业分工衡量的外贸增进国民收益方式在微幅调整中转变趋势向好，其指标评价值首先在2008～2011年间持续小幅增加，然后出现回调，但在2013年也达到了78.8，仍旧高于2008年的75.93。这一变化趋势反映出新疆出口生产部门不仅已经具备了生产出口高附加值、高技术含量产品的能力，而且轻工业出口部门的发展也对新疆工业结构调整以及带动就业增长发挥了积极作用。③以企业分工衡量的外贸增进国民收益方式具有较大不稳定性，该指标评价值先是从2008年的88.201快速下降到2009年的70.405，之后反弹到2010年的75.621，接着再次回落到2011年的67.314，最后又在2012年上升至82.776，并在2013年收于86.848。这就说明新疆外贸增进国民收益的企业分工方式在转变过程中趋势并不稳定，而从具体指标的进一步分析则显示出新疆国有大中型工业企业出口比重波动性过大，以及外资企业进口比重较低且变动幅度较大是主要原因。④综合新疆外贸增进国民收益的区域分工、产业分工以及企业分工三种方式，总体而言，新疆外贸增进国民收益方式已经发生了积极转变，然而下层子系统方式转变的不稳定性还是对其方式转变的总体效果产生了一定影响。

表3－13　　　　　2008～2013年新疆外贸增进国民收益方式转变评价值

指标	2008年	2009年	2010年	2011年	2012年	2013年
外贸增进国民收益方式	77.049	80.022	82.392	79.068	84.394	86.163
区域分工	60.000	94.799	100.000	97.230	96.849	97.057
产业分工	75.930	82.963	80.148	82.601	78.919	78.800
企业分工	86.290	70.405	75.621	67.314	82.776	86.848

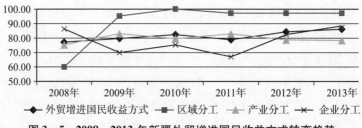

图3－5　2008～2013年新疆外贸增进国民收益方式转变趋势

3.4　新疆对外贸易发展方式转变进程中存在的问题

新疆对外贸易发展方式转变是一个动态变化的过程，它要求在方式转变过程中，各个要素应实现稳定同步地发展，只有这样，各个要素之间的协调性才能得以维持，旧的发展方式才能得以被打破。从以上评价结果来看，新疆对外贸易发展方式发生了向好趋势演进，但总体上也还存在个别指标层级的变化背离这一公共目标趋势，从而对总体目标的变动过程产生了一定的负向作用，因此需要单独作为问题加以说明。这里为了更为直观地分析对比对外贸易发展方式转变程度，本书根据百分制成绩转化为五级制成绩方法，首先将对外贸易发展方式优化程度划分"优秀"、"良好"、"中等"、"及格"、"不及格"五个等级（具体判断标准见表 3 - 14），然后根据各层级指标和总目标评价值变化情况判断新疆对外贸易发展方式转变效果（见表 3 - 15），进而可以发现新疆对外贸易发展方式转变进程中存在的问题。主要问题归纳详见表 3 - 14。

表 3 - 14　　　　　　　新疆对外贸易发展方式优化程度评判标准

指标评价值	90 ~ 100	80 ~ 89	70 ~ 79	60 ~ 69	60 以下
优化程度	优秀	良好	中等	及格	不及格

表 3 - 15　　　　　2008 ~ 2013 年新疆对外贸易发展方式转变效果总结　　　　单位：%

指标	发展方式		2008 年	2009 年	2010 年	2011 年	2012 年	2013 年
总目标	对外贸易发展方式	优化程度	中等	中等	良好	中等	良好	良好
		环比转变度	—	5.974	4.160	- 2.103	6.339	- 1.806
		同比转变度	—	5.974	10.382	8.061	14.911	12.835
	出口生产的资源利用方式	优化程度	中等	及格	良好	良好	优秀	中等
		环比转变度	—	- 12.618	28.283	- 3.029	11.523	- 16.004
		同比转变度	—	- 12.618	12.097	8.701	21.227	1.826
一级指标	国际市场的开拓方式	优化程度	不及格	中等	中等	中等	良好	良好
		环比转变度	—	24.806	0.960	1.625	10.659	4.227
		同比转变度	—	24.806	26.004	28.052	41.701	47.690
	国际市场的竞争方式	优化程度	良好	良好	良好	良好	中等	中等
		环比转变度	—	7.175	- 6.174	- 1.905	- 4.365	- 3.866
		同比转变度	—	7.175	0.558	- 1.358	- 5.663	- 9.310

续表

指标	发展方式		2008 年	2009 年	2010 年	2011 年	2012 年	2013 年
二级指标	外贸增进国民收益方式	优化程度	中等	良好	良好	中等	良好	良好
		环比转变度	—	3.858	2.961	−4.034	6.737	2.096
		同比转变度	—	3.858	6.934	2.620	9.533	11.829
	传统要素投入产出方式	优化程度	及格	及格	中等	中等	优秀	及格
		环比转变度	—	8.388	9.790	−2.397	20.917	−32.392
		同比转变度	—	8.388	18.999	16.147	40.441	−5.050
	现代要素投入产出方式	优化程度	良好	及格	优秀	中等	优秀	优秀
		环比转变度	—	−31.861	55.233	−3.682	1.712	4.343
		同比转变度	—	−31.861	5.774	1.880	3.624	8.125
三级指标	传统方式	优化程度	及格	中等	中等	良好	优秀	优秀
		环比转变度	—	22.287	5.196	14.255	10.903	1.034
		同比转变度	—	22.287	28.641	46.978	63.003	64.689
	现代方式	优化程度	不及格	中等	中等	及格	中等	中等
		环比转变度	—	26.270	−1.424	−5.958	10.481	6.565
		同比转变度	—	26.270	24.472	17.057	29.325	37.815
	服务竞争	优化程度	优秀	良好	良好	及格	中等	及格
		环比转变度	—	−12.739	−4.903	−27.695	21.371	−11.120
		同比转变度	—	−12.739	−17.018	−40.000	−27.177	−35.275
	标准竞争	优化程度	优秀	优秀	中等	优秀	及格	及格
		环比转变度	—	−4.878	−17.094	28.866	−40.000	2.667
		同比转变度	—	−4.878	−21.138	1.626	−39.024	−37.398
	质量竞争	优化程度	及格	中等	中等	良好	良好	优秀
		环比转变度	—	24.429	0.715	17.524	−4.005	17.884
		同比转变度	—	24.429	25.319	47.280	41.382	66.667
	品牌竞争	优化程度	及格	优秀	优秀	中等	优秀	中等
		环比转变度	—	53.333	3.261	−26.316	42.857	−19.000
		同比转变度	—	53.333	58.333	16.667	66.667	35.000
	区域分工	优化程度	及格	优秀	优秀	优秀	优秀	优秀
		环比转变度	—	57.999	5.486	−2.770	−0.392	0.215
		同比转变度	—	57.999	66.667	62.050	61.415	61.762
	产业分工	优化程度	中等	良好	良好	良好	中等	中等
		环比转变度	—	9.262	−3.393	3.061	−4.457	−0.151
		同比转变度	—	9.262	5.554	8.786	3.937	3.780
	企业分工	优化程度	良好	中等	中等	及格	中等	中等
		环比转变度	—	−18.409	7.408	−10.985	22.971	4.919
		同比转变度	—	−18.409	−12.364	−21.991	−4.072	0.647

注：环比转变度计算公式为 $\dfrac{X_i - X_{i-1}}{X_{i-1}} \times 100\%$，其中 X_i 表示第 i 年度综合评价值；同比转变度以 2008 年为基期，其计算公式为 $\dfrac{X_i - X_{i-2008}}{X_{i-2008}} \times 100\%$。

3.4.1　对外贸易发展方式转变进程缓慢

2008～2013 年虽然新疆对外贸易发展方式各层级指标的转变水平均有了不同程度的变化，但在各方面因素综合作用下，新疆对外贸易发展方式同比转变度仅为 12.835%，这反映出新疆对外贸易发展方式尚未发生质的转变，这表明自金融危机以来新疆对外贸易发展方式转变进程缓慢。具体从新疆对外贸易发展方式四个子系统评价指标也可以看出，除了开拓国际市场方式同比转变度超过 40% 以外，新疆在外贸出口产品在国内生产环节的资源利用方式同比转变度、外贸增进国民收益方式同比转变度都在 15% 以下，外贸国际市场竞争方式同比转变度甚至为负值。即便是在二级评价指标中，只有外贸开拓国际市场的传统方式和现代方式同比转变度、外贸国际市场的质量竞争方式和品牌竞争方式、外贸增进国民收益的区域分工方式同比转变度在 30% 以上，其余指标同比转变度均未达到总体转变度水平，部分指标甚至还起到了负向作用，这些指标如外贸国际市场的标准竞争方式和服务竞争方式同比转变度分别为 -37.398% 和 -35.275%、外贸出口产品国内生产环节的传统要素投入产出方式同比转变度为 -5.05%。以上指标反映出新疆对外贸易发展方式已经开始有所转变，只不过似乎已经陷入某种路径依赖，同时也预示着加快新疆对外贸易发展方式转变将是一个长期而艰巨的过程。

3.4.2　对外贸易发展方式转变平稳性不高

从对外贸易发展方式各层级指标环比转变度来看，2008～2013 年间新疆对外贸易发展方式环比转变度有增有减，转变幅度增加最多的年份是在 2012 年实现了 6.339%，环比转变度减少最多的年份则出现在 2011 年的 -2.103%，两者相差 8.442 个百分点（也即意味着波动幅度达到了 8.442%），这表明新疆对外贸易发展方式转变进程并不稳定。具体到对外贸易发展方式的四个子系统，其评价指标环比转变度平稳性也是参差不齐，外贸出口产品在国内生产环节资源利用方式其转变进程最不平稳，其环比转变度最大值为 28.283%，最小值是 -16.004%，两者相差 44.287 个百分点，其他三个子系统的指标环比转变度正负极差都超过了 10%，其结果必然导致新疆对外贸易发展方式转变的平稳性无法保证。进一步考察二级指标环比转变度的变化，由于都存在有增有减的情形，从极差大小可以发现这一层级指标转变进程的平稳性更是千差万别。这些指标中环比转变度极差超过50%的是外贸出口产品国内生产环节的传统要素投入产出方式（87.094%）、外贸国际市场的品牌竞争（79.649%）和标准竞争（68.866%）、外贸增进国民收益的区域分工方式（60.769%）、外贸出口产品国内生产环节的传统要素投入产出方式（53.309%）；极差在30%~50%之间的有三个，分别为外贸国际市场的服务竞争（49.066%）、外贸增进国民收益的企业分工方式（41.380%）、外贸开拓国际市场的现代方式（32.228%）；其余指标环比转变度极差除了外贸增进国民收益的产业分工方式为13.719%之外，外贸开拓国际市场的传统方式（21.253%）和外贸国际市场的质量竞争（28.434%）的环比转变度极差都在20%~30%之间。由此可见，新疆对外贸易发展方式转变的平稳性有待进一步提升。

3.4.3　对外贸易发展方式转变所处层次偏低

2008~2013年，新疆对外贸易发展方式的优化程度已经从"中等"提升到"良好"，但连续多年在"中等"和"良好"之间转换，说明新疆对外贸易发展方式仍旧处于较低层次之间转变。关于这点，也可以从各层次指标优化程度的层次变化中反映出来。对比中央正式提出重视转变对外贸易发展方式之前的2008年，优化程度已经从较低等级上升到"优秀"层次的层级指标有四个，分别是二级指标中的外贸出口产品国内生产环节的传统要素投入产出方式、外贸开拓国际市场的传统方式、外贸国际市场的质量竞争和外贸增进国民收益的区域分工方式，这四个指标均是从较低层次的"及格"或"良好"水平经历多年转变后提高到"优秀"层次；优化程度从较低等级上升到"良好"层次的层级指标有两个，包括一级指标中的外贸开拓国际市场的方式和外贸增进国民收益的方式，优化程度从较低等级上升到"中等"层次的层级指标也有两个，分别是二级指标中的外贸开拓国际市场的现代方式、外贸国际市场的品牌竞争。其余指标的优化程度均已从较高层次下降。需要注意的是，上述区间划分作用在于便于考察对外贸易发展方式的优化程度，如果将"良好"等级评判标准提升至［90~95］区间，那么以90为临界点，2013年真正处于"良好"层次及以上就仅有二级指标中的新疆外贸出口产品国内生产环节的传统要素投入产出方式、外贸开拓国际市场的传统方式、外贸国际市场的质量竞争和外贸增进国民收益的区域分工方式等四个指标。由此判断，新疆对外贸易发展方式总体优化程度较低，仍需进一步加快转变提升。

3.4.4　外贸参与国际市场竞争方式转变水平呈下降趋势

外贸参与国际市场竞争方式其转变水平呈下降趋势，这表明新疆外贸扩大国际市场份额的竞争方式已成为加快新疆对外贸易发展方式转变的薄弱一环。深入分析可以发现，新疆推动外贸扩大国际市场份额的竞争方式转变的主要动力还是来自依靠以高技术含量产品出口为特征的质量竞争方式在不断发挥积极作用，而新疆企业采用国际标准提升企业国际竞争力的标准竞争和培育本地知名品牌为新疆外贸提升国际市场品牌竞争力的品牌竞争方式还不具有稳定性，以及新疆外贸在国际市场上的服务竞争方式转变趋势表现出的明显倒退迹象。正是在这些因素作用下，新疆外贸参与国际市场竞争方式的环比转变度自2010年开始以 −6.174% 幅度下滑，并持续了四年的下降态势，结果使得其方式同比转变度在2013年为 −9.31%，也就表明新疆对外贸易发展方式转变在扩大国际市场份额的竞争环节其发展方式已经比不上金融危机之前，其方式优化程度层次也顺势从"良好"调低至"中等"。这一方式转变的结果意味着新疆要想改变长期以来形成的低价取胜的竞争方式，今后如何进一步提升非价格竞争因素比重，改变既有竞争方式，进而实现新疆外贸扩大国际市场份额的竞争方式方式转变，将是一个值得关注的重大问题。

3.5　新疆对外贸易发展方式转变存在问题的成因透视

相对于新疆对外贸易发展方式转变趋势，本研究更为关注的则是对这一变动趋势背后的深层次原因，即是何种力量使得新疆对外贸易发展方式存在着这些问题，进而支配了其转变趋势？能否合理解释上述问题，是度量和评价对外贸易发展方式转变效果是否成功的重要依据。

3.5.1 粗放型经济发展方式是对外贸易发展方式转变缓慢的首要原因

新疆对外贸易发展方式根本转变的目标模式是科学发展方式，是均衡型、协调型、可持续发展型发展方式的综合，严格地说，这应该是集约型经济发展方式实现阶段的对外贸易发展方式，而新疆目前正处在从粗放型经济发展方式向集约型经济发展方式转变的阶段。从而粗放型经济发展方式表现出来的新型工业化不足、特色城镇化水平滞后，产业结构不合理，区域发展不协调等因素决定了新疆对外贸易发展方式转变进程缓慢。表现在：

第一，新疆经济增长主要依靠投资拉动，短期内很难改变，使得新疆外贸出口产品在生产环节的资源利用方式仍以粗放型资源利用方式为主。新疆新型工业化和新型城镇化起步较晚，当前也还处于夯实基础时期，这就决定了之前和今后很长一段时间新疆需要依靠大规模资本投入加速工业化与城镇化进程，同时，由于居民消费能力偏低还难以支撑较高水平的消费市场，如此弱化了消费在经济增长中的作用，结果使得新疆经济增长主要依赖于投资拉动。经济增长的创新驱动力不足也就使得新疆外贸受制于技术落后，出口生产也极度依赖于粗放型资源利用方式实现外贸增长，而出口行业产业链较短又进一步导致外贸在增进新疆国民收益的拉动作用有限。

第二，新疆仍处于工业化初级阶段，新型工业化发展不足使得新疆外贸在增进国民收益的产业分工方式转变进程缓慢。新疆具有特殊的资源禀赋优势，然而长期以来过度依赖资源开发形成的产业体系使得新疆工业化进程缓慢。从工业内部结构看，2013 年新疆规模以上工业企业轻重工业产值比为 12.23∶87.77，其中，重工业内部中加工工业总产值占比为 14.87%，采掘工业和原料工业分别占到 27.53% 和 57.6%，反映出新疆工业发展仍旧具有显著的重工业化特征。在规模以上重点产业中，工业增加值位居前五位的石油和天然气开采业，石油加工、炼焦及核燃料加工业，电力、热力生产和供应业，化学原料及化学制品制造业，煤炭开采和洗选业的工业增加值之和达到 71.35%，也更加凸显新疆工业化的资源密集型特征。然而新疆现有的优势资源产业集群并未带来相应的出口产业优势，当前新疆出口商品仍然多数来自内地厂家，贸易结构和产业结构背离依然严重，这也就决定了新疆外贸在增进国民收益的产业分工方式仍将持续很长一段时间。

第三，城镇化水平滞后，难以为新疆对外贸易发展方式转变提供平台支撑。立足绿洲之上的新疆城镇化具有其特殊性，特别是资源环境约束力加大更是限制了新疆城镇化发展的空间。2013 年底，新疆城镇化水平（44.47%）低于全国平均水平（53.73%）9.26 个百分点，城镇化首府"一城独大"、中型城市断层现象突出，而且大多数中小城镇工业化水平不高，县域经济也不发达。这种低水平的城镇化难以为出口生产企业提供低成本的生产要素，也不能造就出具备规模经济能够开拓国际市场并具有强大国际竞争力的大型跨国企业，如此一来使得对外贸易在增进国民收益的分工方式选择上缺乏厚实的城镇经济基础，从而这种落后的对外贸易发展方式反过来又成为制约新疆城镇化水平提高的障碍。

第四，产业结构呈超稳定状态且层次低，运转失衡，造成新疆外贸增进国民收益在产业分工方式的转变难以推进。当前而言，新疆产业结构具有以下几个明显的特征：一是产业结构呈超稳定状态。由于技术创新能力不足，加上市场竞争机制不健全等多方面原因，新疆传统优势产业缺乏转型升级的内在驱动力，新兴产业未能对落后产业产生明显的提升效应，使得建立在优势资源禀赋基础上的产业结构演变十分缓慢。二是产业结构层次低，表现为资源型产业比重大且各主要产业部门之间产业链建设薄弱，高技术产业与新兴产业相对而言还比较少。三是产业结构运转失衡。突出表现在轻重工业比例失衡，工业反哺农业作用力不强，现代服务业与大部分低层次落后产业未能形成良性互动，在各产业内部不均衡发展的现象也较为突出。新疆产业结构状态也从多方面制约了新疆对外贸易发展方式的转变。一是导致出口产品结构单一。表现为在新疆出口商品结构中，新疆具有竞争优势的产品仍旧以劳动及资源密集型产品为主，位于出口贸易额前五位的商品分别是服装及衣着附件、机电产品、鞋类、农产品，还有纺织纱线、织物及制品。二是导致原料进口型贸易结构，并使外贸结构的战略性调整受到限制。进口商品以初级产品占绝大多数，其中又以原油、矿物产品和农产品居多。三是导致通道型贸易特征固化。由于新疆工业基础薄弱，企业生产设备和加工能力不足，当前新疆仍是内地商品出口和资源能源等原材料进口的物流通道，使对外贸易在促进产业结构优化上应起的重要作用远未得到发挥。

第五，地区经济发展不协调，造成新疆外贸增进国民收益在区域分工方式的转变能力出现区域之间的失衡。从新疆各地区经济发展状况来看，北疆地区经济发展明显优于南疆，2013 年北疆地区国内生产总值比重占到全区的 69.83%，南疆地区 GDP 占全区比重为 24.51%，东疆地区为 5.66%。15 个地州市中，仅乌鲁木齐市经济总量就占到全区的 21.0%，位居第二的伊犁州也达到了 13.7%，而南疆三地州合计才达到 8.2%。各地区人均 GDP 差距更是明显，2013 年克拉玛依市人均 GDP 实现 14.91 万元，石河子市位居第二为 7.37 万元，而位居末位的和田地区仅为 0.8 万元，喀什地区和克州较 2008 年虽有较大幅度增长，但也仅为 1.6 万元和 1.37 万元。新疆地区经济发展失衡势必导致资金、人口、技术等资源在地区之间分布不均衡，甚至出现由南疆欠发达地区向发达地区转移效应，从而减弱外贸在地区之间的分工与利益分配，进而也将导致产业分工格局偏向于集中在北疆发达地区。事实上，新疆经济较发达地区主要集中在天山北坡经济带（北疆地区），其交通便利、基础设施完善，工业化程度高，已经造成新疆外贸主要集中在北疆地区，南北疆外贸严重失衡①。

3.5.2　贸易发展理念落后是对外贸易发展方式转变缓慢的重要原因

思想观念是行动的先导，缺乏开放进取的观念是新疆对外贸易发展方式转变的重要障碍。其中的缘由，一方面新疆地处西部边陲，与东部沿海开放地区较远，加上周边国家经济发展落后以及市场开放程度不高，使得新疆经济长期处于封闭状态；另一方面受政府对开放战略的影响，对外开放的起步较晚。因此，新疆人民市场经济观念较为淡薄，开展国际市场竞争的主动性和积极性不高，从而在贸易发展理念上构成新疆对外贸易发展方式转变的思想枷锁，具体表现为：一是发展的整体理念、官员政绩考核理念陈旧。经济发展的整体理念、官员的 GDP 政绩考核升迁机制对对外贸易发展方式转型起到很大推进作用。新疆对外贸易发展方式转变已经推行多年，但效果并不理想。其原因在于目前在涉及理念问题上，新疆为追求出口的快速增长，仍然将出口数量指标作为硬性指标层层下达，对待贸易的理念没有转变，仍然过分地将贸易作为推动

---

① 程云洁. 新疆外贸发展的问题、原因和对策 [J]. 开放导报，2013（6）：61–64.

GDP 的手段。正如迈克·穆尔（2007）所言，"理性的人是不进行变革的，人类所有的进步都仰赖于非理性的人。"① 那么，在以追求政绩的目标的考核体系之下，难以为非理性之人提供一个良好的氛围、机会和制度，如此也将难以为对变革持开放态度的人创造持久、和平地推行改革的环境，传导至企业层面就是企业发展理念在政府鼓励下仍然是做大做强，不愿意通过生产外包、营销外包，使品牌的影响力做到极致，通过做专做强使企业得到转型升级。二是对出口作用认识不够。出口的产品代表国家和地区形象，出口涉及中国大国形象的塑造，涉及制造业形象的重塑。因此，需要出口企业具有国家意识、民族意识、品牌意识、社会责任意识。在未来的全球跨国公司，知名品牌的塑造中担负着特殊的使命和责任。但当前对出口在地区发展中的认识不够开阔。从新疆外贸行业反映情况看，在对待外贸出口作用认识上，包括政府官员和企业家在内的大部分人依旧认为出口是为了创汇，为了赚钱，未能视出口作为塑造国家和地区形象，打造企业和产品国际品牌的重要手段，如此在理念上也就使得新疆外贸缺少长远的目标规划，从而常常表现为一旦面临国际市场环境恶化，外贸行业无序竞争加剧，外贸管理部门行政越界干预市场运行的情况。

3.5.3　技术创新乏力极大延缓了新疆对外贸易发展方式的加速转变

无论是转变外贸参与国际市场的竞争方式，还是提高在全球价值链中的分工地位，自主创新能力的提高都是关键。目前新疆外贸发展主要依靠于生产要素投入量的增长和资源消耗的增加，技术进步因素作用较小。但从决定技术进步的作用因素看，新疆一方面技术创新能力不足，另一面由于诸多因素也弱化了外贸企业加快技术创新提升国际竞争力的动力，都在一定程度延缓了新疆对外贸易发展方式转变进程。从技术创新能力方面来讲，由于新疆经济发展落后，地方财政实力不强，加上外贸企业技术创新动力缺乏，使得政府和企业为对外贸易发展方式转变所需的技术创新投入严重不足，同时，在培育技术人才方面存在的诸多问题也对新疆对外贸易发展方式转变产生了一定影响，比如人

---

① 魏磊，蔡春林. 后危机时代我国外贸发展方式转变的方向与路径［J］. 国际经贸探索，2011（2）：13－20.

力资本投资不够充分，使得外贸创新人才挖掘缺少足够的存量基础；人力资本投资结构不合理，使得外贸高层次人才在总人口中比例较小；难以为外贸人才发挥才能提供合适的平台和环境，导致人才使用效率低下。进一步从外贸企业技术创新的内外环境来看，也可发现技术创新推动新疆对外贸易发展方式转变乏力的深层次原因。首先，面对中亚国家和周边市场对新疆低档出口商品的旺盛需求，加上新疆企业不具备生产出口产品的成本优势，因而多数企业可以通过外贸代理或经过简单加工获得高额利润，从而削弱了企业技术创新原动力；其次，在承接东部产业转移发展面向中亚国家的外向型产业中，新疆承接东部产业多为一些只负责部分生产装配环节和一些低端无须高技术含量的劳动密集型产业，未能在价值链两端真正参与产品研发和市场营销的环节，从而企业缺乏引进和消化先进技术的平台，如此弱化了新疆外贸企业技术创新能力。最后，市场机制不健全也制约着企业创新。目前新疆外贸行业竞争过度和竞争不足现象并存，然而政府外贸管理部门在对企业的管理及服务，以及知识产权保护方面并不完善，加上鼓励创新财税金融体制尚不健全，都使得企业技术创新不能具备良好的市场条件，从而降低外贸企业通过创新推动发展方式转变的积极性。

3.5.4　多重矛盾交织导致新疆对外贸易发展方式转变难以取得实质性进展

　　金融危机爆发使得新疆外贸面临的全球贸易环境日趋复杂，加速对外贸易发展方式转变是新疆追求外贸可持续发展的必然选择，然而近些年新疆对外贸易发展方式转变步履维艰。究其原因，除了传统固有的生态环境、地理区位、民族文化、生产方式、体制机制和地缘环境等因素对新疆转变对外贸易发展方式施加着重要影响之外。新疆扩大开放与恐怖主义渗入、民生改善与社会治安严峻、跨越式发展与内源动力不足、经济增长与生态环境脆弱、物流通道建设与本地产品竞争力不强等诸多矛盾交织在一起，使得近5年来新疆转变对外贸易发展方式面临的局面更加错综复杂，结果也就造成新疆转变对外贸易发展方式困难重重，举步维艰。而梳理和化解这些矛盾势必会引发各方利益主体在上述关系上竞相角力，如果处理不当不仅会激化现有矛盾，还将可能导致既有发展成果的严重损失，这就更加要求新疆在创新对外贸易发展方式上谨小慎微。

第 4 章

新疆对外贸易发展方式
转变影响因素

新疆对外贸易发展方式的转变是一项复杂艰巨的系统工程，它既受一些共性因素的影响，也受一些地方性特殊因素的影响。这就启示我们在推动新疆对外贸易发展方式转变过程中，必须探寻出影响新疆对外贸易发展方式转变的各种因素，把握关键因素及其作用机理。本章将根据第四届亚欧博览会期间作者问卷调查获取的样本数据，运用定量分析方法找出新疆对外贸易发展方式转变的关键影响因素，并分析其对新疆对外贸易发展方式转变的内在影响，以为找准新疆对外贸易发展方式转变的现实路径提供重要依据。

4.1 新疆对外贸易发展方式转变影响因素的甄选

4.1.1 新疆对外贸易发展方式转变影响因素的甄选依据

4.1.1.1 国外因素对新疆对外贸易发展方式转变的影响

任何国家或者地区对外贸易的发展都要受到国外因素的影响，其中国际市场供求格局和国际贸易环境直接影响着一个国家和地区对外贸易发展方式转变的方向和路径。新疆对外贸易发展方式的转变同样不可避免地受到这些因素的影响。

（1）国际需求与对外贸易发展方式转变

对一个开放经济而言，国际需求变化是其出口部门调整贸易发展方式最需关注的重要因素。其作用机制在于，国际市场需求数量、结构以及需求品质要求方面的变化首先直接决定了一个国家和地区出口商品最终价值的实现大小，然后该国家和地区为了能够适应国际市场需求变化以获取最大收益，将会调整相应外贸政策，并在外贸生产环节和流通领域不断跟进国际市场的需求变动，进而对区域对外贸易发展方式转变的方向和路径产生深刻影响。

新疆对外贸易发展方式转变不仅要关注全球经济形势，更要密切关注周边及中亚国家经济状况对新疆进出口贸易的影响。就全球经济形势而言，如果全球经济增长动力充足，国际贸易复苏步伐加快，那么新疆外贸部门就能够以较低的成本获取国民收益，从而难以鼓动外贸企业以较强的动力去转变以往国际市场的开拓方式和竞争方式。相反，假若全球经济一直处于低速增长态势，那么全球贸易规模势必萎缩，因此，新疆要想继续维护自身在国际市场上利益，就必须转变在国际市场上的竞争方式，或者以新的方式开拓国际市场才能确保稳定的外贸收益。此外，由于周边及中亚国家长期以来一直是新疆最大的贸易伙伴，这些国家经济发展状况直接影响到新疆出口商品的需求量和贸易增速，从而可以确定周边及中亚国际经济状况也是新疆转变对外贸易发展方式的重要影响因素。

(2) 国际分工与对外贸易发展方式转变

国际分工指的是世界上各国（地区）生产者之间的劳动分工，也是国际贸易发展的基础。国际分工从供给方面影响一国和地区对外贸易发展方式的转变。对于一个开放经济体来讲，国际分工影响其对外贸易发展方式转变的作用机理在于：由于一个国家和地区的经济发展及其在国际分工中所处的地位对本国对外贸易的地理方向产生重要影响，那么在一定时期内，假若生产的国际专业化分工仅仅是通过提高劳动生产率增加了世界范围内的商品数量，全球分工格局没有改变，那么本国无须转变对外贸易发展方式就能获得国际交换的利益。然而这一理想状态随着社会生产力的不断发展将难以在现实世界中存在，目前国际分工状况是科学技术的发展使得全球分工正从深度和广度上影响着世界上各个国家（地区）的对外贸易规模、结构和贸易模式，乃至于一国的对外贸易政策，这就使得每个国家和地区必须适应国际分工格局变化积极转变对外贸易发展方式，才不至于被世界潮流所淘汰。

新疆生产技术水平和工业发展程度在全球经济分工中均不具有竞争优

势，就当前全球分工格局而言，少数经济发达国家仍是资本（技术）密集型产业国，广大发展中国家还是劳动密集型产业国，而且由于在新兴经济体土地和劳动力成本快速上升，现今发展中国家已经出现一些劳动密集型产业开始由一些发展中国家向其他制造成本更低的国家和地区转移的情况。即便在发达经济体内部，由于美国次贷危机爆发和随后的欧盟债务危机对全球经济格局产生重要影响，发达国家也已开始重视本国实体经济发展，如美国采取扩大出口的战略调整，实施再工业化战略，这不仅直接减少美国从国外进口商品的数量，而且还通过发展制造业提升了美国出口商品的国际竞争力。而日本由于不断遭受地震、海啸等自然灾害的侵袭，日本制造企业也在加快调整全球生产布局，扩大向海外转移一些高端制造的关键零配件产能、研发及供应链管理等环节（李玉环，2014）[①]。在此背景下，中国新疆具有发展面向中亚国家外向型产业的后发优势，如果通过承接中国东部沿海地区的产业转移实现本地区在全球价值链位次的攀升，那么就可以在中亚及周边国家这一传统国际市场与日本、韩国以及东盟国家的商品竞争。这也就意味着，以何种对外贸易发展方式应对国际产业在全球的重新布局，直接影响到新疆对外贸易的可持续发展。

（3）国际贸易环境与对外贸易发展方式转变

国际贸易环境是指开放经济体开展对外贸易面临的以观念、制度、行为准则等为内容的非物质影响因素总和，按照贸易保护程度可以分为自由贸易环境和贸易保护环境两个类型。任何一个国家或者地区其对外贸易能否增加本国国民收益，不仅取决于本国产品的国际市场竞争力，还要依赖于国际贸易环境是否得到优化（徐梅，2013）[②]。国际贸易环境对一国或地区对外贸易发展方式转变的影响有其特有方式：随着一国（地区）外贸规模的不断扩大，其在国际市场上与他国的竞争将日趋加剧，如果世界经济正处在快速增长时期，国际市场需求也在持续扩大，那么维护自由贸易环境均是各国最佳选择，从而在自由贸易环境下，本国在国际市场上竞争方式将以提升产品质量、品牌形象等非价格竞争为主要手段。然而，一旦全球经济形势不景气，各国面对的外需市场大幅萎缩，各国之间贸易竞争将更加激化，从而全球贸易保护主义倾向的可能

---

① 李玉环. 全球产业格局再调整带来的"危"与"机"［N］. 光明日报. 2014 - 04 - 06.
② 徐梅. 后危机时期国际贸易环境变化及其对我国的影响与冲击［J］. 学术交流，2013（8）：119 - 122.

性大大增加，对本国而言，只有加快转变对外贸易发展方式才能应对贸易保护主义所带来的成本和风险增加。

新疆和全国其他省市一样，在后危机时期都面临着更为复杂的贸易保护主义威胁。不同之处在于，东部沿海省份开展对外贸易所面临的贸易保护主义威胁主要来自美国、欧盟和新兴国家，而新疆对外贸易地理方向集中在俄罗斯、格鲁吉亚、巴基斯坦以及中亚五国等经济体，因此中亚国家贸易政策、"俄白哈关税同盟"运行后的对外政策对以何种贸易发展方式应对这一地区国际贸易环境起到重要影响。特别是关税同盟以来哈、俄等国清理"灰色清关"对新疆与周边国家边境贸易的影响逐步加大，"关税同盟"乃至"欧亚经济联盟"将对新疆今后转变对外贸易发展方式产生较大影响。

4.1.1.2　国内因素对新疆对外贸易发展方式转变的影响

根据贸易理论和对新疆对外贸易发展方式转变的观察，影响新疆对外贸易发展方式转变的国内因素主要包括地理区位、要素禀赋、基础设施状况、需求条件、制度环境、相关产业及支持性产业发展和企业管理水平等七个方面。

（1）地理区位与对外贸易发展方式转变

狭义的地理是指一个国家或地区的山川地势之形势。现代意义的地理除了指一个地区的山川、气候等自然环境之外，还包含了该地区物产、交通、居民点等社会经济因素。在国际贸易理论中，由于供给和需求的区位分布决定了贸易的地理流向，因此地理区位对贸易的影响一直备受关注（王岚、罗小明，2012）[①]。尤其在经济全球化的今天，运输成本、区位、相邻关系、语言等地理变量对新型国际分工格局有着越来越重要的影响（徐康宁、王剑，2006）[②]，从而使得地理区位成为影响一个地区比较优势能否有效转换为贸易优势的重要因素，自然也是一国或地区转变对外贸易发展方式要考虑的重要因素。因为如果没有良好的地理区位优势，跨国经贸合作的运输成本、交易费用和风险成本

---

① 王岚，罗小明. 从俄林到克鲁格曼：区位对贸易意味着什么？——区际贸易理论和新经济地理学的比较［J］. 当代财经，2012（12）：104 - 111.

② 徐康宁，王剑. 要素禀赋、地理因素与新国际分工［J］. 中国社会科学，2006（6）：65 - 77，204 - 205.

将会大大增加（保健云，2008）①，从而该地区在国际分工中也就难以形成空间上具有竞争优势的产业集群。事实也证明，地理位置越相近的国家和地区往往更易于形成区域性的生产分工网络，现实中北美、欧洲和东亚等地区就是典型的代表。

新疆与周边 8 个国家接壤，具有就近进入周边国家市场的区位优势，加上丝绸之路经济带物流基础设施条件的逐步完善，为新疆与周边国家乃至欧洲的贸易往来创造了良好机会。不过也要注意到，在当前的贸易格局中，新疆所处的地理区位虽然有利于扩大与周边国家的贸易规模，衍生出了诸如为内地生产企业提供诸如物流服务、销售网络构建等新的参与国际竞争方式，但由于新疆生产加工水平与内地相比不具有竞争力，使得现今新疆的出口商品大部分由内地生产，进口商品也多数运往内地，特别是在周边国家需求层次偏低且需求量巨大状况下，面对内地省区的规模化生产的低成本优势，如何利用邻近周边国家市场的区位优势吸引东部地区产业向新疆尤其是向南疆地区转移，促进外贸商品的落地加工，将是新疆利用外贸增进国民收益方式转变的重要考虑因素。

（2）要素禀赋与对外贸易发展方式转变

要素禀赋是指一国（或地区）实际拥有的要素总量和结构。要素禀赋理论认为各国要素禀赋差异是国际专业化分工与国际贸易产生及其格局形成的主要原因，而且指出为何获取国际贸易中的比较利益，一国应当生产和出口密集使用该国相对充裕和便宜生产要素的产品，进口国外密集使用本国相对稀缺和昂贵生产要素的产品。那么据此理论，当一国（或地区）要素禀赋丰裕程度及其结构发生变化时，特别是当我们将要素的内涵从以往限定于传统的生产要素如自然资源、劳动力等广化到包含资本、技术等现代要素，进一步考察技术进步引起效率提高、结构调整等现象时，该国只有转变现有对外贸易发展方式才能在国际交换中获得比较利益。此外，即便是传统意义上的自然资源，也面临不合理的开发利用而出现短缺甚至耗竭情况，如此也就必然要求该国（或地区）对外贸易发展方式做出相应的调整和改变。

新疆是一个具有优越资源禀赋的省份，其矿产资源储量大，劳动力丰富，同时经过改革开放 30 多年资本积累和科研创新，已经具备了生产资本

① 保健云. 中国与哈萨克斯坦双边贸易与区域经济合作的比较优势与风险分析———一项基于地理区位与跨国公共品供给的实证研究［J］. 新疆大学学报（哲学人文社会科学版），2008（4）：104－110.

密集型产品和高技术产品的能力。然而，现阶段新疆经济社会发展仍未具备充分开发和利用现有优势资源的条件，诸如资源开采成本高、劳动力素质不高，以及产业资本过于集中、自主创新能力薄弱等问题都制约当前新疆优势资源向生产优势和竞争优势的真正转换。从这个意义上讲，如何提升新疆现有生产要素质量，改变既有要素禀赋结构，将决定着新疆对外贸易发展方式转变的质量。

（3）基础设施与对外贸易发展方式转变

基础设施是指为社会生产和居民生活提供公共服务的物质工程设施，是用于保证国家或地区社会经济活动正常进行的公共服务系统①。对区域外贸发展而言，与外贸发展相关的诸如物流和外贸公共服务平台等基础设施完善程度对区域对外贸易发展方式演变具有重要影响。基础设施对一个国家（或地区）对外贸易发展方式转变作用机理主要在于：通过改善区域基础设施条件，可以为本国各外贸经营主体开展对外贸易节约从生产到销售在中间环节的交易成本，从而一方面能够为本国商品进入国际市场提供贸易便利，另一方面也有利于国外商品尤其是国外先进生产设备和物资进入国内市场和实现经济效益。换句话说，无论对出口贸易而言，还是进口贸易来讲，基础设施条件从一定程度上决定了本国（或地区）将以何种较低成本的发展方式实现外贸国民收益的最大化。

新疆地处欧亚大陆核心，是中国与其他欧亚国家经贸往来的国际物流陆上大通道。近年来新疆依据处于中亚及相邻地区中心位置的区位优势，不断加大交通和通讯等基础设施建设，实现了交通运输能力的较大提高。截至 2013 年年底，全区建成 773 个等级公路客运站和 491 个物流中心（货运场），开通直达出入境汽车客货运输线路 107 条（占全国陆路出入境客货线路的 44.7%）。并建成覆盖天山南北的以光缆为主、数字微波和卫星通信为辅的现代化传输网络，以及拥有在用民用运输机场 12 个，油气管道总里程 11464 公里、铁路营业里程已达 4393 公里，公路总里程达到 17.0 万公里（含兵团），其中 G30 连云港—霍尔果斯口岸高速大通道全线基本贯通和 G3013 线喀什—伊尔克什坦

---

① 据百度百科对基础设施的解释（参见 http：//baike. baidu. com/view/211721. htm？ fr = aladdin），"基础设施"不仅包括俗称的基础建设，如公路、铁路、机场、通讯、水电煤气等公共设施，而且还包括社会性基础设施如教育、科技、医疗卫生、体育、文化等社会事业。鉴于本研究对象为对外贸易部门，本研究所指基础设施指的是与对外贸发展相关的基础设施。

口岸高速公路建成通车。可见，新疆向西货运能力已经有了很大提高，使得新疆在丝绸之路经济带中的重要交通枢纽中心地位日益凸显。现有实证研究结果表明，丝绸之路经济带国际物流绩效提高能够显著推动中国对沿线国家的产品出口（黄伟新、龚新蜀，2014）①。那么，新疆国际物流基础设施的完善这将会在很大程度上解决新疆外贸在货物运输方面的瓶颈问题，从而也为新疆对外贸易发展方式转变打下了坚实的物流基础设施保障。

（4）需求条件与对外贸易发展方式转变

需求条件是指本国生产的产品和服务在国内的市场需求。由于需求条件对规模经济的形成具有重要影响，为此国家竞争优势理论将国内需求市场视作本国产业发展的动力，认为国内市场与国际市场的不同之处在于企业可以及早发现在国内市场的客户需求，并抢先根据母国市场需求将注意力放在设计、制造能够满足市场的产品上，然后借助内需市场对规模经济的影响力产生产业或产业环节的竞争优势。比如瑞士企业根据该国矿业地质条件，在矿场凿岩机生产制造方面居全球领先地位；还有美国因为石油和天然气的相关产业规模庞大，其形成对探测石油、天然气所需的轮转式采矿设备的需求也极大促进该设备制造业的发展（迈克尔·波特，1990）②。由此可见，对于开放经济体而言，如何依托国内市场提升本国产业在国际产业链条中的竞争优势对转变其对外贸易发展方式具有重大影响。

随着经济快速发展，新疆居民消费能力和消费水平均有了大幅提高。2013年城镇居民家庭实现人均可支配收入 19874 元，比 2000 年的 5645 元增加 2.52 倍，农村居民家庭实现人均纯收入 7296 元，比 2000 年的 1618 元增加 3.51 倍。而在收入增加同时 2013 年的城镇居民和农村居民消费水平也分别比 2000 年增加了 2.4 倍和 3.14 倍。全区社会商品零售总额也从 2000 年的 374.5 亿元增加达到了 2013 年的 2039.15 亿元。在居民消费需求扩大的刺激下，新疆本地市场容纳产业增长的能力也不断增强，而且培育了一批在全国乃至全球具有产业竞争优势的大型企业集团。当前，正是这些根植于新疆本地市场的企业已经成为引领新疆对外贸易发展方式转变的重要力量。以新疆天业（集团）有

---

① 黄伟新，龚新蜀. 丝绸之路经济带国际物流绩效对中国机电产品出口影响的实证分析 [J]. 国际贸易问题，2014（10）：56-66.

② ［美］迈克尔·波特著. 李明轩，邱如美译. 国家竞争优势（上）［M］. 北京：中信出版社，2012：78-80.

限公司为例，企业根据新疆石油、煤气资源丰富而水资源稀缺的区情特点，针对市场对节水灌溉产品的需求，长期致力于节水灌溉技术的研发，不仅在节水灌溉领域研制开发了成本低、性能好、农民用得起的"天业灌溉系统"，而且其在化工领域涉及的聚氯乙烯、烧碱、电石、塑料加工等行业也具备了强劲的市场竞争力。目前，企业依托国内市场形成的规模经济竞争优势，天业品牌已经在中亚和俄罗斯市场上也具有一定的知名度，而且凭借其资源及出口地缘优势，在企业走出去的同时，也带动了其生产的聚氯乙烯、烧碱、番茄酱和柠檬酸等产品出口量的大量增加。①

（5）制度环境与对外贸易发展方式转变

制度环境是指可供人们选择制度安排的范围。制度环境也是激发本土企业依托国内市场进行差异化产品扩张、进而促进出口产品结构多元化的前提条件（易先忠、欧阳峣等，2014）②。新制度经济学认为制度安排制约着一国对外贸易的形成和发展。因而制度环境的作用在于使人们通过选择制度安排来增进自身利益的方式受到特定的限制。外贸企业是转变对外贸易发展方式的主体。那么，企业所处的制度环境——包括政府发展外贸的政策支持、政府外贸部门的服务水平、外贸行业协会服务能力乃至于社会治安状况等制度都要作用于外贸企业来影响区域对外贸易发展方式的转变。比如入世之前我国外贸管理体制在对商品配额管理政策上，配额由国家按计划分配，这就使得经营能力差的企业占有配额，而经营能力强的企业却拿不到配额，甚至部分存在配额"终身制"现象，结果配额这种稀缺资源被人为地截流，没有产生最佳经济效益（罗正月，1997）③。显然在这种低效的制度环境下，既然地方和企业争到配额就能获得额外收益，那么政府和企业就不会关心经营效益和长远发展，从而外贸增进国民收益的方式就是一种依靠特权部门实现外贸收益低效率增长的发展方式。由此可见，制度环境对对外贸易发展方式的形成和演变具有很大的影响。

新疆是国家实施向西开放战略前沿阵地，为了加快新疆向西开放的步伐，

---

① 资料来源，新疆天业集团有限公司网站：http://www.xj-tianye.com: 8080//gufenshichang/2116.htm.

② 易先忠，欧阳峣，傅晓岚. 国内市场规模与出口产品结构多元化：制度环境的门槛效应 [J]. 经济研究，2014（6）：18-29.

③ 罗正月. 制度创新是外贸增长方式转变的内生变量 [J]. 福建财会管理干部学院学报，1997（1）：10-14.

国家和自治区出台了各类政策和措施，支持新疆对外贸易发展。国家层面，2010 年 5 月中央专门针对新疆建设召开中央新疆工作座谈会，提出了把喀什和霍尔果斯建设成为经济特区，并提出 19 省市以支援汶川模式支援新疆建设。2012 年商务部等十部委联合发布《关于加快转变对外贸易发展方式的指导意见》以及采取稳定出口退税、稳定汇率等措施，加大对出口企业，特别是中小企业的扶持和服务的力度。2014 年 5 月中央召开第二次中央新疆工作座谈会，不仅进一步明确了今后稳疆治疆的思路，也为新疆用好特色优势资源，提高当地加工、深加工比例，把资源优势转化为经济优势提供了政策支持。自治区方面，2009 年新疆外经贸厅印发《关于开展创建自治区科技兴贸出口创新基地（企业）工作实施方案（试行）的通知》，鼓励和支持了新疆五个科技兴贸出口创新基地建设，2012 年商务厅再次印发《关于开展创建自治区第二批科技兴贸出口创新基地（企业）的通知》，并联合多部门出台了《自治区农产品出口示范基地创建实施办法》，同年 10 月乌鲁木齐海关出台了《关于支持和促进新疆外贸稳定增长的 12 项措施》。这些政策举措的颁布和实施为加速科技创新支持新疆加快转变对外贸易发展方式提供了制度保障。然而，长期以来新疆外贸一直受到以暴力恐怖势力、民族分裂势力和宗教极端势力为代表的"三股势力"威胁，从而能否营造一个稳定的制度环境对新疆利用国家和自治区优惠政策加快转变对外贸易发展方式具有重大影响。

（6）相关产业与支持性产业发展与对外贸易发展方式转变

国家竞争优势理论将相关产业与支持性产业的发展视为形成国家竞争优势的关键要素。该理论认为如果想成功地培养一项产业的国家竞争优势，最好能先在国内培养相关产业的竞争力，而且指出这种竞争优势主要建立在产业的创新能力或分享相关经验上面（迈克尔·波特，1990）[①]。转变对外贸易发展方式其中的一个重要内涵在于转变本国在国际市场的竞争方式，也就是把以往依靠企业单打独斗、被动参与国际竞争的纯竞争模式转变到依靠竞争主体通过主动建立网络系统，实现境内外连接各种生产性服务的商业机制和平台的一体化的既竞争又合作的混合模式上来。因此，国家竞争优势理论认为特定产业的相关产业与支持性产业的存在为提升产业国际竞争力的解释，同样可以用于阐释其对区域对外贸易发展方式的形成和演变。相关产业

---

① ［美］迈克尔·波特著．李明轩，邱如美译．国家竞争优势（上）［M］．北京：中信出版社，2012：97.

与支持性产业的发展对对外贸易发展方式转变推动作用的实现机制在于：当特定产业的相关与支持性产业所形成的优势网络比较完善时，一方面该网络通过由上而下的产业优势扩散效应，不仅可以发挥产业内相关企业的多方持续合作优势，而且在原材料或中间产品竞争力价格的提供与高效的服务上也能够增强本国面向国际市场相关产业的竞争优势；另一方面该网络还可以通过相关产业内的提升效应，带动和提升包括外贸产业在内的相关产业在设计、生产、销售、服务上的竞争力。因此，通过相关产业和支持性产业的发展不仅有利于增强国内产业面向国际市场的国际竞争力，而且对推动对外贸易发展方式转变也具有极大的促进作用。

新疆具有发展面向中亚市场的外向型产业优势，然而相关产业与支持性产业发展缓慢成为产业提升国际竞争力的瓶颈。表 4－1 反映了新疆出口生产部门的相关产业和支持性产业发展情况。从表中给出的新疆生产性服务业数据显示，新疆支持性产业目前产业规模小且结构不合理，在融资、物流、技术、通信以及租赁和商务服务等配套产业上还难以满足外贸产业转型升级的服务需求。从出口行业分布来看，2013 年新疆规模以上工业企业出口交货值主要集中在食品制造业、有色金属冶炼及压延加工业、电气机械及器材制造业、纺织业、化学纤维制造业、农副食品加工业、家具制造业等七大产业。但就各行业总产值在工业总产值比重而言，并不是总产值比重越高其出口交货值就越大，比如食品制造业工业总产值仅占到工业总产值的 2.11%，但其在出口相关行业中出口交货值最大，达到 19.7055 亿元。而作为新疆两大主导产业的化学原料及化学制品制造业和黑色金属冶炼及压延加工业（孙慧、欧娜，2011）[①] 其出口交货值却相对较小，仅仅达到 1.77 亿元和 1.30 亿元。说明新疆出口部门的相关产业提高上下游产业的生产技术和促进出口行业国际竞争优势的形成并未起到明显作用。如果进一步考察工业制成品中本地产品出口比重，可以发现 2013 年由新疆出口的工业制成品为 208.4 亿美元（折合人民币 1290.73 亿元），而新疆所有行业工业制成品出口交货值合计仅 68 亿元，这就更加凸显新疆相关产业促进出口行业发展的不足。由此可知，今后新疆外贸产业的相关产业和支持性产业完善程度将对新疆对外贸易发展方式转变产生很大影响。

---

①　孙慧，欧娜. 基于偏离—份额的新疆主导产业识别 [J]. 地域研究与开发，2011 (5)：45－49.

表 4 – 1　　　　2013 年新疆规模以上工业企业按行业分出口交货值和
全区生产性服务业占三产比重

出口生产部门相关产业			生产性服务产业		
行业	出口交货值（亿元）	总产值占工业产值比重（%）	行业	总产值（亿元）	占三次产业的比重（%）
食品制造业	19.7055	2.11	金融业	420.29	13.49
有色金属冶炼及压延加工业	13.7063	5.94	交通运输、仓储和邮政业	391.97	12.58
电气机械及器材制造业	13.3057	4.09	房地产业	242.63	7.79
纺织业	3.8607	1.45	信息传输、计算机服务和软件业	118.21	3.79
农副食品加工业	3.0651	4.55	科学研究、技术服务和地质	71.35	2.29
化学纤维制造业	2.1280	1.14	租赁和商务服务业	62.54	2.01
家具制造业	1.8948	0.04			
化学原料及化学制品制造业	1.7683	7.10			
橡胶和塑料制品业	1.6698	1.47			
黑色金属冶炼及压延加工业	1.3000	8.39			
纺织服装、鞋、帽制造业	1.2277	0.05			
专用设备制造业	1.0805	0.62			

注：出口生产部门相关产业出口交货值指的是按行业分的规模以上工业企业出口交货值，且表中仅给出出口交货值超过亿元的相关产业。

资料来源：新疆统计年鉴（2014）

（7）企业战略、结构和同业竞争与对外贸易发展方式转变

企业是创造国家财富的基本单位，条件各异的企业其如何创立、组织和管理公司，以及国内竞争程度如何，是决定区域对外贸易发展方式转变的重要因素。国家竞争优势理论创始人迈克尔·波特指出，企业的目标、战略和组织结构往往随着产业和国情的差异而有所不同，国家竞争优势也正是各种差异条件企业的最佳组合①。那么从微观视角，对外贸易发展方式转变在于不同外贸企

① ［美］迈克尔·波特著．李明轩，邱如美译．国家竞争优势（上）［M］. 北京：中信出版社，2012：97.

业其发展战略、组织形态、管理模式以及与同行企业之间竞争方式等因素组合形式的演变。这就要求转变对外贸易发展方式不应只是依赖于少部分有条件企业的转型升级，比如通过投资和技术研发提高企业资本的有机构成和技术水平，转变过度依赖廉价生产要素（一般指土地和劳动力）的生产方式，实现企业技术、设备、工艺和产品结构的明显改善。又如通过经营战略调整，将企业从生产型制造转向服务型制造甚至是完全的服务供应商，并以供应链管理连接带动更多生产型制造企业转型。还应该鼓励绝大部分处于价值链低端的中小型企业在现有技术、设备、工艺条件下，通过精细化管理和严格的质量检查将产品和服务做好做优，实现以品牌、服务和质量等良性竞争方式取代相互压价、非商业手段获取市场份额的恶性竞争。

新疆具有面向中亚和周边国家开展对外贸易的区位优势和物流便利条件，巨大的贸易潜力吸引了大批企业进入外贸领域开拓国际市场，尤其是占据外贸企业90%以上，具有敏锐国际市场洞察力、应变能力强的私营企业已经成为新疆外贸发展的主力军（吕淑华，2012）[1]。但总体而言，新疆外贸企业中大型企业数量不多，大部分企业不仅规模小而且还仍旧沿用传统贸易方式和价格优势参与国际竞争，使得新疆外贸行业的竞争异常激烈，这就给新疆对外贸易发展方式转变带来较大的组织成本和其他交易费用。表4 - 2给出了2012年新疆入围中国外贸民营500强17家企业的进出口总额及其排名情况，可以发现，新疆外贸企业进出口贸易规模小且主要经营出口业务，其中，新疆海腾国际贸易有限公司虽然没有开展进口业务，但还是以7.41亿美元的进出口总额在全区排名第一，跻身全国排名第五十，然而这与全国排名第一的华为技术有限公司（进口额18.43亿美元，出口额为98.74美元）相比，显然还有很多差距。此外，新疆17家外贸民营企业2012年进出口贸易总额占到全区23.11%，出口贸易额达到28.99%，这在显示民营企业重要地位之时，也间接反映出新疆外贸行业中其余几千家企业在争取市场份额时的竞争激烈程度。而外贸企业数量变化也进一步印证这一判断，2012年9月乌鲁木齐关区注册有效企业总数达到8561家，但截至2014年一季度这个数据已经变为6070家，意味着每月减少166家。尽管如此，新疆外贸行业还是涌现出了像新疆三宝集团、新疆天业集团、野马集

---

① 资料来源：吕淑华. 私企成推动新疆外贸增长主力军 [N]. 都市消息晨报，2012 - 11 - 21D1.

团、特变电工、新疆隆博投资集团等一批在中亚市场具有品牌知名度的优秀
企业。因此，作为微观主体的新疆外贸企业其战略、结构以及同业竞争程度
也是其对外贸易发展方式转变不可忽视的影响因素。

表 4 – 2　　　2012 年新疆 17 家中国外贸民营 500 强企业的进出口总额及排名　单位：亿美元

企业名称	进出口总额			全国外贸民营
	出口额	进口	合计	企业 500 强排名
新疆海腾国际贸易有限公司	7.41	0.00	7.41	50
新疆三宝实业集团有限公司	6.10	0.13	6.22	69
石河子开发区恒裕沣贸易有限公司	5.11	0.00	5.11	104
阿拉山口恒祥国际贸易有限公司	4.42	0.00	4.42	129
霍尔果斯荣达商贸有限公司	4.34	0.00	4.34	133
新疆野马进出口有限公司	4.02	0.00	4.02	147
乌鲁木齐海诚伟业贸易有限公司	3.03	0.00	3.03	227
新疆正和经贸有限公司	2.63	0.00	2.63	275
霍尔果斯兴边商贸有限公司	2.60	0.00	2.60	279
昌吉德鲁克经贸有限责任公司	2.58	0.00	2.58	285
塔什库尔干县切斯纳进出口贸易有限责任公司	2.49	0.00	2.49	298
新疆金风科技股份有限公司	0.53	1.95	2.48	301
新疆霍尔果斯对外经济贸易有限公司	2.26	0.00	2.26	347
霍尔果斯祥恒贸易有限公司	2.18	0.00	2.18	367
新疆国瑞经贸有限公司	2.17	0.00	2.17	371
阿拉山口源腾贸易有限公司	2.13	0.00	2.13	387
新疆三宝石油装备有限公司	2.10	0.00	2.10	392
合　计	56.09 (28.99%)	2.07 (3.56%)	58.17 (23.11%)	—

注：括号内数值为新疆入围全国外贸民营 500 强 17 家企业进出口贸易总额占全区进出口贸易总额比重。

资料来源：四川新闻网财经频道：http://finance.newssc.org/system/20120819/000634155_2.html.

4.1.2　影响新疆对外贸易发展方式转变的因素选择

为能够全面系统科学地考察影响新疆对外贸易发展方式转变的各项因素，
根据上一节提及影响因素所涉及的变量含义，通过以下步骤筛选出新疆对外贸

易发展方式转变影响因素的细分指标。首先，在回顾相关学术文献并对其进行全面深入研究的基础上，按分析框架分类搜集整理出 40 多种与上述影响因素相关的合理因素作为变量的备择选项；然后，通过先后实地走访华凌市场二类口岸、边疆宾馆国家二类口岸、碾子沟客运站二类口岸，访谈多位熟悉新疆外贸的企业经理，并咨询自治区商务厅和乌鲁木齐海关领导，以及与石河子大学校内专家和部分校外研究学者讨论之后，得到影响新疆对外贸易发展方式转变的 22 个细分变量（见表 4 - 3）。其中，国际需求因素包括全球贸易增长趋势和中亚及周边国家市场需求状况两个指标；国际分工因素由全球产业重新布局指标表述；国际贸易环境由全球贸易保护动向表述；地理区位因素以邻近周边国家市场的区位优势表述；要素禀赋因素包括优势自然资源开发利用、劳动力素质、资金供给水平、技术创新能力五个指标；基础设施因素包括与外贸发展相关的物流基础设施质量和外贸公共服务平台运行效果两个指标；需求条件因素选取了城乡居民消费水平指标；制度环境因素同样涉及了政府发展外贸的政策支持、政府外贸管理部门的服务水平、外贸中介结构服务水平、社会治安状况等四个指标；相关产业及支持性产业发展因素包括外向型主导产业发展、承接东部产业转移、生产性服务业发展等三个指标；企业战略、结构与同行竞争因素包括外贸企业管理模式、外贸领军企业国际竞争力、外贸行业竞争秩序等三个指标。

表 4 - 3 　　　　　　　新疆对外贸易发展方式转变影响因素指标体系

一级指标	二级指标	三级指标
国外因素（X1）	国际需求（Y1）	全球贸易增长趋势（Z1） 中亚及周边国家市场需求状况（Z2）
	国际分工（Y2）	全球产业重新布局（Z3）
	国际贸易环境（Y3）	全球贸易保护动向（Z4）
国内因素（X2）	地理区位（Y4）	邻近周边国家市场的区位优势（Z5）
	要素禀赋（Y5）	优势自然资源开发利用（Z6） 劳动力素质（Z7） 资金供给水平（Z8） 技术创新能力（Z9）
	基础设施（Y6）	物流基础设施质量（Z10） 外贸公共服务平台运行效果（Z11）

一级指标	二级指标	三级指标
国内因素（X2）	需求条件（Y7）	城乡居民的消费水平（Z12）
	制度环境（Y8）	政府发展外贸的政策支持（Z13） 政府外贸管理部门的服务水平（Z14） 外贸中介机构服务水平（Z15） 社会治安状况（Z16）
	相关产业及支持性产业发展（Y9）	外向型主导产业发展（Z17） 承接东部产业转移效益（Z18） 生产性服务业发展（Z19）
	企业战略、结构与同行竞争（Y10）	外贸企业管理模式（Z20） 外贸领军企业国际竞争力（Z21） 外贸行业竞争秩序（Z22）

4.2　新疆对外贸易发展方式转变影响因素的实证分析

4.2.1　研究方法

从短期观察，由于新疆对外贸易发展方式转变只存在两种可能，即要么已经发生转变，要么没有转变，因而其实质就是一个定性的二元选择问题。在社会学研究中，面对这种定性的二元选择问题，Logistic 模型作为一种定性响应回归模型，当被解释变量为 0 - 1 型变量时，是研究定性变量和它的影响因素之间的常用的工具之一。因此本章选用二元选择模型中的 Logistic 模型对影响新疆对外贸易发展方式转变的因素进行回归分析。然而，由于上述新疆对外贸易发展方式转变影响因素既包括微观层面的企业因素，也包括宏观层面的政府和产业因素，因此各因素之间可能存在较高的相关性，从而使得 Logistic 模型在计量回归时由于多重共线性、异方差等问题导致回归结果失去经济意义。为此，本章首先运用因子分析法对调研数据进行因子分析，提取影响新疆外贸发展方式转变的关键性因素，然后再用 Logistic 模型对提取的关键性因素进行分析。构建的 Logistic 模型的回归方程如下：

$$\text{Logit}(P) = \ln\left[\frac{y(p=1)}{1-y(p=1)}\right]\beta_0 + \beta_1 x_1 + \cdots + \beta_m x_m \qquad (4.1)$$

式（4.1）中，Logit（P）表示新疆对外贸易发展方式发生转变机会概率

的对数值，也即被调查者认为的新疆对外贸易发展方式已经发生转变（取值为
1）与没有发生转变（取值为 0）两种状态的概率之比的对数。x_i（i = 1，
2，…，m）为模型中的解释变量，表示影响新疆对外贸易发展方式转变的不同
因素，β_0 表示截距项；β_i（i = 1，2，…，m）表示对应的偏相关回归系数；m
表示影响因素的个数。其中，事件发生的概率 P 与各解释变量之间的关系推导
由式(4.2)~式(4.5)所示：

$$\ln\left[\frac{p}{1-p}\right] = \beta_0 + \beta_1 x_1 + \cdots + \beta_m x_m \tag{4.2}$$

$$\frac{p}{1-p} = \exp\left(\beta_0 + \beta_1 x_1 + \cdots + \beta_m x_m\right) \tag{4.3}$$

$$p = \exp(\beta_0 + \beta_1 x_1 + \cdots + \beta_m x_m) - p * \exp(\beta_0 + \beta_1 x_1 + \cdots + \beta_m x_m) \tag{4.4}$$

$$p = \frac{1}{1 + \exp\left[-\left(\beta_0 + \beta_1 x_1 + \cdots \beta_m x_m\right)\right]} \tag{4.5}$$

式（4.5）中的 exp（·）表示以自然对数为底的指数函数，该式正是
Logistic模型的变形，它可以很好地体现新疆对外贸易发展方式发生转变的概率
P 和解释变量之间的非线性关系。

4.2.2　数据来源及样本描述统计分析

4.2.2.1　*数据来源*

本书选用问卷调查法来进行数据的收集。首先，笔者将上述 22 个评价因
素规范成一张调查问卷，于 2014 年 8 月 25 日至 9 月 2 日对研究新疆外贸发展
问题的研究学者和边疆宾馆二类口岸里的外贸企业进行了样本为 30 个的小范
围调查实验。通过前期先导性测试反馈回来的意见，笔者对调查问卷相关内容
进行了修改、删减和补足最终得到了《新疆对外贸易发展方式转变影响因素调
查问卷》。问卷内容包括两部分：第一部分主要用于收集被调查者的个人资料，
如单位所在地、单位所在类型和对新疆对外贸易发展方式转变状况的基本判断
等信息。第二部分主要要求被调查者判断由国内外因素扩展后分别提出多个具
体细分影响因子对新疆对外贸易发展方式转变的影响程度，共计 22 个题目。
笔者按照其影响程度的大小分为五个等级（分别为没有影响、影响很小、影响
一般、影响很大、影响非常大）来收集对被调查这些影响因素的意见。

在调查对象选择上，考虑到影响新疆对外贸易发展方式转变因素的复杂性，需要被调查对象熟悉新疆外贸领域的相关情况，因此为了保证数据的质量，我们根据如下几条标准随机选取调查对象填写调查问卷：一是被调查企业要其业务范围涵盖进出口贸易，而且在新疆经营外贸业务至少一年以上；二是被调查对象的工作年限应该在一年以上，而且比较熟悉本企业进出口贸易业务情况；三是如果被调查对象为政府部门外经贸工作人员和新疆外贸问题的研究学者，不适用上述两条标准。

根据以上采样标准及指导方针，本研究在2014年9月3～6日期间在自治区商务厅、西域轻工基地二类口岸、边疆宾馆国家二类口岸和第四届亚欧博览会公众开放日共发放纸质问卷160份，收回问卷149份。并在之后的9月8～12日向研究新疆外贸问题的研究学者发放电子问卷12份，收回12份。多次合并共发放问卷172份，收回161份，有效回收率93.6%。在问卷生成和录入数据库后，对录入数据进行严格筛选，最终共计获得有效样本156个[①]，其中，按单位所在地，区内问卷116份，区外问卷40份，按单位所属类型，企业问卷124份，政府部门问卷19份，学术科研机构问卷13份，具体问卷分布如表4－4和表4－5所示。可以发现，从区域分布看，区内问卷主要分布在新疆外贸发展较好的乌鲁木齐市、石河子市、伊犁州直属、昌吉州、巴州等地，区外问卷也多来自东部沿海地区。从问卷覆盖范围看，来自企业问卷占最大比例，学术科研机构和政府部门比例相当，而且企业问卷中又以私营企业占比最大。因此，样本数据分布特征说明此次问卷调查具有一定代表性。

表4－4　　　　　　　　　按单位所在地划分的调查问卷地区分布

区内	小计	转变	无转变	区外	小计	转变	无转变
合计	116	90	26	合计	40	30	10
乌鲁木齐市	78	61	17	北京	2	2	0
克拉玛依市	1	0	1	福建	3	2	1
石河子市	13	11	2	甘肃	1	1	0
昌吉州	5	3	2	广东	3	3	0

---

① 注：在亚欧博览会期间发放问卷时，我们尽可能在被调查者填写问卷时指导问卷填写，然后填完即收回。不过，期间少部分被调查者临时需要接待顾客，所以我们选择先行离开并在之后回收问卷，因此存在未收回和无效问卷情况。

续表

区内	小计	转变	无转变	区外	小计	转变	无转变
伊犁州直属	4	2	2	河北	4	2	2
塔城地区	1	1	0	河南	1	1	0
阿勒泰地区	1	1	0	湖北	1	1	0
博州	1	1	0	湖南	2	2	0
巴州	6	4	2	江苏	12	9	3
阿克苏地区	1	1	0	山东	3	2	1
喀什地区	1	1	0	山西	2	0	2
和田地区	1	1	0	上海	4	3	1
吐鲁番地区	1	1	0	天津	1	1	0
哈密地区	2	2	0	浙江	1	1	0

注：样本数据除了乌鲁木齐市之外，其他地区调查数据较少的原因是亚欧博览会的各地区展位有限，而且展会人流量较大，为此我们在各展区主要选择有代表性的企业发放问卷，其中区内地州数据主要来自"投资合作展区（新疆各地州市）"，区外数据来自分布在各商品贸易展区的企业。需要说明的是，在对区外企业调查时，被调查对象填写的单位所在地为企业总部所在地，而且这些企业在中亚和周边市场均有进出口业务，其中部分在疆设有办事处，部分企业以合作方式，与疆企一同开拓国际市场。

表4－5　　　　　　　　按单位所属类型划分的调查问卷分布

类别		政府部门	学术科研机构		企业			
			院校	科研机构	国有企业	外资企业	集体企业	私营企业
合计		19	12	1	18	4	3	99
区内	转变	16	9	1	9	1	1	53
	无转变	3	2	0	2	0	2	17
区外	转变	0	1	0	4	3	0	22
	无转变	0	0	0	3	0	0	7

4.2.2.2　样本描述统计分析

新疆对外贸易发展方式转变受多种因素的影响，也对新疆加快转变对外贸易发展方式带来了极大挑战。不过根据表4－4和表4－5给出的调研统计结果，认为金融危机以来新疆对外贸易发展方式已经发生转变的人数共有120人，占到受访者人数的76.92%，其中按单位所在地统计的区内受访者认为新疆对外贸易发展方式已经转变的人数占到区内被调查者人数的77.59%，这与区外受访者的比例75%相差不大，这表明按单位所在地统计的受访者无论其来自区内还是区外，大部分还是较为认可近些年新疆对外贸易发展方式转变取得的成就。进一步考察不同单位类型的被调查对象对金融危机以来新疆对外贸易发展方式是否已经发生转变的意见，可以发现，就样本范围内，来自不同单位类型的被调查者均有一定的比例认为新疆对外贸易发展方式没有发生转变，也就反映出新疆对外贸易发展方式转变进程缓慢导致了这部分受访者做出了新疆对外贸易发展方式没有转变的判断，从而这一统计调查结果也在一定程度上验证了前文综合评价结果认为新疆对外贸易发展方式转变进程缓慢的结论。

通过对新疆对外贸易发展方式转变影响因素调查，从表 4 - 6 可以得知，就各因素对新疆对外贸易发展方式转变的影响程度，既有存在认为影响非常大（极大值 = 5）的观点，也存在认为没有影响（极小值 = 1）的观点，从而反映出受访者的意见呈现出一定的分异特征。综合来看，如果按影响程度的均值大于 3.5 视为对新疆对外贸易发展方式转变具有很大程度的影响来分析，那么，在国外因素方面，中亚及周边国家市场需求状况对新疆对外贸易发展方式转变的影响程度很大，均值达到 3.62，其他三个指标全球贸易增长趋势、国际产业重新布局和全球贸易保护动向三个指标均值在 2～3 之间，说明这三个因素的影响程度不是特别明显。在国内因素方面，政府发展外贸的政策支持（3.96）、社会治安状况（3.90）、优势自然资源的开发利用（3.65）、外贸行业竞争秩序（3.64）、技术创新能力（3.62）等五个因素对当前新疆对外贸易发展方式转变有很大程度影响。国内其他因素中，除了全球产业重新布局和外贸中介结构服务水平的平均分值小于 2.5 之外，余下指标的平均分值均介于 2.5～3.5 之间，说明当前这些因素对新疆对外贸易发展方式转变的影响程度不是特别突出。然而，这些指标的均值和标准差大小相差不大，也就指出了当前新疆对外贸易发展方式要在众多因素的交织影响之下加快转变，其转变历程必将举步维艰。

表 4 - 6　　　　新疆对外贸易发展方式转变影响因素的描述性统计量

指标	样本量	极小值	极大值	均值	标准差
全球贸易增长趋势	156	1.00	5.00	2.57	1.15
中亚及周边国家市场需求状况	156	1.00	5.00	3.62	0.96
全球产业重新布局	156	1.00	5.00	2.29	0.98
全球贸易保护动向	156	1.00	5.00	2.44	1.02
邻近周边国家市场的区位优势	156	1.00	5.00	3.49	0.85

指标	样本量	极小值	极大值	均值	标准差
优势自然资源开发利用	156	1.00	5.00	3.65	1.08
劳动力素质	156	1.00	5.00	3.30	0.95
资金供给水平	156	1.00	5.00	2.95	1.03
技术创新能力	156	1.00	5.00	3.62	1.24
物流基础设施质量	156	1.00	5.00	3.40	1.04
外贸公共服务平台运行效果	156	1.00	5.00	2.74	1.09
城乡居民消费水平	156	1.00	5.00	2.79	1.08
政府发展外贸的政策支持	156	1.00	5.00	3.96	0.93
政府外贸管理部门的服务水平	156	1.00	5.00	3.40	0.89
外贸中介机构服务水平	156	1.00	5.00	2.40	0.96
社会治安状况	156	1.00	5.00	3.90	1.05
外向型主导产业发展	156	1.00	5.00	2.91	1.02
承接东部产业转移的效益	156	1.00	5.00	2.82	1.06
生产性服务业发展	156	1.00	5.00	3.30	1.08
外贸企业管理模式	156	1.00	5.00	2.97	1.10
外贸领军企业国际竞争力	156	1.00	5.00	2.67	1.12
外贸行业竞争秩序	156	1.00	5.00	3.64	1.11

注：指标量化处理方法为：1＝没有影响；2＝影响很小；3＝影响一般；4＝影响很大；5＝影响非常大。

4.2.3　基于因子分析和 Logistic 模型的计量经济分析

鉴于新疆对外贸易发展方式转变的影响因素多且相互交织，按照前文确定的研究方法和思路，本章首先运用 SPSS17.0 软件中的因子分析方法对调查问卷中的样本数据提取若干个能够代表原来指标信息的公因子，然后以提取出来的公因子作为解释变量用于公式（4.1）所示的 Logistic 模型进行计量回归分析。

4.2.3.1　因子分析

（1）相关性分析

在进行因子分析之前，首先需要检验问卷调查获得的数据是否具有可靠性和稳定性。本章选用克朗巴赫系数法（Cronbach's alpha 系数，简称 α 系数），运用 SPSS17.0 软件对问卷信度内容信度进行检验。结果显示（见表4－7），

本问卷 α 系数为 0.707，通过 Cronbach's α 信度检验，故本问卷内容信度比较好，所获数据是可以作为后续研究的良好素材。

表 4－7　　　　　　　　　　问卷信度检验的可靠性检验结果

Cronbach's Alpha	基于标准化项的 Cronbachs Alpha	项数
0.707	0.709	22

明确样本数据可靠性之后，根据相关性分析给出的 KMO 值和 Bartlett 球形检验结果（见表 4－8），可以得知 KMO 值为 0.648，Bartlett 检验的 P 值为 0.000，小于显著性水平 0.05，表明变量之间存在相关关系，适合做因子分析。

表 4－8　　　　　　　　　　**KMO 和 Bartlett 的检验结果**

取样足够度的 Kaiser－Meyer－Olkin 度量		0.648
Bartlett 的球形度检验	近似卡方	810.614
	df	231
	Sig.	0.000

另外，从表 4－9 给出的变量共同度结果可知，调研数据中大部分测量变量的共同度都在 0.6 以上，表明 22 个指标的大部分信息均能够被公共因子所提取，说明利用这些数据进行因子分析的结果是有效的。

表 4－9　　　　　　　　　　　公因子方差

指标	初始	提取
全球贸易增长趋势	1.000	0.690
中亚及周边国家市场需求状况	1.000	0.604
全球产业重新布局	1.000	0.694
全球贸易保护动向	1.000	0.641
邻近周边国家市场的区位优势	1.000	0.778
优势自然资源开发利用	1.000	0.544
劳动力素质	1.000	0.576
资金供给水平	1.000	0.582
技术创新能力	1.000	0.629

指标	初始	提取
物流基础设施质量	1.000	0.681
外贸公共服务平台运行效果	1.000	0.697
城乡居民消费水平	1.000	0.677
政府发展外贸的政策支持	1.000	0.688
政府外贸管理部门的服务水平	1.000	0.550
外贸中介机构服务水平	1.000	0.665
社会治安状况	1.000	0.533
外向型主导产业发展	1.000	0.706
承接东部产业转移的效益	1.000	0.615
生产性服务业发展	1.000	0.736
外贸企业管理模式	1.000	0.717
外贸领军企业国际竞争力	1.000	0.710
外贸行业竞争秩序	1.000	0.668

注：提取方法为主成分分析。

（2）公因子提取与命名

本章采用主成分分析法抽取公因子，并利用标准化的正交旋转法对载荷因子进行旋转，使旋转后的每个公因子所包含指标的载荷量大小尽量相差最大，以利于公因子的辨认和命名。在主成分分析法中，提取主成分数量的原则主要有两个，一是选取对应特征值大于 1 的新主成分，二是选取出来的主成分其方差累积贡献率大于 85%。除此之外，在以上两个条件不能够被同时满足的情况下，还可以从主成分的经济解释能力出发，在以上两个标准中有所侧重，提取出能够具有良好经济学解释能力的主成分（马述忠、段钒，2011）。表4－10 给出了新疆对外贸易发展方式转变影响因素评价因子的特征值和解释总方差。可以得知，新疆对外贸易发展方式转变影响因素的前 8 个主成分的特征值大于 1，且这 8 个主成分的累积贡献率为 65.374%，说明这 8 个公因子能够基本反映原有 22 个指标的整体情况，也就是说 22 个指标基本上测量了新疆对外贸易发展方式转变影响因素的 8 个主要方面。因此提取前 8 个因子作为主因子。

表4-10　　　　　　　　　　　　　　解释的总方差表

成分	初始特征值			提取平方和载入		
	合计	方差的%	累积%	合计	方差的%	累积%
F1	3.418	15.535	15.535	3.418	15.535	15.535
F2	2.426	11.026	26.561	2.426	11.026	26.561
F3	2.017	9.168	35.729	2.017	9.168	35.729
F4	1.938	8.810	44.539	1.938	8.810	44.539
F5	1.396	6.347	50.887	1.396	6.347	50.887
F6	1.097	4.988	55.875	1.097	4.988	55.875
F7	1.077	4.897	60.772	1.077	4.897	60.772
F8	1.012	4.602	65.374	1.012	4.602	65.374
…	…	…	…			
F22	0.278	1.264	100.000			

注：提取方式为主成分分析。

由表4-11给出的8个公因子包含指标的载荷量大小情况，可以对各公因子进行命名：

第一公因子上有较大载荷的指标是技术创新能力、资金供给水平、劳动力素质等三个指标。这三个指标分别体现了要素禀赋结构升级对技术创新、金融支持、人力资本质量的内在要求，因此将该因子命名为要素禀赋优化因子。它占到22个指标总体影响力的15.535%，为第一大影响因素，相对影响程度为23.76%。该因子含义通过技术创新和依靠金融支持以及劳动力素质提升，对推动新疆对外贸易发展方式转变将起到事半功倍的作用。

第二公因子有较大载荷的指标包括城乡居民消费水平、政府发展外贸的政策支持、政府外贸相关管理部门的服务水平、外贸公共服务平台运行效果以及社会治安状况5个指标。这些指标中，由于城乡居民消费水平反映的需求条件因素，其他指标反映的制度环境因素，因此可以将该因子命名为需求条件与制度环境因子。它占到22个指标总体影响力的11.026%，为第二大影响因素，相对影响程度为16.87%。该因子的含义在于在社会稳定前提下，要实现新疆对外贸易发展方式的转变，除了要激发城乡居民的消费潜力之外，还要完善支持外贸发展的各项政策以及提高政府外贸管理部门的服务水平。

第三公因子上有较大载荷的指标包括中亚及周边国家市场需求状况、全球贸易增长趋势、全球产业重新布局、全球贸易保护动向等4个指标，这4个指标反映的是影响新疆对外贸易发展方式转变的国际因素，因此将该因子命名为国际因素因子。它占到 22 个指标总体影响力的 9.168%，为第三大影响因素，相对影响程度为 14.02%。该因子含义在于：由于长期以来，与新疆开展对外贸易的国家大部分都是位于丝绸之路沿线的中亚及周边国家，当前在全球贸易增长趋势放缓的情形下，不仅要谨防层出不穷的贸易保护措施可能引发的贸易摩擦，还要评估国际产业重新布局带来的全球供给结构调整将以怎样途径对新疆外贸带来的影响，更要考虑如何根据周边这些国家和地区的市场特点去塑造与其相适应的对外贸易发展方式。

第四公因子上有较大载荷的 3 个指标是外向型主导产业发展、承接东部产业转移的效益、生产性服务业发展。由于这些指标反映了影响新疆对外贸易发展方式转变的相关产业和支持性产业发展因素，可以将该因子命名为相关产业和支持性产业发展因子。它占到 22 个指标总体影响力的 8.81%，为第四大影响因素，相对影响程度为 13.48%。该公因子的含义在于要推动新疆对外贸易发展方式转变，在产业发展方面，既要壮大依托新疆资源优势的外向型主导产业，还要承接东部地区处于低端制造环节但在周边市场具有成本优势的产业，更要以生产性服务业发展降低出口生产企业在物流运输、金融保险、报关报检、法律咨询乃至市场信息共享等方面的成本，从而形成环环紧扣的产业链条，形成新疆特定产业的国际竞争优势。

第五公因子上有较大载荷的 3 个指标是外贸领军企业国际竞争力、外贸企业管理模式、外贸行业竞争秩序。这 3 个指标反映了影响新疆对外贸易发展方式转变的企业战略、结构与同行竞争因素，因此可以将该因子命名为企业战略、结构与同行竞争因子。它占到 22 个指标总体影响力的 6.347%，为第四大影响因素，相对影响程度为 9.71%。该因子的含义在于，要推动新疆对外贸易发展方式转变，在企业层面，一方面要求新疆外贸企业适应经营环境变化，在自身管理模式上不断创新；另一方面还要在提高新疆外贸行业中少数企业的国际竞争力同时，更要注重规范外贸行业竞争秩序，以规避近几年新疆外贸面临的国际市场不确定因素导致的行业内恶性竞争。

第六公因子上有较大载荷的指标分别是优势自然资源的开发利用和邻近周边国家的区位优势，这两个指标一个指的是新疆的资源优势，另一个指出了新疆区位优势，从而可以将该因子命名为资源优势和区位优势因子。它占到 22 个指标总体影响力 4.988%，为第六大影响因素，相对影响程度为 7.63%。该因子的含义在于要实现新疆对外贸易发展方式转变，除了依靠新疆资源优势转换为产业优势带动对外贸易发展方式转变这条途径之外，还可以发挥邻近周边国家的区位优势，一方面要加强与国内其他区域的经济合作，另一方面还可以加强与周边国家的次区域合作以带动新疆对外贸易发展方式转变。不过，为了避免新疆成为单纯的贸易通道，现阶段新疆要充分利用自身丰富的自然资源，加快形成新疆特色产业体系，促进新疆地方产业结构与进出口商品结构相互适应，为扩大新疆本地产品出口，提升对外贸易对经济发展的拉动作用做出贡献。

第七公因子有较大载荷的指标只有物流基础设施质量一个指标，因此将其命名为国际物流通道建设因子。它占到 22 个指标总体影响力的 4.897%，为第七大影响因素，相对影响程度为 7.49%。该指标含义在于从国家战略层面推动新疆国际物流大通道建设，将有利于提高进出口商品的物流绩效，进而扩大新疆的进出口贸易规模，然而需要警惕在实现内地制成品能以较低成本通过新疆进入周边国家市场之余，可能会进一步强化新疆通道型经济特征。因此，今后还要进一步丰富物流体系内涵，实现物流服务领域和范围的扩大，发挥物流大通道建设在增进外贸国民收益中的作用。

第八公因子有较大载荷的指标同样只有外贸商会协会等中介机构服务水平一个指标，因此将其命名为行业中介组织因子。它占到 22 个指标总体影响力的 4.602%，为第八大影响因素，相对影响程度为 7.04%。该指标含义在于在转变新疆对外贸易发展方式转变过程中，商会、协会等中介机构将是一个不可或缺的重要因素，不过要发挥这些中介组织的作用，当前最需要加强行业协会的独立性建设。

表 4-11　　　　　　　　　　　旋转后的成分矩阵表

指标	成　　分							
	F1	F2	F3	F4	F5	F6	F7	F8
资金供给水平	0.741	-0.078	0.033	0.071	0.100	0.057	0.078	-0.019
科研水平能力	0.740	0.159	0.058	0.122	0.163	-0.053	0.079	0.046
劳动力素质	0.726	0.080	0.006	-0.096	-0.029	0.167	0.063	-0.028
城乡居民消费水平	-0.242	0.743	0.086	-0.012	0.039	0.119	-0.167	-0.124
政府发展外贸的政策支持	0.348	0.686	0.015	-0.160	0.009	0.088	0.173	0.181

指标	成　分							
	F1	F2	F3	F4	F5	F6	F7	F8
政府外贸部门的服务水平	0.178	0.642	0.016	0.105	0.006	0.101	0.121	0.265
外贸公共服务平台运行效果	-0.162	0.572	-0.035	0.113	-0.087	-0.254	0.500	-0.088
社会治安状况	0.379	0.510	0.081	0.048	0.191	0.010	-0.260	0.129
全球贸易增长趋势	0.034	0.016	0.791	-0.031	-0.002	0.076	0.078	0.225
全球产业重新布局	0.052	0.021	0.785	0.126	-0.006	-0.027	-0.238	-0.040
全球贸易保护动向	-0.006	0.078	0.768	0.061	0.074	-0.056	-0.014	-0.182
中亚及周边国家市场需求状况	0.109	-0.006	0.483	-0.082	-0.026	0.290	0.416	0.308
生产性服务业发展	0.136	0.003	0.026	0.788	0.247	0.094	-0.040	-0.154
承接东部产业转移的效益	-0.038	-0.044	0.017	0.755	-0.106	-0.136	-0.092	0.063
外向型主导产业发展	0.019	0.096	0.103	0.753	0.108	0.048	0.030	0.322
外贸领军企业国际竞争力	0.128	0.129	0.086	-0.009	0.804	-0.094	-0.003	0.119
外贸企业管理模式	0.022	0.037	-0.040	0.248	0.749	-0.128	0.019	-0.274
外贸行业竞争秩序	0.072	-0.144	0.004	-0.007	0.639	0.368	-0.040	0.311
邻近周边国家市场的区位优势	0.066	0.163	0.020	-0.019	-0.002	0.848	0.108	-0.122
优势自然资源的开发利用	0.495	0.030	0.023	0.017	-0.104	0.535	0.015	-0.026
物流基础设施质量	0.261	0.005	-0.115	-0.120	0.028	0.144	0.748	-0.055
外贸中介机构服务水平	-0.037	0.214	0.012	0.173	0.057	-0.158	-0.059	0.746

注：提取方法为主成分，旋转法是具有 Kaiser 标准化的正交旋转法。

表 4 - 12　　　　　　　　　　　　成分得分系数矩阵表

指标	成　　分							
	F1	F2	F3	F4	F5	F6	F7	F8
全球贸易增长趋势	-0.029	-0.052	0.374	-0.052	-0.010	0.002	0.085	0.138
中亚及周边国家市场需求状况	-0.059	-0.095	0.220	-0.029	-0.007	0.140	0.343	0.230
全球产业重新布局	0.040	0.004	0.376	0.019	-0.042	-0.046	-0.173	-0.100
全球贸易保护动向	-0.014	0.032	0.391	0.001	0.036	-0.081	0.034	-0.233
邻近周边国家市场的区位优势	-0.145	0.082	-0.029	0.061	0.003	0.646	0.005	-0.130
优势自然资源开发利用	0.162	-0.011	-0.027	0.049	-0.114	0.327	-0.092	-0.042
劳动力素质	0.339	-0.002	-0.015	-0.050	-0.078	-0.019	-0.052	-0.054
资金供给水平	0.358	-0.093	0.002	0.024	-0.016	-0.100	0.005	-0.045
技术创新能力	0.354	0.016	0.005	0.027	0.009	-0.184	0.002	-0.022
物流基础设施质量	0.030	-0.066	-0.029	0.004	0.050	-0.003	0.619	-0.062
外贸公共服务平台运行效果	-0.114	0.264	0.006	0.094	-0.031	-0.203	0.444	-0.152
城乡居民消费水平	-0.175	0.412	0.018	-0.022	0.027	0.149	-0.191	-0.188
政府发展外贸的政策支持	0.101	0.291	-0.027	-0.104	-0.024	-0.023	0.034	0.076
政府外贸管理部门的服务水平	0.010	0.268	-0.041	0.040	-0.042	0.043	0.028	0.145
外贸中介机构服务水平	-0.031	0.025	-0.057	0.022	-0.013	-0.100	-0.055	0.626
社会治安状况	0.166	0.234	-0.010	-0.046	0.041	-0.042	-0.305	0.035
外向型主导产业发展	-0.050	-0.014	-0.008	0.386	-0.030	0.080	0.077	0.214
承接东部产业转移的效益	0.010	-0.033	-0.019	0.412	-0.150	-0.040	-0.008	0.018
生产性服务业发展	0.018	-0.009	-0.018	0.421	0.053	0.106	0.025	-0.200

续表

指标	成　分							
	F1	F2	F3	F4	F5	F6	F7	F8
外贸企业管理模式	-0.040	0.026	-0.009	0.066	0.436	-0.086	0.091	-0.285
外贸领军企业国际竞争力	-0.011	0.023	0.026	-0.117	0.471	-0.101	0.027	0.056
外贸行业竞争秩序	-0.096	-0.123	-0.045	-0.070	0.376	0.282	-0.034	0.272

注：提取方法为主成分，旋转法是具有 Kaiser 标准化的正交旋转法。

4.2.3.2　Logistic 模型回归分析

(1) 模型估计结果

本章采用 SPSS17.0 统计软件对调查获取的 156 个样本进行二项分类 Logistic回归处理。在处理过程中，以被调查对象认为的新疆对外贸易发展方式是否已经发生转变（已转变取值为 1，没有转变取值为 0）作为被解释变量，以因子分析方法提取得到的八个公因子作为解释变量，选用全部纳入法一次性将八个因子纳入式（4.1）所示的二元分类 Logistic 回归方程，得到的结果如表 4-13 所示。

表 4-13　新疆对外贸易发展方式转变影响因素二项分类 Logistic 回归结果

解释变量	模型一		模型二	
	标准化系数	Wald 检验值	标准化系数	Wald 检验值
常数项	1.380 *	39.782	1.321 *	40.020
要素禀赋优化因子（F1）	0.629 *	9.006	0.601 *	8.576
需求条件与制度环境因子（F2）	0.006	0.001		
国际因素因子（F3）	0.309	2.280		
相关产业和支持性产业发展因子（F4）	0.249	1.427		
企业战略、结构与同行竞争因子（F5）	-0.059	0.084		
资源优势和区位优势因子（F6）	0.024	0.016		
国际物流通道建设因子（F7）	0.372 ***	3.149	0.333 *	2.720 ***
行业中介组织因子（F8）	0.175	0.735		
预测准确率（C=0.5）	0.782		0.788	
Hosmer 和 Lemeshow 检验值	9.355n. s.		11.313n. s.	
卡方检验值	17.098 **		12.201 *	

注："*"、"**"、"***"分别是表示在1%、5%和10%置信水平下显著。

从表 4 - 13 给出的回归结果看，仅有要素禀赋优化因子（F1）和国际物流通道建设因子（F7）比较显著，其他因子未通过 Wald 检验。鉴于要准确考察这两大因素的影响程度，提高回归方程的预判能力，本章将采取逐步回归方法将不显著的变量逐一删除，最终得到包含要素禀赋优化因子和国际物流通道建设因子作为解释变量的计量回归模型，其表达式如下：

$$\text{Logit}(p) = 1.321 + 0.601F1 + 0.333 \times F7 \qquad (4.6)$$

上式中，各变量均通过了计量经济学检验，而且卡方检验值和 Hosmer 及 Lemeshow 检验值显示模型整体回归效果良好，因此式（4.6）所示的回归方程具有较好解释能力。由于根据表 4 - 12 给出的成分系数矩阵，得知要素禀赋优化因子和国际物流通道建设因子表达式分别为：

$$F1 = -0.029 \times Z - 0.059 \times Z2 + 0.040 \times Z3 + \cdots - 0.011 \times Z21 - 0.096 \times Z22 \qquad (4.7)$$

$$F7 = 0.085 \times Z1 + 0.343 \times Z2 - 0.173 \times Z3 + \cdots + 0.027 \times Z21 - 0.034 \times Z22 \qquad (4.8)$$

那么，分别将要素禀赋优化因子和国际物流通道建设因子表达式（4.7）和式（4.8）同时代入式（4.6）所示的回归方程，不仅可以得到各因素对新疆对外贸易发展方式转变的估计参数，而且可以进一步按照公式（4.3）计算得到在假定其他解释变量不变条件下，某一解释变量变化一单位引起新疆对外贸易发展方式发生转变的机会比率，并根据公式（4.5）推算得出对这一解释变量施加影响引发新疆对外贸易发展方式转变的概率。经过计算得到的各因素回归系数、机会比率及相应概率如表 4 - 14 所示。

表 4 - 14　　新疆对外贸易发展方式转变影响因素的作用方向及大小

一级指标	二级指标	三级指标	回归系数	机会比率	相应概率	作用方向
国外因素（X1）	国际需求（Y1）	全球贸易增长趋势（Z1）	0.011	3.787	0.791	正向
		中亚及周边国家市场需求状况（Z2）	0.078	4.053	0.802	正向
	国际分工（Y2）	全球产业重新布局（Z3）	-0.033	3.624	0.784	负向
	国际贸易环境（Y3）	全球贸易保护动向（Z4）	0.003	3.759	0.790	正向

一级指标	二级指标	三级指标	回归系数	机会比率	相应概率	作用方向
国内因素（X2）	地理区位（Y4）	邻近周边国家市场的区位优势（Z5）	-0.086	3.440	0.775	负向
	要素禀赋（Y5）	优势自然资源开发利用（Z6）	0.066	4.005	0.800	正向
		劳动力素质（Z7）	0.186	4.515	0.819	正向
		资金供给水平（Z8）	0.217	4.654	0.823	正向
		技术创新能力（Z9）	0.213	4.638	0.823	正向
	基础设施（Y6）	物流基础设施质量（Z10）	0.224	4.689	0.824	正向
		外贸公共服务平台运行效果（Z11）	0.079	4.057	0.802	正向
	需求条件（Y7）	城乡居民的消费水平（Z12）	-0.169	3.165	0.760	负向
	制度环境（Y8）	政府发展外贸的政策支持（Z13）	0.072	4.025	0.801	正向
		政府外贸管理部门的服务水平（Z14）	0.015	3.804	0.792	正向
		外贸中介机构服务水平（Z15）	-0.037	3.611	0.783	负向
		社会治安状况（Z16）	-0.002	3.740	0.789	负向
	相关产业及支持性产业发展（Y9）	外向型主导产业发展（Z17）	-0.004	3.732	0.789	负向
		承接东部产业转移的效益（Z18）	0.003	3.760	0.790	正向
		生产性服务业发展（Z19）	0.019	3.821	0.793	正向
	企业战略、结构与同行竞争（Y10）	外贸企业管理模式（Z20）	0.006	3.770	0.790	正向
		外贸领军企业国际竞争力（Z21）	0.002	3.756	0.790	正向
		外贸行业竞争秩序（Z22）	-0.069	3.497	0.778	负向

(2) 回归结果分析

由表 4 - 14 给出的结果可以得知，城乡居民消费水平（Z12）、邻近周边国家市场的区位优势（Z5）、外贸行业竞争秩序（Z22）、外贸中介机构服务水平（Z15）、全球产业重新布局（Z3）、外向型主导产业发展（Z17）、社会治安状况（Z16）等 7 个因素的回归系数均为负值，表明这些因素对新疆对外贸易发展方式转变具有负向的阻碍作用，而其他 15 个变量的回归系数均为正值，表明对新疆对外贸易发展方式转变具有正向的推动作用。

在影响新疆对外贸易发展方式转变的国外因素中，①国际需求因素中的两个指标中亚及周边国家市场需求状况和全球贸易增长趋势回归系数为正值，机会比率分别为 3.787 和 4.053。相应的，在假定其他条件不变情况下，由中亚及周边国家市场需求状况和全球贸易增长趋势的改善而引发的新疆对外贸易发展方式转变的概率分别为 79.1% 和 80.2%。说明目前中亚和周边国家旺盛的市场需求不仅有利于新疆对外贸易发展方式转变，而且中亚及周边国家市场需求状况和全球贸易增长趋势改善相同比例，将使得新疆对外贸易发展方式转变的机会比率有不同程度提高。②国际分工因素的表述指标全球产业重新布局的回归系数符号为负，其影响力提升一个单位，将引起新疆对外贸易发展方式转变的机会比率提升 3.624 个单位，且相应概率为 78.4%，说明当前全球产业分工的加速调整已经对新疆对外贸易发展方式转变起到了阻碍作用，也就意味着当前新疆外贸发展其实现方式和手段无论在出口生产环节的资源利用方式，还是进入国际市场及进一步提高市场份额的竞争方式，乃至外贸增进国际收益方式的转变都受到全球产业在发达国家和发展中国家重新布局的负向影响。③表示国际贸易环境因素的指标国际贸易保护动向具有正向影响，在所有具有正向作用的因素中，其影响力提升一个单位引起新疆对外贸易发展方式转变的机会比率提升幅度相对较小，仅为 3.759 个单位，相应的概率为 79%，说明在全球贸易保护主义日渐盛行的当下，新疆外贸面对如此国际贸易环境已经开始逼迫新疆企业主动走出去开拓国际市场，以及尝试转变参与国际竞争的方式，但是相对而言，这些因素对新疆对外贸易发展方式转变的积极作用不是特别明显。

在影响新疆对外贸易发展方式转变的国内因素中，①使用邻近周边国家市场的区位优势表示的地理区位因素回归系数为负数，且指标变化引起的机会比率为 3.44，相应概率为 77.5%，说明当前新疆的区位优势尚未能转化为促进方式转变的积极因素，而是陷入某种路径依赖，比如开拓市场方式依赖于边境贸易，仅能承担内地产品进入中亚市场的跳板。②在要素禀赋因素四个因素中，优势自然资源的开发利用回归系数为 0.066、劳动力素质为 0.186、资金供给水平为 0.217 和技术创新能力为 0.213，相应的机会比率大小分别为 4.005、4.515、4.638 和 4.654，而且对应的概率均超过了 80%，说明新疆加快技术进步，转换资源优势为产业优势，以及完善要素市场对新疆对外贸易发展方式转变是非常具有积极意义，而且作用力度和可行性也相对较高。③国内需求条件因素中的城乡居民消费水平具有较大的负的回归系数，其影响力提升一个单位，将引起新疆对外贸易发展方式转变的机会比率降低 3.165 个单位，且相应的概率为 76%。这说明当前新疆过低的消费水平未能在形成规模经济方面发挥作用，使得本地外向型产业规模经济难以形成与发展。④在基础设施条件因素中的物流基础设施质量和外贸公共服务平台运行效果两个指标也具有正的且数值较大的回归系数，相应的机会比率在所有正向因素中也较大，分别为 4.689 和 0.4.057，加上对应的概率均超过了 80%，这说明新疆目前在加快区域基础设施建设已经能够为新疆以较低成本的发展方式实现外贸国民收益的最大化发挥了作用。⑤制度环境因素中国家和自治区给予新疆外贸发展的政策支持和新疆外贸相关管理部门的服务水平两个因素回归系数为正，相应的机会比率分别为 4.025 和 3.804，对应的概率是 80.1% 和 79.2%；而另外两个指标外贸商会协会等中介机构的服务水平和社会治安状况的回归系数为负，相应的机会比率分别为 3.611 和 3.74，对应的概率是 78.3% 和 78.9%。这就说明当前依靠政府的政策支持和外贸管理部门的推动能够对新疆对外贸易发展方式转变具有积极作用，而外贸行业中的一些中介组织由于本身存在的不足和当前新疆社会治安受到恐怖活动的影响已经起到阻碍了新疆对外贸易发展方式的转变，尽管这两个因素的负面效应现今并不明显，但也需加以高度关注。⑥相关产业与支持性产业发展因素中的生产性服务业发展、承接东部产业转移的效益虽然为正，但在所有正向作用的因素中，机会比率较小，分别只有 3.821 和 0.760，且对应的概率为 79.3% 和 79%，而外向型主导产业发展未能如预期一样起到正向作用，反而起到了一定程度的阻碍作用，其在假定其他条件不变情况下，由外向型主导产业发展的影响提升一单位而引发的新疆对外贸易发展方式转变的机会比率提高为 3.732，相应的概率为 78.9%，这反映新疆转变对外贸易发展方式尚未形成有力的产业基础。⑦企业层面因素，外贸企业管理模式和外贸领军企业国际竞争力也具有正向作用，且两个因素变化引起新疆对外贸易发展方式转变的概率均达到 79%，但是相对而言，机会比率较小，这与当前新疆外贸企业规模小的事实基本吻合，而新疆外贸行业存在的一些不规范的竞争行为使得外贸行业竞争秩序因素回归系数为负，且机会比率为 3.497 对应的概率为 77.8% 也在意料之中。

第 5 章

国内外对外贸易发展方式转变
经验及对新疆的借鉴

加快转变对外贸易发展方式，实现新疆外贸可持续发展，是一项极富挑战性并带有许多不确定因素的艰巨任务。为此需要认真分析和借鉴国内外主要国家和地区转变对外贸易发展方式的有关经验，希望他山之石可以攻玉，为探索新疆对外贸易发展方式转变的可行路径提供思路。

5.1　主要贸易强国对外贸易发展方式转变的成功经验

美国、德国、日本是世界公认的典型贸易强国，虽然这些国家没有明确提出对外贸易发展方式转变的概念，但政府采取的一系列政策措施，实际上起到了促进对外贸易发展方式转变的作用。考察这些国家转变对外贸易发展方式实现贸易强国目标的一些做法，对新疆具有参考和借鉴意义。

5.1.1　美国转变对外贸易发展方式的经验

5.1.1.1　美国对外贸易发展方式转变历程

美国不仅是世界头号经济大国，也是影响全球贸易走势和决定多边贸易体系谈判进程的世界贸易强国。美国之所以长期能够维持其在世界市场中的贸易强国地位，来自于在经济发展不同阶段对外贸增进自身国民收益作用的正确把握，以及对外贸易发展方式随着约束条件变化做出的适时转变。回顾美国外贸发展历程，其对外贸易发展方式的转变大致历经了如下三个阶段：

第一阶段（1783～1933年）是美国由农业经济转向工业经济，并逐步赶超英国成为世界头号工业强国的时期。在该阶段，美国一方面采取保护贸易政策限制外国商品进口，以壮大本国制造业①。另一方面将第二次科技革命诞生的诸多先进技术运用到生产实践，从而不仅在1882年美国建成世界上第一个发电厂，率先实现电力技术产业化，而且还创造了大规模生产方式，并与泰勒科学管理方法相结合，确立了美国钢铁、汽车、机器设备、电气产品等制造业的全球竞争优势。这一时期，美国对外贸易发展方式正是以先进制造业为基础，成功抢占英国在国际市场中份额，外贸进出口总额跃居世界第一位。

第二阶段（1934～1973年）是美国经济从工业经济向服务经济过渡时期。该阶段，美国凭借其世界经济"火车头"、"发动机"的国际地位，一方面致力于推行全球多边自由贸易政策，并主导建立了关税与贸易总协定（GATT）、国际货币基金组织（IMF）及世界银行等国际性机构，力图借此为自身具有竞争优势的产品开拓海外市场；另一方面大幅增加对科研和教育投入，为本国出口生产部门提供先进的科学技术和高素质的劳动力，从而确保了美国作为世界上第一大制造品生产和出口国的地位。

第三阶段是自1974年起美国经济开始进入服务经济时代。该阶段又可以分为三个时期，其中，1974～1990年为多边自由贸易政策向多轨并进的自由贸易政策过渡时期，这一时期由于美国经济实力与产业国际竞争力出现相对衰弱，货物贸易逆差也已然成为美国贸易收支账户常态的局面，在此背景下，美国一方面开始实行以美国利益为中心的"公平贸易"或"管理贸易"政策，另一方面通过诱导和吸引大量企业加大R&D投入，培育美国企业成为技术创新的主体，实现这些企业的规模效应，从而为对外贸易发展方式转变奠定了微观基础。1991～2007年为战略性贸易政策全面推行时期，这一时期美国的对外贸易目标从维护国家主权安全转向了维护国家经济安全，从而一方面在贸易政策上开始全面推行公平贸易政策，并经常运用反贴补、反倾销和关于保障措施的201条款，以及自动出口限制和配额等非关税限制措施，针对贸易伙伴国

---

①　这一时期，美国视进口为本国制造业发展的重大威胁，正如1791年亚历山大·汉密尔顿在《关于制造商问题的报告》中指出：英国的力量来源于制造业，制造业的发展关系到国家的独立和安全，必须优先发展制造业；只有通过政府关税政策的保护和扶持，制造业才能发展强大。

的贸易顺差进行制裁，保护美国缺乏竞争力的钢铁、纺织和农业等相对弱势产业①。另一方面转变以往主要限于以"典型单纯的贸易手段"解决贸易问题方式，将贸易政策与科技发展政策、产业发展政策相联系，扶持美国战略性产业成长，为高新技术产业提供相对自由的国内外市场环境，并为传统产业发展注入新的活力。第三时期为 2008～2014 年。2008 年开始的金融危机使美国经济陷入低迷，其对外贸易发展方式在对外贸易政策方面，也出现了相应的调整。一方面重返亚太，强势推行跨太平洋伙伴关系协定（简称 TPP）谈判，为全球贸易设定新的标准，并继续囊括崭新议题，从而增强 TPP 成员国在全球经济中的竞争力。与此同时，与欧盟积极助推跨大西洋贸易与投资伙伴关系协定（简称 TTIP）谈判，借机推动本国经济转型。另一方面，开始重视国内产业尤其是先进制造业的发展。通过出台了一系列相关法案和计划力促"再工业化"，着力重新塑造美国制造业持续创新和发展的产业基础。

5.1.1.2　美国对外贸易发展方式转变的主要经验

（1）适时调整对外贸易政策，确保对外贸易利益

美国的对外贸易政策不仅对其外贸发展有着重要的意义，而且对全球贸易发展和格局调整有着举足轻重的作用。基于这点认识，美国政府历来十分重视外贸发展战略及配套政策措施的创新，以此确保美国的对外贸易利益。比如在美国经济从工业经济向服务经济过渡时期，为了保护美国国内产业，拓展其服务贸易优势，美国政府在 GATT 缔约方谈判中动议将服务贸易纳入 GATT 管辖范围，从而在贸易政策上起到了限制别国对美国出口作用，实现了美国商品和服务的扩大出口和出口结构的优化。进入服务经济时代，为了对持续扩大的贸易逆差进行治理，首先在贸易政策上做出调整，表现为美国一改以往在外贸领域奉行的"自由放任"政策，开始推行新贸易保护主义的贸易政策。其中，1993 年克林顿上台后正式推出的"国家出口战略"是美国政府对外贸易战略和政策的集中表述。小布什上台以后，美国对外贸易政策加大推行公平贸易的力度，继续推进经济全球化并从中获取更大的利益。在 2008 年爆发的次贷危机之后，美国重新认识了实体经济的重要性，贸易发展战略和政策又做出调整，更加注重制造业和出口贸易。尤其是奥巴马政府在 2010 年推出《国家出

---

① 田素华，尹翔硕.论不同经济发展阶段的对外贸易政策选择——美国对外贸易政策的演进机理及对我国的启示［J］.上海经济研究，2006（4）：14－20.

口倡议》，开启"再工业化"重塑美国竞争优势的重要战略，正逐步实现提出的目标。

(2) 重视以国家力量帮助企业拓展国际市场

美国之所以成为世界头号贸易强国，离不开美国政府一直以来重视以国家力量帮助企业开拓国际市场为基本目标的经济外交。比如为了提高美国公司在全球市场的影响力，政府不仅要派出贸易代表团扩大出口宣传力度，而且还采取贸易促进项目为美国公司与国外采购商牵线搭桥，帮助美国公司获取出口订单。而为了开拓新兴大市场，国家领导人甚至通过出访等外交活动直接干预经贸活动，如克林顿在执政期间频繁出访中国、印度和巴西等新兴发展中国家，推行和参与国际经济活动，甚至充当企业争取海外合同的合伙人，通过亲自出访和亲笔致信等方式，为美国波音公司和麦道公司向沙特阿拉伯推销产品。在帮助从事国际贸易的企业降低各种出口成本方面，政府也通过有效的多边、双边或者区域性的贸易谈判拆除美国企业进入国际市场的贸易壁垒，为美国的制造商、农场主提供更多的海外市场准入机会，并大力执行现有的贸易协定，来减少美国公司由于关税和非关税壁垒增加的成本。[①]

(3) 利用科技创新推动外贸发展

美国一直都很重视以国家的力量开发和应用高新技术产品争夺国际市场。历届政府也利用新技术及新管理等手段，提升外贸增进国民经济福利的能力。"第二次世界大战"（简称："二战"）以前，为了赶超英国成为世界头号工业强国，美国不仅建成世界上第一个发电厂，率先实现电力技术产业化，而且还创造了大规模生产方式，并与泰勒科学管理方法相结合，确立了美国钢铁、汽车、机器设备、电气产品等制造业的全球竞争优势。"二战"之后，美国政府适应科技革命的内在需要，一方面围绕国家利益加大对科技研发投入，调整研发投入重点，特别支撑基础研究；另一方面引导产业界及全社会增加研发投入，在实现政府从主体到主导地位角色转变同时，也改变了美国企业的经营方式，促进企业科技贡献率的提升，为企业参与国际竞争奠定了基础。

(4) 创造条件提高企业国际市场竞争力

美国政府意识到经济全球化趋势对未来美国经济的发展至关重要，因此不断创造条件提高企业参与国际市场竞争的实力。一是创造有利于企业公平竞争

---

① 王丽娜. 美国对外贸易特点和未来政策趋势 [J]. 辽宁师范大学学报（社会科学版），2012 (6)：758 - 762.

的市场环境。20 世纪 90 年代美国政府修改了《反垄断法》和《通信法》等，为企业创新创造了一个有利于公平竞争的市场环境。二是鼓励企业合并。90 年代在美国政府主导下的企业合并，改变过去企业大多是大吞小和优胜劣汰等特点，实行强强联合，以集中力量培育有竞争力的企业及发展自己最具优势的产业。① 三是重点鼓励中小企业出口。美国政府认为中小出口企业能创造更多的就业机会，但中小企业在出口过程中面临诸多困难，尤其是缺乏足够的信息。为此，美国政府主要通过出口融资、加大出口宣传力度、为出口商提供商业信息等手段帮助中小企业出口。在不断改善中小企业融资环境的同时，建立了美国出口援助中心、商业信息中心、美国贸易中心和全球供应链促进会等中介机构，为中小企业扩大出口提供信息服务。②

5.1.2　德国转变对外贸易发展方式的经验

5.1.2.1　德国对外贸易发展方式转变历程

德国是一个自然资源贫乏的国家，工业原材料主要依靠进口，而且国内市场相对狭小，企业不得不向外寻找市场，为此，德国政府十分重视转变对外贸易发展方式，以通过放开外贸经营权，支持企业自由竞争等手段，发展对外贸易。从德国促进外贸发展历程来看，以"二战"前后可以划分为两大阶段：在第一阶段，早在第一次世界大战前，在政府严格的宏观经济调控体系下，德国完成了工业体系的建设，成为世界第二大工业强国，然而自然资源贫乏加上相对狭小的国内市场，极大限制了德国经济的进一步发展，但在狂热民族主义的推动下，德国政府最终走上了依靠武力对外扩张的道路。第二阶段是第二次世界大战后，德国战败经济遭破坏，但它却靠着政府在对外贸易上的宏观调控以及企业的微观经营机制上的创新，成功发展对外贸易，创造了战后的"经济奇迹"。如今的德国实现了统一，经济实力不断增强，借助德国的出口商品在品质优良、技术先进、服务周到和讲求诚信等方面都具有很强的出口竞争优势，正因如此，德国自 1952 年起持续维持贸易顺差，并在 2013 年贸易顺差额达 2000 亿欧元，超越中国成为世界最大贸易顺差国（根据德国慕尼黑伊福经

①　何传添. 开放经济下如何实现外贸内生性增长 [J]. 国际贸易问题, 2009 (7): 42 - 46.
②　严启发. 美国、日本转变外贸增长方式的做法及启示 [J]. 经济研究参考, 2006 (2): 31 - 35.

济研究所公布的数据）。

5.1.2.2　德国对外贸易发展方式转变的主要经验

（1）构建贸易促进体系，服务外贸发展

为了让本国企业在世界范围内都能得到良好的商务信息服务，德国政府建立了一个由外贸信息局、驻外使馆商务代表处和海外商会组成的贸易促进体系。其中，外贸信息局主要为企业进入海外市场提供关于地址、经济数据、实际操作建议和市场分析等信息。德国驻外使馆商务代表处负责了解驻在国经济贸易情况，为有意与驻在国开展经贸业务的德国企业提供信息咨询服务。由德国工商大会在海外设立的海外商会，主要为德国企业从事国外业务提供包括产品咨询、市场和经济分析、商务咨询、项目咨询和跟踪，法律和关税咨询等在内的服务。[①]

（2）扶植大型企业集团，支持中小企业发展

德国鼓励大企业之间的合并重组，对大企业收购、兼并小企业提供金融信贷支持，尤其注意扶植汽车和航空、机械制造、电气、石油加工、化学、钢铁等主导产业的企业集团和大财团的建立和发展。同时，为了有效推动中小型企业迅速发展，德国实施了一系列扶持政策，其中包括健全法律制度，保证促进中小企业发展的政策措施有效实施；设立专门的政府机构和中介机构，为中小企业发展提供全方位的服务；创建先进的技术支持体系，帮助中小企业实现科技进步和科研成果的迅速转化；提供全面的资金援助，改善中小企业生存发展的融资环境。

（3）参与区域经济合作，拓展国外市场空间

为了适应经济全球化和区域经济一体化发展的需要，促进国内经济发展，德国极力推行自由贸易政策，积极参加区域性经济贸易合作，尤其热心推动欧盟向更高层次的一体化方向发展，积极扩大亚欧经贸合作，通过与国外贸易伙伴签订经贸合作协议，确保对外贸易平稳增长[②]。德国通过推动区域性经济贸易合作为德国企业走出去参与国际竞争创造了条件，也得益于国家贸易促进体系的推动，德国为数众多的中小企业纷纷走上了国际贸易的路途，它们凭借强大的政策支持，以坚实的企业实力为基础，以优质的商品和服务为利器，打开

---

① 蒋和平. 德国外贸竞争力提升经验及启示 [J]. 国际经济合作，2011（2）：11 - 14.

② 蒋和平. 德国提升对外贸易竞争力的措施及借鉴 [J]. 经济导刊，2010（11）：10 - 11.

了国际市场的大门，逐渐在国际市场上占据主要位置。

（4）重视企业文化建设，增强企业发展动力

企业文化建设，培养良好的企业文化是德国企业管理中的重要内容。德国企业重视文化建设主要体现在以下几个方面：首先，重视产品质量。强烈的质量意识已成为德国企业文化的核心内容，深深植根于广大员工心中。这种文化深刻地影响着企业的商品生产，优良的品质为德国商品增强国际竞争力奠定了坚实的基础；其次，重视企业兼并重组过程中的文化整合，并由此为企业实现规模经济效益扫清了企业整合之后的文化障碍；再其次，注重人际关系，努力创造和谐、合作的文化氛围。这为企业加强自身实力，迎接外部激烈的竞争创造了条件；最后，企业员工具有很强的责任感。①

5.1.3　日本转变对外贸易发展方式的经验

5.1.3.1　日本对外贸易发展方式转变历程

日本是个自然资源要素贫乏的岛国。第二次世界大战后，日本政府制定和实施了正确的贸易发展政策，使日本对外贸易在短期内得到高速增长，仅用了23 年时间，日本对外贸易量就上升到世界第二位。如今的日本已经成为世界贸易强国，其创造世界贸易发展史上的奇迹被誉为"日本模式"。大致而言，其对外贸易发展方式转变经历了如下四个阶段：

第一阶段为 1945～1955 年，这一时期是日本对外贸易处于恢复阶段，其中心任务就是增加国际支付工具和改善生活与生产必需品的供应，以抑制严重的通货膨胀和促进经济的稳定与恢复②。该阶段日本对外贸易规模不大，出口以劳动密集型的轻纺产品为主，国际收支呈逆差态势。

第二阶段为 1956～1973 年，该阶段日本采取贸易立国政策，执行出口导向战略，是日本对外贸易高速增长时期。这时期日本适时制定外向型经济发展战略，充分运用第三次科技革命的成果，调整国内产业结构，工业生产大幅增加。也是这一时期日本主要采取的是"贸易立国"政策，通过大力扶植具有规模经济效应的产业，鼓励国内企业积极走出去开拓市场参与国际市场竞争，

---

① 丁平，徐松. 德国对外贸易发展及其对我国的启示［J］. 经济前沿，2007（6）：27 - 32.
② 王素芹. 日本对外贸易发展经验及借鉴［J］. 商业时代，2007，27：36 - 37.

该阶段日本出口大幅增长，其出口商品结构也由传统的轻纺产品为主转变为以机器设备和化学工业等高附加值的产品为主。

第三阶段为 1973～1990 年，该阶段日本实行有选择的贸易自由化政策，是日本外贸持续增长期。在这一时期，整个世界经济的发展都处于停滞状态，日本却实行"贸易投资自由化政策"，对外投资和对外贸易快速增长，贸易逆差持续扩大，与其他发达经济体的经济低迷状态形成鲜明对比，这也使的日本与美国、西欧发达国家的贸易摩擦日益升级，日本的贸易立国政策被迫向扩大内需和技术立国转变，日本企业也开始采取直接投资来代替贸易的方式来避免贸易摩擦。该阶段日本对外贸易规模迅速扩大，出口商品结构也从主要出口钢铁、汽车、船舶和光学仪器转变为以出口汽车、办公用机械、民用电器机械和一般机械为主。

第四阶段为 1991 年至现在，是日本经济萧条和缓慢复苏期。这一时期，日本政府采取知识财产立国政策，大力推动科技创新和产业升级[①]。该阶段虽受世界经济波动的影响，日本对外贸易除了 1996 年、1998 年和 2001 年较上年有所下降之外，其他年份均稳步上升。不过需要指出的是，自 2008 年发生全球性的金融危机以来，面对外需市场严重不足，日本政府在继续推行"贸易投资立国"的经济发展战略和 EPA 战略之时，开始采取鼓励政策扩大内需，深化政治和金融改革，不断升级产业结构，争取恢复日本的经济活力。

5.1.3.2　日本对外贸易发展方式转变的主要经验

(1) 实施政府主导的外贸发展战略，指引外贸稳定持续发展

针对本国国情，日本政府始终坚持实施政府主导的外贸发展战略，充分利用国内外两种资源来加快本国贸易发展步伐。首先，建立和完善出口促进体系。日本设立了一批专业性的贸易促进机构，如数量众多的按商品分类的进出口商会，这些机构成为政府促进外贸发展的主要助手，也是连接政府和企业的桥梁[②]。其次，实施日元国际化战略。日本政府采取了许多措施，极力促进日元国际化降低外贸企业的外汇风险。比如扩大对外提供日元贷款、在贸易中更广泛地使用日元作为结算和支付货币、吸收欧洲日元贷款和放宽发行欧洲日元债券条件等。再其次，大力推行海外投资战略。日本对外直接投资与对外贸易

---

① 蒋和平. 日本对外贸易竞争力的提升策略及其启示 [J]. 特区经济, 2010 (4): 104－107.

② 严启发. 美国、日本转变外贸增长方式的做法及启示 [J]. 经济研究参考, 2006 (2): 31－35.

的互补性强，日本通过对外直接投资将其一部分出口能力转移到其他国家，再向欧美国家出口。最后，推行战略性进口贸易保护政策。战后相当长一段时间，日本政府通过关税和非关税两大类贸易壁垒对进口贸易实施了严格限制。即便是进入 60 年代后日本对外贸易自由政策的展开，在名义关税水平呈下降趋势之时，日本政府通过间接的非关税壁垒措施来保护国内市场，这些政策使日本贸易形成持续顺差，储备了大量外汇，促进了日本经济的快速发展。

（2）注重技术引进与研究开发，提升自主创新能力

日本是个善于学习的国家。非常注重通过引进国外先进技术提升本国科技水平和劳动生产率，同时又积极根据国内情况进行研究开发与技术创新，大力促进本国工业技术革新，从而迅速确立了产业技术优势，实现了比较优势向竞争优势的转变，增强了本国企业国际竞争力。在技术引进方面，为振兴战后日本工业，政府大量搜集国外技术情报，为企业提供最新科技信息，并以"一号机进口，二号机国产"作为技术引进的审批标准，企业在引进国外技术时也遵循着"引进零部件能解决问题的就不引进单机，引进单机能解决问题的就不引进成套设备，对工艺和技术的引进重于对设备的引进"的原则，极大提高了技术引进利用率。在研发创新方面，在大量引进先进技术同时，无论是政府还是企业始终将研发创新放在重要位置。政府甚至还通过金融政策、税收政策以及特别折旧制度等方式激励企业加速技术创新，鼓励设备投资，促进引进的技术用于工业生产。①

（3）推行出口导向的产业政策，培育出口产业竞争优势

战后日本推行一系列以供给管理为主的产业政策，也是 20 世纪日本对外贸易发展方式转变过程中的一大特色。为了适应生产力国际化和资本自由化的趋势，以及增强与欧美的竞争实力，日本采取了促进以重工业和化学工业为中心的企业合并政策，推动这些行业和领域形成新的出口增长点和竞争优势。这方面比较成功的例子是 20 世纪 70 年代中期以后，日本政府为了培育汽车产业国际市场竞争力，采取了一系列间接补贴措施促进汽车出口，这些政策包括了政府金融机构低息贷款、特别折扣、设备进口关税减免、技术进口优先安排等。在这些产业政策的作用下，日本汽车产业在 20 世纪 60 年代开始渐趋成熟，产量和出口量不断上升，而且实现了一方面是日本汽车大量出口，另一方

---

① 彭华，王晓芳．日本成为世界工厂的三大法宝［J］．工业技术经济，2004（4）：42－44．

面是其出口价格趋于上升。据统计，1960 年日本汽车出口不到 4 万辆，1970 年出口近 110 万辆，1985 年出口上升到 720 万辆。[①]

（4）**高度注重企业经营管理，强化企业国际竞争力**

日本一向注重企业经营管理，日本式经营对日本确立贸易强国地位起到了不可忽视的作用。日本企业经营管理独到之处主要表现在以下几方面：一是继福特生产方式之后，日本企业根据自身条件和环境形成了一条具有日本特色的生产方式，这一生产方式除了强调质量管理外，还对控制投入成本给予了高度关注。比如 20 世纪 50 年代由日本丰田公司创立的"精益生产"方式，采用了与传统"推式"计划管理模式相反的"拉式"管理模式，将不断发展的技术与人员高涨的积极性结合起来，既实现了产量扩大又提高了产品质量，极大提高了日本产品在国际市场上的竞争力。二是在导入"戴明循环管理法"的基础上，创立了以质量管理活动小组为中心的管理方式。三是创新了综合商社这一日本贸易领域中特有的组织形式。在日本的对外贸易发展过程中，综合商社不仅是推动日本产品走向世界的重要力量，也是组织其国内生产和生活必需品进口的重要力量，成为日本对外贸易的"排头兵"。[②]

5.2 国内相关省区对外贸易发展方式转变的成功经验

5.2.1 广东转变对外贸易发展方式的经验

5.2.1.1 广东对外贸易发展方式转变历程

自新中国成立以来，广东外贸历经由封闭走向开放，外贸规模也从小变大，特别是改革开放以来，广东紧紧把握改革开放的机遇，充分利用毗邻港澳的地理优势，大力发展外向型经济，对外贸易飞速发展。外贸的迅猛发展提升了广东省在中国经济中的地位，并在发展中逐渐形成了其特有的对外贸易发展方式。改革开放以来，广东对外贸易发展方式转变大致经历了两个阶段：第一阶段为 1978～1992 年，广东成为我国对外贸易开展的最前沿阵地，是广东外

---

① 严启发. 美国、日本转变外贸增长方式的做法及启示［J］. 经济研究参考，2006（2）：31－35.

② 王素芹. 日本对外贸易发展经验及借鉴［J］. 商业时代，2007，27：36－37.

贸蓬勃活跃，对外贸易飞速发展时期。该阶段，随着广东省外贸自营权的逐步取得及扩大，广东充分利用地缘优势和政策优势，积极承接港澳地区制造业转移，大力发展"三来一补"贸易并开始注重引进外资，加工贸易也逐渐在广东省对外贸易方式中占据主导地位。这一时期，广东省出口商品结构也由 20世纪 70 年代的农副产品、工矿品和轻纺产品为主到 80 年代变为以服装、玩具、塑料为主。第二阶段为 1992～2014 年，是广东对外贸易快速发展，逐渐形成了其特有的外贸发展模式和经营特色时期。该阶段，广东对外贸易发展方式以外商投资企业和民营企业为市场主体，以加速加工贸易转型升级为核心。目前广东外贸出口商品结构已经由 90 年代的家用电器、电子、精密机械为主到现在的计算机、IT 产品为主要出口产品转变；不仅如此，广东突破了对外贸易只局限于商品进出口的单一化形式，向鼓励企业走出去、承包境外工程等带动外贸发展的新形式发展。从港资"三来一补"企业开始，现在不仅是跨国公司和国内企业加速进入电子信息、汽车等高新技术产业，还有一批民营企业在世界各国和地区设立了生产加工基地和研发机构和构建了全球销售网络。①

5.2.1.2　广东对外贸易发展方式转变的主要经验

（1）创新外贸管理体制，调动地方经营外贸积极性

改革开放以前，广东外贸在国家高度集中的管理体制发展缓慢，十一届三中全会以后，国家批准广东在深圳设立经济特区，开展与香港的经济合作。广东借此政策待遇，开始解放思想，各地提出了对中央给予的政策，要"用好、用活、用足"，把对外经贸权适当下放给各市、县，发挥"块块经济"积极性。具体表现在：首先，把"三来一补"审批权力下放至市县，之后在吸收外资办企业上也将一定的限额审批权下放，从而各地得以因地制宜结合整体经济发展和资源合理配置吸收外资，现今珠江三角洲有不少产值超亿元的乡镇企业，就是与当地有审批权吸收外资分不开的。其次，广东外贸体制发展，也贯彻了发挥"块块"积极性的方针，将出口经营权下放给那些可以发展出口商品、有出运口岸、有经营能力的地方，同时由省级公司进行对外业务的管理协调和财务调控。②

---

①　张虹鸥，陈丽玲. 广东六十年巨变 [J]. 经济地理，2009，10：1594－1598，1649.
②　魏廷华. 广东外贸发展的基本特色 [J]. 南方经济，1993 (5)：32－36.

（2）利用"引进来"和"走出去"相结合促进外贸持续发展

广东是率先对外开放和实施"引进来"最活跃的地区，在实施"走出去"战略方面同样走在全国的前列。在外贸发展形势不断变化背景下，利用"引进来"和"走出去"相结合促进优化外贸商品结构是广东对外贸易发展方式转变的突出特点。在引进来方面，广东具有毗邻港澳地缘优势，加上广东籍的华侨众多，因此通过扩大与港澳台地区对外经贸往来，尤其引进三资企业及外商举办的"三来一补"① 企业所广泛开展的加工贸易，广东得以开启外贸发展及其结构升级历程。在走出去方面，广东为应对原有的特殊政策优势与区位优势弱化，能源瓶颈问题突出以及来自国内其他地区经济竞争压力，引导有实力的企业到发达国家和地区拓展研发、销售和服务业等新的领域，以"走出去"帮助国内产品拓宽市场空间。鼓励和支持有比较优势的企业更多到发展中国家和地区开展生产型和实业型投资。鼓励企业到有关国家和地区投资开发资源，转移高能耗、高资源消耗的生产制造环节。进一步拓展对外承包工程和劳务合作，带动出口。支持有条件的企业以跨国并购、股权置换和战略联盟等新的方式在更高层次参与国际合作，获取境外营销渠道、知名品牌和管理经验。②

（3）挖掘和再造比较优势，避免长期陷入比较优势陷阱

加工贸易在广东省外贸发展中占据极大比重。但近几年来，广东的加工贸易在对经济发展做出贡献的同时，由于资源紧缺、工资提高以及国家宏观调控以及人民币升值等原因，使得广东外贸发展所依托的低成本优势正在逐步消失，广东在外贸发展过程中陷入了所谓的"比较优势陷阱"③。与此同时，广东大多数企业还远不具备依托技术、管理、品牌建立新的竞争优势的能力，为此，广东不断挖掘和再造比较优势，加速推动对外贸易发展方式由粗放型向集约型转变。这些经验主要包括：①打造产业集聚优势，促进外贸出口向质量效益型转变。通过各类开发区建设，目前产业集聚体已经成为广东外贸出口重要基地。截至 2012 年，广东已经建立了经国家审核确认的各类开发区 75 个，打造产业集群 326 个，经省政府认定的产业转移园共 34 个，拥有 5 个国家级专

---

①　注：所谓"三来一补"就是"来样加工"、"来料加工"、"来件装配"和"补偿贸易"。方奕涛和罗建穗（1999）认为"三来一补"是利用外资的一种简单形式，它强调"两头在外"，形成了广东省的外贸出口的高速增长，在推动广东成为全国第一外贸大省上具有功不可没的作用（方奕涛，罗建穗. 广东"三来一补"与"三资"企业形式外资比较 [J]. 国际经贸探索，1999（2）：49－52，69）。

②　梁耀文. 加快转变外贸增长方式实现广东外贸可持续发展 [J]. 广东经济，2006（2）：12－16.

③　袁欣. 加工贸易与比较优势陷阱：来自广东的实证分析 [J]. 宏观经济研究，2005（9）：58－60.

业型示范基地及 27 个省级外贸转型示范基地。②出台《广东省外贸转型升级示范基地培育发展规划》纲要（草稿），加快广东省外贸转型示范基地培育，推动外贸加快转型升级①。③大力推进加工贸易转型升级。比如，以东莞创科实业有限公司在贴牌生产（OEM）生产过程中，通过技术学习由制造环节向设计制造（ODM）升级，再由 ODM 通过收购国外品牌向品牌制造商（OBM）升级②

（4）借助广交会平台推动对外贸易发展方式转变

广交会是中国历史最长、规模最大、商品种类最全、到会采购商最多、成交效果最好的综合性国际贸易盛会，规模名列世界第一。广东极力借助广交会这一重要的本土平台推动对外贸易发展方式转变③。借助广交会平台庞大的采购商数量及其辐射效应，广东很多企业得以直接或间接获取大部分境外客户和订单，从而广大外贸企业拥有了进入国际市场的快车道，中小企业也得到快速成长。比如早在 2004 年，第 95 届广交会就率先设立"品牌展区"，展示国家重点培育、发展的出口品牌，为本地企业创立自主品牌、转变外贸增长方式方面发挥引领、示范和导向作用。为推动国内产业向产业链微笑曲线两端转移，第 109 届广交会开始设立广交会产品设计与贸易促进中心，引入境外设计资源，助力企业提高研发能力，积极推动"中国制造"转型升级。从第 111 届起，广交会定期举办"广交会国际市场论坛"，为参展企业及时提供最新的重点贸易国别、地区的市场资讯和政策精神等，帮助企业发掘国际商机。第 112 届广交会在完善原有服务的基础上进一步创新工作思路，通过全面改版广交会官网，升级智能手机应用服务，成立广交会电子商务公司，结合电子展务和电子商务，多方面推动出口企业借助境内外知名的电子商务平台开拓多元化的国际市场。

5.2.2　浙江转变对外贸易发展方式的经验

5.2.2.1　浙江对外贸易发展方式转变历程

在浙江省经济发展中，对外贸易是浙江经济增长的发动机。这种以产权明

---

① "十二五"时期广东外贸转型示范基地培育发展规划纲要（草稿）出炉 [J]．现代技术陶瓷，2012（3）：41.

② 李铁立．贸易增长与转型升级的平衡点——以广东为视角 [J]．探索与争鸣，2013（10）：63–67.

③ 黄克琼．广交会推动外贸发展方式转变 [N]．国际商报，2012–10–15A02.

晰、内生利益驱动型的多元外贸主体为主,选择一般贸易为基本渠道,注重发挥自身比较优势的外贸模式(钱方明,2004)[①],被称为"浙江外贸现象"。回顾改革开放 30 年来的浙江外贸,其发展方式大致历经了如下几个阶段[②]:第一阶段是 1980 ~ 1987 年的 8 年起步基础时期。以 1979 年 6 月国务院批准宁波港正式对外开放为标志性事件,自 1980 年浙江省全面自营出口业务到 1982年,浙江即基本实现从供货省到口岸省的转变。但由于这个时期体制上外贸业务主要还是由国家统一计划安排,浙江处于统负盈亏的"大锅饭"阶段。第二阶段是 1988 ~ 1993 年的 6 年承包转型时期。这一时期浙江以省级进出口公司、市地县进出口公司、自营进出口生产企业(集团)和咨询、服务、设计等外贸企业多路大军进入国际市场,在 1988 年 3 月浙江出台的外贸承包方案激励下,浙江外贸企业实现了从吃"大锅饭"向自主经营、自负盈亏的转变。第三阶段是 1994 ~ 2001 年的 8 年改革整合时期。其标志性事件是 1994 年汇率并轨和外贸企业实行赋税制。该阶段,浙江外贸系统以积极扩大出口创汇为主要奋斗目标,通过改革外贸企业,实行"工效挂钩",并积极探索股份制改革,在不断推动对国有外贸企业整合同时,实现了浙江民营企业出口开始快速起步。第四阶段是 2002 年至今是快速发展时期。该阶段 2004 年浙江出口商品结构出现了标志性的变化,机电产品出口成为浙江出口第一大类商品。2006年浙江外贸出口突破千亿美元大关,成为全国四个出口上千亿美元的外贸大省之一。在浙江外贸快速发展同时,浙江也成为遭受贸易救济、技术性贸易壁垒、反倾销调查最多省份之一。特别 2008 年金融危机后,浙江企业积极转变对外贸易发展方式,在研发、设计、高端制造、海外销售渠道、品牌构建等方面加速形成海外扩张的竞争优势。

5.2.2.2 浙江对外贸易发展方式转变的主要经验

(1) 切实推进国家外贸发展战略在浙江的实施

浙江之所以能够成为我国外贸大省,其中一个重要原因在于紧跟国家促进外贸发展的战略部署,并采取切实政策措施推进国家战略在浙江的实施,从而成为中国外贸发展的领头羊。从国家提出的外贸发展战略来看,浙江分别提出了相应的配套措施。主要表现在:①实施以质取胜。在提高机电产品和高新技

---

① 钱方明. 江苏、浙江两省外贸发展模式的比较研究 [J]. 国际贸易问题, 2004 (10): 38 – 42, 52.
② 张钱江. 浙江外贸发展的四阶段划分 [J]. 浙江经济, 2008 (5): 24 – 25.

术产品出口比重同时，积极利用 WTO 有关农产品"绿箱、黄箱"规定，研究出台支持农产品出口企业开拓国际市场和农产品全过程质量控制的扶持政策以扩大农产品出口规模。②实施科技兴贸战略。浙江为了提高出口产品档次和附加值，采取措施大力支持纺织、服装等传统出口产品企业加快技术改造步伐。③实施出口品牌战略。浙江省通过加大对出口品牌的宣传、推广和奖励力度，加大知识产权保护力度，支持企业收购国际品牌，引导企业注册境外商标，帮助企业开展国际认证，支持品牌企业参展促销等措施，鼓励企业以品牌开拓国际市场。④实施市场多元化战略。浙江主动加强与境外政府贸易管理机构、贸易促进机构、中介组织的联系，鼓励跨国公司在浙设立采购机构，推动浙江出口企业逐步进入跨国公司采购链和国际连锁企业购销网络体系。⑤实施走出去战略，积极推动企业海外直接投资。目前，浙江重点推进一批境外生产基地、研发中心和资源合作开发项目、加快推进境外经贸合作区建设，推动轻工、纺织、机械等传统行业进行集群式投资。同时，鼓励优势企业通过国际并购获取技术、品牌、销售网络和资源渠道，重点在机械、纺织、轻工等优势领域推进一批并购项目。①

（2）重视企业境外投资推动对外贸易发展方式转变的积极效应

目前，浙江正向"资本输出大省"迈进②，在发挥浙江企业境外投资推动浙江对外贸易发展方式转变的积极效应中，浙江积累比较成功的经验。具体表现在③：①帮助企业构建海外营销渠道。为了帮助中小企业开拓国际市场，浙江省加快建设境外营销总部、专卖店、贸易代表处，推动省重点商品市场到境外开设分市场和产品配送中心。其中，杭州支持企业通过并购、参股等途径获取产品销售渠道，建立自主国际营销网络；宁波通过鼓励外贸企业赴境外建立直销窗口掌握营销自主权。②加快建立海外贸易中心。浙江加快在匈牙利、印度尼西亚、日本以及我国台湾、澳门等地区的海外贸易中心建设，整合研发、营销接单、物流配送等服务功能，提高出口产品附加值。如绍兴利用这一平台组织 25 家企业抱团入驻印度尼西亚浙江直销中心。③搭建国际会展平台。金融危机以来，浙江省不仅组织企业参加一批全球知名的展会，支持企业抱团出

①③　王晓红. 浙江省促进外贸发展方式转变的经验、困难与政策建议［J］. 时代经贸，2010（9）：31 - 38.

②　浙江省发展和改革委员会课题组，黄勇，张国云，朱李鸣. 浙江迈向"资本输出大省"——浙江企业境外投资：现状、问题与对策研究［J］. 浙江经济，2011，23：24 - 31.

展，而且加强了在美国、日本、迪拜、南非、印度等地的自主展会。比如宁波推出境外参展补贴，企业参加境外重点展会可补贴全额展位费，非重点展会可补贴 70% 展位费。又如义乌组织企业参加境外知名展会，义乌进口商品馆已有 55 个国家和地区的近 3 万种商品进场交易。

（3）利用特色产业集群优势，提高企业自主创新能力

浙江省具有鲜明的块状经济特征，其利用多年来形成的块状经济，在特色产业集群地区推动国家级、省级出口基地建设，着力培育一批出口产品设计研发中心、质量认证中心、新产品交易中心、信息发布中心等公共服务平台，提高企业自主创新能力，进而带动了浙江对外贸易发展方式转变。这方面的经验主要有：杭州引导企业与大专院校、科研院所合作，为中小外贸企业搭建研发平台；温州乐清、瑞安分别荣获"中国低压电器出口基地"和"中国汽车零部件出口基地"称号。

（4）发挥外经贸管理部门作用，营造良好的对外贸易发展方式转变环境

浙江外贸经营主体以中小私营企业为主，为了确保外贸行业能够有序竞争，营造浙江对外贸易发展方式转变的良好环境，浙江政府在提高外贸部门综合管理水平方面摸索出了可以借鉴的成功经验：①加快完善外贸运行监测体系建设。全省建成了 30 个区域监测点，定期监测 1500 家重点出口企业和 1000 家重点商贸流通企业运行状况，开展外贸综合景气指数的发布。②修订全省开发区综合考核评价办法。通过科学的考评体系，引导促进开发区加快转型升级。③加强企业出口信用保险、担保等服务。2009 年杭州出口信用保险直接拉动出口增长 10.6%。绍兴已经实施出口信用保险全覆盖，500 万元以下企业都可以投保。宁波建设外贸孵化器，为中小外贸企业提供政策咨询，外贸代理和信息服务等，率先在全国建立了进出口网上交易会平台，开展出口保单托管贷款服务。④深入推进贸、检、关、税、汇、银、保等部门的紧密合作，下放审批权限，简化审批手续，减轻企业负担，提高贸易投资便利化水平。⑤完善贸易摩擦预警体系建设。金融危机以来，浙江省通过加快建设一批外贸预警示范点，及时收集和发布有关国际贸易摩擦信息，出台应对工作预案，加强应诉指导，同时，做好重点案件的应对协调工作，切实维护出口企业利益①。

---

① 王晓红.关于浙江省促进外贸发展方式转变的调查［J］.中国经贸导刊，2010，16：18－20.

5.2.3　广西转变对外贸易发展方式的经验

5.2.3.1　广西对外贸易发展方式转变历程

广西是中国边境省区，也是少数民族地区，拥有沿海、沿江、沿边的多重区位优势，铁路、公路、航空运输、港口运输便利，加上自然资源丰富、劳动力成本较低，在外贸发展中比较优势显著。自改革开放以来，广西对外贸易得益于西部大开发、加入 WTO，尤其是中国—东盟自由贸易区建成之后，广西的外贸发展成绩斐然，其对外贸易发展方式也大致历经如下四个发展阶段：第一阶段是 1979～1992 年的探索起步时期。这一阶段广西外贸受国家外贸管理体制制约，外贸业务基本由自治区外贸公司垄断经营，出口增长缓慢，而且由于出口生产基地（包括出口生产企业）由于建设不足，特别是专业制造工业制成品工厂较少，使得出口生产产品不仅产品品种少而且生产不稳定，结果带来出口商品结构改善迟缓，多年来出口产品一直以农产品及其简单加工品为主。第二阶段是 1992～2001 年的全面探索阶段。该阶段广西为提高出口产品质量和档次，改变以往出口货源主要来自分散生产和零星收购局面，积极加快包括出口生产企业在内的出口产品生产基地，努力发展多类型、多层次的出口生产体系。与此同时，大力增加先进生产技术设备和一些关键性生产资料进口，着力改变进出口商品转换的非良性循环，用以加速传统产业的改造。第三阶段是 2002～2014 年的推进与深化阶段。2002 年 11 月中国东盟自由贸易区正式启动后，凭借邻近东南亚市场的地理优势及资源优势，广西加速地区外贸产业结构调整，一方面不断完善出口生产体系建设，另一方面从战略层面鼓励外贸企业走出去参与国际竞争，在此推动下广西外贸快速发展，尤其近些年外贸发展成绩斐然，据从广西壮族自治区统计局网站统计数据整理的情况来看，2006～2012 年 7 年间，广西的进出口总额由 66.74 亿美元上升至 294.7 亿美元，累计增加了 227.96 亿美元，平均年增长率为 28%。2012 年进出口贸易总额在全国排名第 9，位于西部地区之首。然而随着国内外经济环境的发展变化，广西对外贸易发展方式依然存在产品出口主要以薄利多销导致出口效益欠佳，市场过于集中极易发生由于国外市场变化导致贸易急速下滑风险。此外，广西边境贸易中外省货源占边贸出口比重长期达到 85% 以上，凭祥等边境口岸成为内地通往东盟的"货物暂存处"和"中转站",使得广西外贸在增进国民收益上除了相关的税费收入外,没有在产品上获得增加值,对广西的经济带动性并不强。因此,广西依靠资源、廉价劳动力的大量投入和出口商品的薄利多销来维持对外贸易的增长会面临着多方面的刚性制约,使广西出口收益不高、贸易条件恶化、贸易摩擦增多,容易陷入"比较利益陷阱"。[①] 针对外贸发展存在的问题,广西积极转换原先不合理的对外贸易发展方式,在外贸出口产品的国内生产环节、鼓励企业开拓国际市场方式、参与国际市场竞争方式、外贸增进国民收益方式等方面进行全新的探索与尝试,形成了自己的特色和可以为其他省份借鉴的经验。

5.2.3.2 广西对外贸易发展方式转变的主要经验

(1) 强化抢抓机遇意识,实行积极主动的开放战略

强化抢抓机遇的意识,把贯彻中央路线方针政策与广西实际结合起来,提出符合广西区情的发展思路与战略,是广西近几年通过对外开放开拓国际市场取得新突破的一条重要经验。表现在:①抓住中国—东盟自由贸易区建设的重大历史性机遇,充分发挥广西作为中国—东盟自由贸易区前沿地带和桥头堡的作用,积极参与中国—东盟自由贸易区建设,大力实施以东盟为重点的开放合作战略(简称"东盟战略"),着力把广西建设成为中国—东盟的区域性物流基地、商贸基地、加工制造基地和信息交流中心,建设成为中国—东盟合作的新高地。②充分利用举办中国—东盟博览会和中国—东盟商务与投资峰会的重大历史性机遇,广西举全区之力把中国—东盟博览会打造成为中国与东盟各领域各层次交流合作的重要机制和重要平台,积极搭建中国与东盟的友好交流平台、经贸促进平台、多领域合作平台,推动广西更多参与国际国内区域合作,促进中国—东盟"南宁渠道"的形成,带动相关产业的发展,提升广西的开放形象、知名度和国际影响力(简称"博览会战略")。③抓住国家应对国际金融危机支持沿海地区率先发展的重大机遇,在加强沿海基础设施建设大会战的基础上,广西成立北部湾经济区规划建设管理委员会及其办公室,加强对该区域开放开发的组织领导,高起点地做好经济区综合开发建设规划,明确经济区发展战略定位和目标、主要任务和措施等,争取国家批准规划,积极争取把

① 黄晓虹,官锡强. 广西对外贸易战略的转换与外贸结构的调整 [J]. 广西财经学院学报,2008 (4):1-5,10.

广西北部湾经济区上升为国家战略，推进北部湾经济区全面开放开发和泛北部湾经济合作（简称"北部湾战略"），着力把广西北部湾经济区建设成为重要国际区域经济合作区、中国沿海发展新的一极。④抓住泛珠三角区域合作的机遇，加强与珠三角区域内各方、长三角、西南地区等国内区域合作（简称"东靠西联"战略），主动融入泛珠三角合作。⑤抓住国际国内产业转移的机遇，优化发展环境，扩大招商引资，把招商引资（利用内外资战略）、承接国际国内产业转移与促进外贸结合起来，推进产业结构优化升级，着力提高外向型经济发展水平。⑥抓住中央应对国际金融危机加强基础设施建设的机遇，坚持交通优先发展，持续掀起交通建设新高潮，加快构建出海、出省、出边国际大通道建设。①

（2）坚持"引进来"和"走出去"相结合

为适应国际经贸格局新变化和国内经济发展的新要求，广西把承接产业转移作为转变对外贸易发展方式的重要突破口，坚持"三外联动"，把引进外资同促进外贸、加快外经结合起来，推进经济发展外向度不断提高。①在引进来方面。召开全区承接产业转移工作会议，把招商引资、承接产业转移与重大产业发展尤其是与打造千亿元产业发展、培育发展战略性新兴产业、重点产业园区基础设施建设结合起来，大力发展加工贸易，培育南宁、钦州、北海、梧州等国家级加工贸易梯度转移重点产业承接地②。针对重大产业发展招大引强，带动配套产业跟进，推动相关产业链条完善，促进相关产业迅速崛起，推进北部湾经济区临港产业体系、桂东承接产业转移示范区和柳州汽车产业园区建设。②在走出去方面。广西在鼓励引进国外先进技术和关键设备，扩大资源性产品进口之时，坚持以企业为主体，突出抓好优势企业和重点领域重点项目，扶持培育重点产品和自主品牌，积极实施"走出去战略"，拓展国际市场尤其是东盟市场。比如从 2005 年 7 月第一家境外投资企业成立到 2009 年底，全区已有 18 家投资企业在东盟国家投资项目 29 个，投资总额 23455.6 万美元，其中在越南投资企业 17 家，项目 26 个，投资总额 14862.6 万美元，占对外投资总额的 63.36%。同时，加强

---

　　① 黄志勇，陆昂. 广西近十年开放合作取得的主要成绩和成功经验［J］. 广西经济，2013（6）：26－29.

　　② 黄志勇. 广西前两次大开放浪潮经验启示及对掀起第三次大开放浪潮的对策建议［J］. 东南亚纵横，2013（2）：3－15.

与越南在种植甘蔗、剑麻等农业项目方面的合作，利用越南丰富的土地资源和劳动力，发展甘蔗和剑麻种植，到 2009 年，已累计在越南种植甘蔗 3.16 万亩①。

（3）以出口基地建设，促进外贸稳定可持续发展

长期以来，广西出口不能提供稳定的优质高档货源，也难以灵活地适应国际市场的需要，出口贸易的增长质量不高。为提升企业出口产品竞争力，促进出口产品结构优化，实现广西外贸出口产品的档次和商品附加值的提高，切实转变出口商品生产环节粗放型增长方式，广西大力推动多种类型、多层次的出口基地建设。截止到 2012 年，广西共培育三类国家级出口基地 6 个，涉及行业有生物医药、电子信息、汽车、水产品、日用陶瓷和衣架等。打造自治区级出口基地两类共 8 个，涉及行业有机械制造、皮革制品、铝产业、橡胶、松香、磷酸等。② 在出口基地带动下，广西逐步实现出口产品的基地化生产为主，出口产品规模生产能力和技术水平均有较大提升，广西后发优势正逐渐显现。

（4）灵活把握国家兴边富民政策

广西在保证国家政策权威性的前提下，对国家现有口岸和边贸政策进行了灵活把握，一方面注重地方会晤工作，保持双方边境地区不同层次的互访交流机制，促进双方边境地区的交流与合作。通过建立"桂越经贸会晤机制"，广西的崇左、防城港等市同越南谅山、高平、广宁边境三省建立了定期会晤洽谈机制，及时解决口岸与贸易中存在的问题③。另一方面广西还把口岸建设与发展地方经济有机结合起来，使口岸经济成为外贸发展增进国民收益驱动力。比如广西靖西县岳圩口岸，通过建设口岸监管区、联检部门生活楼、报关报检楼、仓储、综合货场等项目，改善通关环境，建成以农产品、矿产品进出口及加工为主的国家二类口岸。为方便边民互市，建设那西、岳圩、新兴、孟麻四个边民互市贸易点基础设施和监管场所，使各个互市点成为功能布局完整合理，具备联检封闭管理条件，出入境和进出互市点通道分设，联检办公场所完

---

①　赖永添，陶家祥，扎西旺姆. 云南、广西口岸发展经验及对西藏的启发 [J]. 国际商务财会，2011（4）：27 - 30.

②　李硕，吴勇江. 加快出口基地建设——促进广西外贸稳定持续健康发展 [J]. 广西经济，2013（11）：19 - 22.

③　赖永添，陶家祥，扎西旺姆. 云南、广西口岸发展经验及对西藏的启发 [J]. 国际商务财会，2011（4）：27 - 30.

备，查验、视频监控、通道卡口设施齐全，资源得到有效整合，辐射带动力强的开放格局。①

5.3　国内外对外贸易发展方式转变经验对新疆的启示

转变对外贸易发展方式是世界各国和地区为应对贸易环境变化，促进区域外贸可持续发展而做出的必然选择。通过以上不同地区转变对外贸易发展方式的历程可知，国外诸如美国、日本、德国之所以能够发展成为能够影响全球贸易格局和发展趋势的贸易强国，最重要的原因在于不失时机抓住机遇转变对外贸易发展方式。国内省区中无论是外贸大省如广东和浙江，还是边境省区如广西都在改革开放以后实现了外贸迅猛发展，同时也发现这些地区外贸发展过程中无不伴随着资源环境约束下要素成本上升以及国际市场供求格局变化带来的外贸经营风险，然而，这些地区根据自身区情特点不断调整自身对外贸易发展方式，还是很好地实现了本地区外贸稳定可持续发展。综合国内外各地区对外贸易发展方式转变经验，对新疆转变对外贸易发展方式具有下述几方面的启示。

5.3.1　要认识对外贸易发展方式转变是循序渐进、逐步升级的过程

随着一国或地区经济的发展，其比较优势将会呈现动态变化，这决定了促进外贸发展的方式即对外贸易发展方式转变是随着本国比较优势动态变化而循序渐进、逐层升级的。这可以从美国、日本和德国推动对外贸易发展方式转变的历程得知，这些国家在开展对外贸易的初始阶段，推动外贸发展动力要么依赖于贸易保护政策下的国内市场需求产生的规模经济竞争优势，要么依靠自然资源、劳动力要素优势，随着外贸企业在国际市场中的经验累积和资本扩大，推动这些国家外贸发展的动力转变为资本要素、技术创新，之后其外贸发展的

① 盘福林. 八项举措加快边境外贸发展方式转变［EB/OL］. 中国民族宗教网. http://www.mzb.com.cn/html/Home/report/337185 - 1.htm, 2012 - 10 - 17/2014 - 03 - 06.

动力才开始转变为凭借本国强大的技术优势、全球知名品牌、跨国企业的全球价值网络以及在国际市场的进出口规模优势。可见，上述世界三大贸易强国其对外贸易发展方式转变是一个循序渐进、逐层升级的过程。那么，对新疆而言，其借鉴意义在于要追求对外贸易发展方式转变要认识到其发生质的变化不是一蹴而就的，新疆需要通过持续不断的技术突破和品牌提升，利用分工深化和广化实现技术创新推力和市场扩张拉力的良性互动，从各方面做好相应的准备工作，才能最终实现对外贸易发展方式转变目标。

5.3.2 要充分研判对外贸易发展方式转变趋向以加速其持续向好转变

对外贸易发展方式转变是一个由低级向高级、由单一向多元、有简单向复杂的趋势转变过程。这就要求一个国家或地区要能够掌握其转变方向，才能够实现对外贸易发展方式向好的趋势转变。上述地区转变对外贸易发展方式的经验表明，随着经济的发展，从要素密集度角度看，一个国家外贸出口生产环节的增长方式将会随着要素禀赋条件的变化而获得提升，将发生由初期密集使用劳动力投入，消耗大量能源的粗放型增长方式向依靠资本要素推动以及技术、知识和组织方式创新驱动的增长方式转变。从竞争方式角度看，一个国家获取贸易收益的方式，在贸易环节则会从依靠低价参与国际竞争向依靠质量、技术、服务、品牌为手段竞争方式转变，再由产品层面的竞争方式向产业链建设再延伸至构建全球价值网络之商业模式层面竞争方式转变。从增进国民收益方式看，一国或地区获取国民福利的方式也将从传统的价值链分工模式转变为基于全球价值网络的分工方式，同时也将不仅关注厂商的利润以及对国民经济增长的贡献，而且还会关注于实现外贸增长同时还要实现节能环保，地区就业增加以及生态安全等方面。新疆是一个资源环境脆弱，产业基础不强、区域发展不均衡的边境少数民族地区。转变对外贸易发展方式既要借鉴美国、德国转变对外贸易发展方式过程中，加大科技投入提高外贸商品科技含量，增强科技服务企业开拓市场能力经验，也要学习日本引进和消化国外先进技术提升科技创新能力的做法，同样还要向国内沿海外贸大省和具有相似区情特点广西学习，借鉴这些地区通过承接国际国内产业转移和引进先进生产设备，之后模仿创新到自主创新调整外贸产业结构以及提高行业生产能力，实现产业竞争优势提升的经验。就当前新疆所具备的条件而言，与新疆毗邻的中亚及周边国家轻工产品制造能力不强，新疆可以发挥区位和交通优势，在承接东部沿海地区轻工业的同时引进国外先进制造技术，突破资源环境约束实现本地产出口商品数量和品种快速增长，最终转变新疆外贸长期以来的通道型增长方式。同时学习国内外政府和企业先进的管理方式，实现新疆外贸在国际市场由被动参与向主动和主导型参与转变。

5.3.3　要因时因地选准符合地区特色的对外贸易发展方式转变路径

一个国家或地区其对外贸易发展方式转变的可行路径受到该区域所具备的内在条件和外部因素的影响，而且现阶段行之有效的发展路径并不意味一定最好，它还要随着内外部环境变化做出适时调整。因此，一个地区在对外贸易发展方式转变路径选择上，可能特色明显的以某一路径为主，也可能同时选择不同的路径，以确保对外贸易发展方式转变沿着正确方向并最终实现转变。国外发达国家在其转变对外贸易发展方式过程中就是沿着不同的路径转变的，比如美国突出的选择自主创新驱动的对外贸易发展方式转变路径，日本则以产业结构调整推动对外贸易发展方式转变，德国对外贸易发展方式转变路径具有鲜明的政府主导特征。国内省区比如浙江采取的块状经济产生的经济优势带动对外贸易发展方式转变，广东依托临近台港澳地区采取的加工贸易转型升级带动的对外贸易发展方式转变路径，广西实施国家战略地方化，地方战略上升国家层面的战略推动型对外贸易发展方式转变路径。综上不难发现，不同地区可以选择的路径虽然总体可以执行，然而要依托本地条件才能实现既定目标。新疆地大物博，在漫长的边境线上分布 14 个一类口岸，同时亚欧大陆桥横穿境内，因此新疆对外贸易发展方式转变应该多路并进的方式，而且各地州也应根据自身条件选择适合路径，比如南疆边境地区与乌昌地区的对外贸易发展方式就应该有所不同。同样，从微观层面的新疆本土企业而言，既要坚持自主创新推动和国内需求拉动的两条典型路径。还要采取加强技术研发，立足于国内市场的巨大需求，并以此构建自主的价值链条、价值网络和价值空间，探索一条从产品价值节点到行业价值链条再到产业价值网络的攀升，并最终推动国家价值空间体提升的对外贸易发展方式转变路径。

5.3.4　对外贸易发展方式转变要在尊重市场规律的同时合理发挥政府的调控作用

从要素视角，对外贸易发展方式转变从本质来说就是实现市场资源最优配置的过程。但市场在资源配置中决定性作用的发挥受到信息不完全、经济外部性、不完全竞争等因素制约，从而单靠市场机制将难以推动外贸发展从依靠廉价要素投入驱动向依靠要素最优配置驱动的转变，为此，要转变对外贸易发展方式实现区域外贸持续发展，既要遵循国际产品完全市场竞争和不完全市场竞争规律，又要合理发挥政府的宏观调控作用。比如，在美国、日本和德国的对外贸易发展方式转变中，都离不开政府的作用。如日本和德国政府都高度重视产业政策的制定和实施，通过不断调整产业结构、促进产业组织的合理化，推动本国贸易竞争力的提升及外贸结构的优化。同时，美国、日本和德国均重视通过战略性贸易政策来扶持本国的战略性产业、为提升本国贸易产业的竞争力、贸易结构的转型升级奠定基础。此外各国也均重视利用金融政策、科技政策等推动对外贸易发展方式的转变。

长期以来，新疆驱动外贸发展主要依赖于廉价劳动力、土地、资本、环境等生产要素投入，在改革开放初期这种依靠廉价要素投入的对外贸易发展方式极大地推动了新疆进出口规模的扩大，然而随着中亚和周边国家经济快速发展，以及这些国家与新疆相似的生产和贸易结构，新疆促进外贸发展的要素成本优势已经逐渐失去竞争优势。再加上多年来新疆外贸行业无序竞争给新疆外贸企业和出口商品在国际市场形象的造成的污损，就需要政府采取有效手段，一方面以政府力量与贸易伙伴国探讨相互商品市场以及金融、资本、科技等生产要素市场一体化实现机制，构建环新疆经济圈，促进中亚、南亚、国内市场要素加快向新疆积聚、最优配置；另一方面通过创新财税扶持、知识产权保护等科技政策，引导外贸产业自主创新，增强外贸产业转型升级内生动力，制定产业政策支持重点商品出口基地建设，培育一批出口带动效应强、产业优势明显、区域特色鲜明的外贸转型升级示范基地，提升出口商品竞争力。

第 6 章

新疆对外贸易发展方式转变的
目标取向和路径设计

通过前文对新疆对外贸易发展方式转变历程进行梳理，以及分别从出口商品国内生产环节的资源利用方式、贸易环节的市场开拓方式以及国际市场上的竞争方式、外贸增进国民收益方式等方面的综合评价，发现现行对外贸易发展方式弊端逐渐凸显。进一步结合问卷调查的实证分析结果，可以发现当前国内外多种因素的交织影响着新疆转变对外贸易发展方式。而从国内外对外贸易发展方式转变经验可以得到的一个重要启示就是要明确新疆对外贸易发展方式转变的目标和思路，然后根据新疆区情特点，设计新疆对外贸易发展方式转变可行路径。本章正是对新疆对外贸易发展方式转变的目标取向、工作思路和路径选择进行探讨。

6.1 新疆对外贸易发展方式转变的目标取向

没有明确的目标，就如大海中迷失了航向的船舶，随波逐流，漂泊不定，永远无法抵达希望的港湾①。当前和今后很长一段时间，新疆加快转变现行对外贸易发展方式继而需求更高层次的对外贸易发展方式的总体目标是：继续巩固和发挥对外贸易的传统优势，加快构建和完善对外贸易的新优势，努力提高参与国际分工和竞争的地位，实现新疆外贸全面协调可持续发展。总目标是一个大系统，还包含着一个个子系统。新疆对外贸易发展方式转变的具体目标表

---

① 本报评论员．明确目标取向理清工作思路［EB/OL］．启动新闻网．http：//www.qidongnews.com/html/2010－6/20106882411.htm．

现为"三个转变"。

6.1.1　实现出口增长从过分依靠廉价要素投入驱动向依靠要素最优配置驱动转变

长期以来，新疆驱动外贸发展主要依赖于廉价劳动力、土地、资本、环境等生产要素投入，在改革开放初期这种依靠廉价要素投入的对外贸易发展方式极大地推动了新疆进出口规模的扩大，但这并不表示新疆仍然可以依靠这种依靠廉价要素投入的发展方式实现外贸可持续发展，因为理论上讲，只片面强调外贸规模量性发展而忽视发展中质的提高的对外贸易发展方式是不具有可持续性的。其原因在于：一方面物质资本受收益递减规律支配，使得这种依靠大量劳动力和资源投入的粗放型对外贸易发展方式不具有可持续性。另一方面在知识技术、信息等高级生产要素具有规模递增效益和外溢效应推动下，如果放弃依靠这种高级生产要素作为外贸发展的驱动力，那么就很难提升新疆外贸发展质量，开展对外贸易也更加无法产生更多国民福利。同时，新疆脆弱的资源环境承载力也无力承受获取外贸易收益过多依赖物质投入和资源消耗的资源利用方式，它必须要求在商品出口中，要适应节能减排的新要求，在物质生产和交换中体现不断降低资源、能源消耗和减少环境污染。在商品结构上，要根据节能环保技术的发展，不断优化出口商品结构。在进口贸易中，除了要提高资源产品的利用水平外，还要提高技术引进的利用效率，减少低水平的重复引进。此外，随着中亚及周边国家经济快速发展，以及这些国家与新疆相似的生产和贸易结构，新疆促进外贸发展的要素成本优势正在逐渐失去竞争优势。对此，新疆转变对外贸易发展方式转变的第一个重要目标取向应该是充分利用丝绸之路经济带建设加速推进的有利时机，科学构建市场资源最优配置载体，促进中亚与周边国家以及国内其他省区市场资源加快在新疆市场上积聚、优化配置，推动新疆外贸发展从过分依靠廉价要素投入驱动向依靠要素最优配置驱动转变。

6.1.2　实现国际市场开拓和份额提高从机械型抢占向主动和主导型占有转变

实现新疆外贸在国际市场开拓和份额提高从机械型抢占向主动和主导型占

有转变是新疆对外贸易发展方式转变从以往"由上至下"推动向"由下至上"自然转变的内在要求，因此也是新疆对外贸易发展方式转变另一个重要目标。这从前文所述新疆对外贸易发展方式转变进程缓慢原因也可得知。前文提及，过于追求规模和数量的贸易发展理念导致了新疆对外贸易发展方式转变进程缓慢，其中，发展整体理念和官员政绩考核理念陈旧，使得政府仍旧将贸易作为推动 GDP 的手段，将数量指标作为硬性指标层层下达，结果导致新疆企业只能被动地参与国际市场竞争。具体到企业层面，企业发展理念仍然是做大做强，而且在政府鼓励和支持下，在进入国际市场方式上依旧机械地沿袭以往发达国家和地区跨国公司做大做强思路，认为企业越大越好，尤其是越来越多的中小企业进入对外贸易领域，这些企业也只是机械地沿袭既有经验进入国际市场参与国际竞争，虽然在经营方式上提供了诸如研发设计、物流供货与销售、广告、贸易融资等服务内容，并将企业大型化、综合化、一体化作为发展方向，但是经营战略没有发生调整，许多企业在竞争方式上还是依靠单打独斗为主，与当代国际竞争中以跨国公司为龙头的供应链竞争、价值链竞争相比，还有很大差距。因此，面对严峻复杂的国内外形势，新疆对外贸易发展方式转变的第二个目标就是抓住国家推进丝绸之路经济带建设机遇，主动适应全球经济区域结构调整和欧亚经济一体化加速推进的趋势，从以往机械地沿袭以往经验，被动参与国际市场竞争，转向主动开展品牌中亚及周边国家市场展览和推广，甚至收购境外品牌；主动推进企业外贸经营方式创新，在流通领域提供物流、资金、通关、结算等环节的高效率服务；实施对外投资与对外贸易互动战略，主动加强与中亚和周边国家企业间联手合作，发展直接面向境外消费者的营销模式等包含新竞争力因素的主动和主导型对外贸易发展方式。此外，还要鼓励新疆进出口企业通过引进先进的技术设备和自动化生产线提高劳动生产率，通过企业自主创新提高产品的技术含量和附加值，实现企业竞争方式由价格竞争为主向综合素质竞争转变。

6.1.3　实现外贸由追求数量扩张和高速增长向质量和效益并重转变

　　实现外贸由粗放式数量扩张和高速增长向集约式质量和效益并重转变是新疆对外贸易发展方式转变在追求外贸增进国民收益方面的目标要求。当前，新疆外贸在国民经济中比重还比较低，外贸结构还有待进一步优化，为此今后一段时间新疆还要继续加快推动进出口规模扩大。但这并不意味着不重视新疆外贸易结构的优化及其对地区经济增长、产业结构调整和就业的拉动作用。因为从长远来看，单纯追求数量扩张和高速增长的贸易增长模式不仅容易出现贸易条件恶化，而且还极易增加贸易摩擦，为此新疆外贸要在保持一定增速和规模的同时，更加重视优化对外贸易结构，更加重视外贸发展的质量。进一步而言，如果这种数量增长仅仅依靠于新疆邻近周边市场和区位交通优势，而不是产业发展，那么，通过实施开放战略提升新疆外贸增进国民收益的作用将无从谈起，新疆今后只会强化贸易通道作用，而不是实现外贸从更广范围对新疆区域协调发展、产业结构优化、民生改善以及生态效益提升等方面带来更多的社会经济效益。因此，新疆对外贸易发展方式转变的第三个目标在于实现外贸由追求数量扩张和高速增长向质量和效益并重转变。也即在保持一定增速和规模的同时，一是扩大节能、环保、新能源、生物医药等包括高质量、技术研发水平的绿色产品进出口，实现出口商品附加价值的提高；二是在持续发展中优化对外贸易的区域布局，实现疆内重点地区及市场的外贸发展区域布局，尤其是对天山北坡经济带、沿边开放地区、南疆三地州的布局优化。三是以北疆相对发展较好的地区实现产业的优化升级牵引，带动南疆地区通过承接产业转移全面提高支撑外贸发展的产业发展水平之时实现外贸增进国民收益水平的提高。

6.2　新疆对外贸易发展方式转变的思路

有了明确的目标，还须有清晰的思路。思路不对头，工作必然不得法，目标也自然难以实现。新疆转变对外贸易发展方式总体思路应该是坚持以科学发展观为指导，以培育竞争优势核心，以自主品牌塑造为主线，抓好技术创新的动力支撑作用，调整产业结构，实现外贸全面协调可持续发展。

6.2.1　转变对外贸易发展方式要以科学发展观为指导

新疆对外贸易发展方式的转变涉及多方面的、错综复杂的利益关系，转变对外贸易发展方式势必要触动相关利益势力的重新调整。如果处理不当不仅会拖延对外贸易发展方式转变的步伐，甚至还可能会严重影响到新疆的发展全局。因此，新疆对外贸易发展方式转变的首要问题就是要明确对外贸易发展方式转变的指导思想。科学发展观作为党和国家今后必须长期坚持的指导思想。因此，科学发展观也应该是新疆对外贸易发展方式转变必须要长期坚持的指导思想。"科学发展观的第一要义是发展，核心是以人为本，基本要求是全面发展、协调发展和可持续发展，基本方法是统筹兼顾。"那么，以科学发展观指导新疆对外贸易发展方式转变，第一要义就是明确转变对外贸易发展方式就是为了外贸发展，然后明确方式转变的最终目的是为了促进人的全面发展。也就是要求在对外贸易发展方式转变过程中不仅要关注外贸数量增长，还要关注经济效益、社会分配还有生态效益等问题，以实现外贸发展的成果能为全体人民享用，能显著提高人民生活质量，能实现最广大人民的根本利益。

6.2.2 转变对外贸易发展方式要以竞争优势培育为核心

加入 WTO 以后，新疆依托资源和地缘优势实现了对外贸易迅速发展，虽然新疆进出口贸易在中亚及周边市场上享有相当的份额，显示了新疆的比较优势，然而，正如波特所说：贸易增长迅速的国家不一定同时具有较强的国家竞争优势。新疆属于后进地区，目前大多数产业与国内发达地区并不具备较强的竞争优势。因此，在明确科学发展观作为新疆对外贸易发展方式转变的指导思想之后，就必须要清楚认识到坚持以竞争优势培育为核心的外贸发展战略取代比较优势战略的对外贸易发展方式转变思路对新疆实现跨越式发展的重要性。因为唯有坚持以竞争优势培育为核心的对外贸易发展方式转变思路，才能不盲目地单纯根据资源禀赋来确定对外贸易模式，以劳动密集型产品作为出口导向，从而避免依靠低附加值的出口战略导致新疆外贸发展的比较优势陷入低水平循环，劳动密集型产品的优势也难以为继的"比较利益陷阱"。

6.2.3 转变对外贸易发展方式要以品牌塑造为主线

品牌是一个国家和企业竞争优势的直接表现。加强自主品牌建设已经成为企业参与国际市场竞争的主要手段。宏碁创始人施振荣先生提出的微笑曲线，清楚地展示出自主品牌塑造在提高企业和出口产品的核心竞争力中地位。从微笑曲线可见制造企业位于整个价值链上利润最薄弱的环节，企业只有通过品牌运作、行销渠道等手段，才能向曲线两端渗透来提升附加价值和创造更多利润。结合新疆外贸发展现状，新疆外贸商品一直较为集中在纺织服装、鞋帽、农产品等劳动密集型产品，虽然非劳动密集型产品增速较快，但是外贸出口商品中真正属于新疆拥有的自主品牌产品并不多，即使在拥有自主品牌的外贸商品中，新疆出口的产品也往往是低端、低档产品，尚未形成"新疆制造"品牌，且大多为内地厂家产品。这种出口商品结构将给新疆外贸的可持续发展带来隐患。那么，从品牌塑造的角度来看，新疆转变对外贸易发展方式在于实施出口品牌战略，将加强自主品牌创新贯穿于新疆对外贸易发展方式转变整个过程，也就要求新疆积极推出研发国际品牌产品的战略，培育新的出口主打产品，努力实现品牌产品的多样化，提高出口产品的国际竞争力，并且对于已列入国际品牌行列的产品也要进行严格管理，最终实现以企业品牌竞争力优势在激烈的市场经济竞争环境中求得可持续生存与发展。

6.2.4　转变对外贸易发展方式要以技术创新为动力

有什么样的生产就有什么样的外贸。技术创新尤其技术的自主创新是后发地区在经济全球化的大背景下提升外贸竞争优势的根本途径。在科学发展观指导下，新疆当前坚持以竞争优势培育为核心的新疆对外贸易发展方式转变思路，还要必须坚持以技术创新为动力获取动态利益，实施外贸发展从比较优势向竞争优势转变的外贸发展战略。然而，新疆要实现外贸发展的跨越式发展，赶超国内发达地区，在技术创新资源有限之下，就要求新疆一方面要加强自身研发能力，另一方面在追赶初期注重利用技术模仿型后发优势同时，还要注重构筑和利用技术创新型后发优势。现今以技术创新为动力的新疆对外贸易发展方式转变思路关键在于充分利用全球化和信息化的外部效应，建立以竞争优势为核心的"赶超"能力，发挥自主创新型后发优势使技术创新内生化为对外贸易发展方式转变的动力，选择某些先进产业、优势产业或带动力强的产业进行突进，以求在较短的时间里缩小与发达国家（地区）和国内先进省区的差距，并推动新疆对外贸易的持续健康发展。

6.2.5　转变对外贸易发展方式要以产业结构调整为载体

有什么样的产业结构就有什么样的外贸结构。调整产业结构有利于整合疆内疆外两种资源和两个市场，形成新疆健全的开放型产业体系，增进新疆外贸发展的产业基础，从而有利于进出口商品结构的逐步升级和贸易竞争力的提升，进而增强新疆外贸开拓国际市场实力并获取更多外贸收益。因此，要克服当前新疆对外贸易发展方式存在的缺陷，就必须大力调整新疆的产业结构，以产业结构的优化升级带动外贸结构的优化，进而推动新疆对外贸易发展方式的根本转变。其基本思路是：一方面要以市场为导向，通过营造良好投资环境，吸引内地产业资本向新疆转移，将内地省区的工业链西扩支援新疆产业结构调整；另一方面，新疆本地企业可以依托资源优势和政策优势，不仅可以通过创建"东联西出"的出口商品精深加工基地，生产出更有竞争力的商品出口亚欧市场；还可以培育和发展"西进东销"的进口资源、能源精深加工基地以及"两头在外"的矿产品加工业，将进口的初级原材料进行深加工再销往内地市场或返销中亚及周边国家市场，最终实现国际国内两大市场的对接，从而为新疆外贸商品结构与自身产业结构的良性互动夯实产业基础。

6.3　新疆对外贸易发展方式转变的路径设计

新疆作为向西开放最具战略地位的沿边省份，同时作为经济发展落后，产业体系不完善，生态环境脆弱的省区，在国家和内地省市大力支持下，有条件也最迫切需要进行对外贸易发展方式的转变。目前，新疆外贸亟须调整资源配置，培育新的外向型产业体系。基于前述新疆对外贸易发展方式转变思路和目标取向，本书认为，新疆对外贸易发展方式转变至少有四条主要路径。

6.3.1　路径一：提高技术创新能力驱动对外贸易发展方式转变

与其他推动对外贸易发展方式转变的因素一样，技术创新一般是通过影响贸易基础与贸易格局来发挥作用的。在决定贸易基础方面，技术创新能够改变产品生产过程中要素投入比例，提供要素使用效率，从而实现原有产品品质的改进或者促成新产品的开发，由此引起了一系列传统部门的衰退或新兴部门的出现。一旦贸易基础得以确立，则一国生产什么以及出口什么与进口什么的贸易格局就基本定格。因此，提高技术创新能力有利于产生产品、企业乃至产业的竞争优势，改进外贸增进国民收益的方式，所以理论上来讲，技术创新无疑是推动对外贸易发展方式转变的重要途径。事实上，前文实证结果也证实了技术创新能力提高在推动新疆对外贸易发展方式转变中的正向作用。然而，也可注意到当前新疆技术创新能力依然乏力，还存在诸多制约技术进步以及阻碍技术创新驱动外贸发展的因素。因此，要彻底改变这种技术创新偏低导致新疆对外贸易发展方式转变缓慢的局面，不仅要鼓励企业自主创新能力建设，还要大力引进先进技术加速对传统产业改造，以后发创新优势为加快新疆对外贸易发展方式转变提供技术支撑。那么，以技术创新推动新疆转变对外贸易发展方式在路径设计上需要做好如下几方面工作：

6.3.1.1　以"引进—消化吸收—再创新"推动新疆对外贸易发展方式转变的路径

新疆转变对外贸易发展方式在技术创新的道路选择上，首要问题就要正确选择技术创新的模式。技术创新主要有自主创新、模仿创新、技术引进和企业技术联盟四种模式（李宝琴和司正家，2009）[①]。技术水平不同和要素结构差异的地区，适宜采用不同的技术创新模式促进区域对外贸易发展方式转变。就新疆而言，除少数领域技术达到世界先进水平外，产业基础技术和共性的关键技术发展整体滞后，与发达国家和国内先进省区差距较大，短期内通过自主创新缩小与这些国家和地区的发展差距并不现实。然而，新疆外贸发展业已面临中亚及周边国家经济不断向好、居民消费水平不断提高的趋势，加上这些国家与新疆具有相似的生产和贸易结构，使得以往依靠低成本要素投入和价廉质低的发展方式难以为继。因此，短期来看，通过对国外技术的引进、模仿与消化吸收，还有通过承接东部地区产业转移和技术援助是加速新疆技术要素积累的捷径。那么，根据新疆对外贸易发展方式转变的目标和思路，以"引进—消化吸收—再创新"推动新疆对外贸易发展方式转变的路径应该是依托新疆特殊的

[①] 李宝琴，司正家. 提高新疆外向型经济水平的创新策略选择［J］. 新疆大学学报（哲学·人文社会科学版），2009，06：1-6.

资源地缘优势，一方面针对周边国家市场需求特点，引进东部沿海外贸大省在生产周边国家旺盛市场需求产品的中低端技术，对接新疆不具成本优势的出口行业；另一方面从国外进口外贸产业升级急需的重大成套设备、关键部件、系统集成技术，为新疆"东联西出"的出口商品精深加工基地和"西进东销"的进口资源能源精深加工基地以及"两头在外"的矿产品加工业提供技术支持。最终将原本不具有竞争优势的出口产业转化为具有竞争优势的产业，实现产业结构和贸易结构的升级融合，促进新疆外贸由"新疆过货"到"新疆制造"再到"新疆创造"转变。

6.3.1.2　以开展产业差异化自主创新推动新疆对外贸易发展方式转变的路径

提升自主创新能力是新疆实现对外贸易发展方式根本转变的必然要求。这是因为，无论是模仿创新、技术引进还是企业技术联盟模式，都是在接受发达国家或国内其他地区的技术转移或是技术模仿，这些只能缩小与这些国家和地区的技术差距，并不会从根本上改变新疆在国际分工和贸易格局中的地位。唯有自主创新才能形成核心技术和竞争力，占领市场高地。然而并非所有产业部门均适合采用自主创新模式，因此要审时度势，积极在具有研发条件的产业部门开展产业差异化的自主创新。那么，新疆开展产业差异化自主创新推动对外贸易发展方式转变的路径，首先应该明确哪些产业适合开展差异化技术创新，由前文分析可知，新疆出口贸易额位居前五位的商品主要为服装及衣着附件、机电产品、鞋类、农产品、纺织纱线、织物及制品，进口商品以初级产品占绝大多数，其中又以原油、矿物产品和农产品居多。与此同时，新疆规模以上工业企业出口交货值排在前五的行业分别为食品制造业、有色金属冶炼及压延加工业、电气机械及器材制造业、纺织业、化学纤维制造业，而作为新疆主导产业的石油加工、炼焦及核燃料加工业、化学原料及化学制品制造业和黑色金属冶炼及压延加工业出口交货值却相对较小，因此从推动新疆对外贸易发展方式转变的目标出发，需要鼓励与资源型产业相关的进出口企业通过加大研发投入，不断提高要素生产率，对原有外贸产品加以改进和研发设计新产品，开发出适销对路的多样化异质性产品。针对周边国家市场需求，对于传统的劳动密集型加工产业如纺织服装业、农副产品加工业，要以增强产品技术含量和产业集群化为重点，加大科技投入，提高单位出口产品的附加值。

6.3.2　路径二：优化产业结构推动对外贸易发展方式转变

从三大贸易强国和国内代表性省区转变对外贸易发展方式的经验看，加快产业结构转换来推动对外贸易发展方式转变都是这些国家和地区的重要手段。不过，前文就新疆产业结构状态对其对外贸易发展方式转变影响的分析指出，当前新疆产业结构呈超稳定状态且层次低，运转失衡，已经造成新疆外贸增进国民收益在产业分工方式的转变难以推进，也由此导致新疆外贸结构的战略性调整受到限制，出口产品结构单一且通道型贸易特征长期相对固化。因此，优化产业结构、增强新疆外贸发展的产业基础，成为新疆加速转变对外贸易发展方式的必由路径。结合第 5 章对新疆对外贸易发展方式转变影响因素的实证分析结果，可以发现，现阶段虽然新疆外向型主导产业发展对对外贸易发展方式转变产生不利影响，但是近些年通过承接东部地区产业转移和生产性服务业的发展，已经对新疆对外贸易发展方式转变产生了积极影响，由此通过优化产业结构推动新疆对外贸易发展方式转变在路径安排上要做好如下工作。

6.3.2.1　以进出口基地建设培育对外贸易发展方式转变的产业基础

进出口基地包括出口基地和进口资源加工基地。出口基地主要指以生产出口产品为主导方向的生产加工功能区域。进口资源加工基地是指以进口资源为原料进行深加工的生产加工功能区域（赵青松，2010）[①]。进出口基地建设是有效促进外贸产业结构优化，进而推动对外贸易发展方式转变的重要载体和途径。目前，新疆已经初步建成具有一定规模的产业基地，即以乌鲁木齐为核心的乌昌工业品出口基地，以石河子为核心的天山北坡经济带食品出口基地，以伊宁市为核心的能源、矿产资源、建材进出口加工基地和农副产品出口加工基地，以塔城为核心的塔额盆地农副产品出口基地，以阿拉山口口岸为依托的博州进口资源加工基地，以喀什为核心的南疆农副产品出口基地和工业品加工基地等（徐海燕，2014）[②]。加速现有进出口基地建设，有利于培育新疆对外贸

---

① 赵青松. 新疆进出口基地的产业选择及重点区域分析 [J]. 黑龙江对外经贸，2010（12）：60 - 61，64.

② 徐海燕. 新疆在向西开放战略中的机遇挑战与对策分析 [J]. 西部学刊，2014（1）：35 - 38.

易发展方式转变的产业基础，形成轻纺、机电、建材及农副产品出口生产规模，打造"新疆"制造品牌。但由于各产业基地所在地区可以依托的产业基础各不相同，因此以进出口基地建设推动对外贸易发展方式转变在产业选择上就要因地制宜，选择适合本地区外贸发展的优势产业加以重点培育和发展。

①乌昌地区是新疆制造加工业核心区，具有良好的产业基础和配套完善的城镇基础设施及技术研发条件。以乌鲁木齐为核心的乌昌工业品出口基地建设，应充分利用乌鲁木齐中心城市较强的辐射带动作用，依托3个国家级开发区，根据中亚及周边国家市场需求，发展具有竞争力的电工电器、石油石化、农牧机械、大型风力发电、太阳能综合应用、移动通讯终端和机电一体化等装备制造业。其他一些领域，在重点培育新能源、新材料、生物医药、电子信息、先进装备制造等高新技术产业同时，还应进一步提升轻工、建材、有色冶金等传统产业的档次和附加值。

②石河子市是天山北坡经济带的农产品生产中心，目前已引进国内众多知名食品加工企业入驻，蔬菜罐头、肉制品、奶制品、糖、酒类和饮料类产品的生产能力已初具规模，番茄酱、饮料等已成出口拳头产品。那么，以石河子市为核心的天山北坡经济带食品出口产业基地建设，应以石河子为中心，将北疆地区的食品资源汇集起来，引进沿海的技术和资金，把石河子建设成为面向中亚的食品加工业中心，进而形成天山北坡经济带食品出口产业基地。

③伊犁拥有3个国家一类口岸、霍尔果斯特殊经济开发区、伊宁市边境经济合作区和中哈霍尔果斯国际边境合作中心，也是重要的粮油、亚麻、畜产品、瓜果等生产基地。那么，以伊宁市为核心的能源、矿产资源、建材进出口加工基地和农副产品出口基地建设，伊犁州应大力发展霍尔果斯、伊宁、清水河、奎屯4个工业园区，重点扶持昌泰脱水蔬菜、巴口香牛羊肉等7个优势外向型农业产业化以及卡森皮革等5个出口加工产业基地建设。利用口岸交通条件便利，加快建设进口农产品资源加工园区，进口周边国家的大宗农产品如油料、水产品、纤维原料、皮革等，加工后销往国内市场及返销周边国家。另外，应充分发挥地缘资源优势，建设能源、建材出口基地和进口能源、矿产资源加工基地，形成出口建材产品加工技术新高地。伊犁州目前登记备案出口水果和蔬菜种植基地近10万亩。要进一步做好出口基地标准化、种养殖培训工作，加大农产品出口品牌建设，提高本地产品国际市场竞争力，把出口反季蔬菜作为地产品出口重点之一。另外，要积极推进中哈两国间农副产品"绿色

通道"建设，积极促成两国政府间签订农业合作协议。

④塔额盆地生态环境优越，农业资源丰富，已被确定为国家级绿色农业示范区。近些年，塔城地区依托沿边地缘优势，每年有超过五成的新疆绿色果蔬产品从巴克图口岸出口至国外市场，由此绿色蔬菜出口基地建设已经成为地区新的出口增长点和地区外向型经济的着力点。那么，以塔城市为核心的塔额盆地农副产品出口基地建设，应该以塔城市为中心，依托巴克图口岸优越的地理条件和便利的交通优势，把巴克图口岸建成新疆面向中亚国家出口农副产品重要集散地。同时，依托境外农产品展销会平台，以塔城盆地绿色蔬菜出口基地建设为切入点，带动周边县市大力发展蔬菜、林果业出口基地建设，大力提升塔城盆地农产品、林果业出口基地规模和水平。

⑤博州拥有一个国家一类口岸以及阿拉山口综合保税区、精河综合工贸园区和博乐边境经济合作区，其中，阿拉山口口岸是国家紧缺能源资源的陆上要道。那么，以阿拉山口口岸为依托的博州进口资源加工基地建设，应要依托口岸优势，一是利用阿拉山口综合保税区政策优势，吸引国内大企业落户口岸开展进口货物落地加工，重点发展木材、钢铁冶炼、废旧金属等进口加工业；二是依托精河县地缘区位优势，争取国家支持，将中哈原油管道二期进口原油就地加工，在精河综合工贸园区内规划建设原油炼化项目；三是博乐边境经济合作区将重点发展进口小麦加工为主的农副产品加工业，配套引进特色农产品的包装、运输企业，以及建材、石灰石及其下游产业等。

⑥喀什拥有5个国家一类口岸，面对塔吉克斯坦等8个国家，具有"五口（岸）通八国，一路连欧亚"的独特区位优势。那么，以喀什市为核心的南疆农副产品出口基地和工业品加工基地建设，喀什地区应充分利用国家设立喀什经济特区和喀什综合保税区的政策优势，吸引大企业进驻，打造具有喀什地区特色的工业品加工基地和外向型农副产品加工基地。一是依托喀什作为全国最大的地区级优质棉生产基地、区域内年产1000万担棉花的资源优势，做大做强纺织工业，形成纺纱、织布、印染、成衣完整的纺织工业产业链，建设纺织产品生产基地。二是围绕本地区500万亩特色林果产品和优质畜产品、瓜菜产品的深加工，建设特色农副产品深加工基地。三是依托中亚、南亚近13亿人口的大市场需求和国内雄厚的加工制造能力，积极引进日用百货、服装鞋帽、五金电器、机械制造等组装加工企业，建设轻工产品出口加工基地。四是依托喀什与周边国家民族相近、习俗相通的人缘优势，建设国际清真食品生产供应

基地。五是围绕本地区和周边国家基础建设的需求，大力引进水泥、陶瓷、新型建材生产企业，建设建材工业基地。六是借助"喀交会"平台，加快建立一批商品中转集散、仓储配送中心和商品交易市场，建设面向周边国家的商贸物流基地。

6.3.2.2　以产业链建设强化对外贸易发展方式转变的产业优势

在明确各地区进出口基地的产业选择之后，紧接着要制定合理的产业政策，有目的、有针对性地发展和扶持一批具有竞争优势的外向型产业，加强各主要产业部门之间的产业链建设，构建特色鲜明、优势突出的产业体系，打破产业自我循环，为新疆对外贸易发展方式转变营造产业竞争新优势。在此，一是依托新疆得天独厚的光热资源优势，通过引导外向型农业自主创新，增强外贸产业转型升级内生动力，同时加强与发达国家和内地沿海省份的技术合作，形成以新疆特色农产品为依托的农副产品精深加工为主要内容的大农业产业链，尤其加快面向中亚国家的纺织服装等劳动密集型外贸产业在新疆落地发展，打造新疆棉花、棉纺的产业链优势。二是主动承接沿海及东部其他省市加工贸易企业转移，着力吸引具备深加工能力的产业填补新疆外贸产业生产能力的不足，为推动新疆加工贸易企业从组装加工为主的低端向研发、设计、渠道建设等高附加值链条转型，进而推动新疆出口生产增长方式从劳动密集型向技术密集型、从资源密集型向资源节约型转变。三是支持拥有品牌和技术优势的外贸生产企业引入供应链管理模式，在接受订单、组织货源、研发设计、物流管理等方面，探索形成出口集约化商业模式，形成新疆外贸在技术、质量、品牌、服务方面的核心竞争力。需要注意的是，新疆工业化的进程还处于初级阶段，产业配套能力不足，缺乏完整的产业链体系，尤其是产品技术含量不高，附加值较低。因此，以产业链建设强化新疆对外贸易发展方式转变的产业优势在路径安排上，一方面积极创造产业转移所需要的相关产业配套条件，不断补足产业链中所存在的缺失和薄弱环节，提高产业配套能力；另一方面发挥新疆的比较优势，以优势主导产业为核心，利用产业链对转移产业进行承接，加速完善新疆出口产品的产业链。具体到操作层面，应在招商引资基础上，针对周边国家市场需求，依托本地资源优势，重点引进有实力的龙头企业和大集团开展项目建设，以龙头企业带配套产业，以大项目来培育和形成一个完整高效的产业链。

6.3.3　路径三：推动企业"走出去"带动对外贸易发展方式转变

"走出去"战略是指大陆企业及其资本、服务、技术和人力资本等走向国际市场，进行境外直接投资，从事生产或提供服务，以获取经济效益。在形式上表现为境外生产加工、开发资源、承包工程、输出劳务、科技开发和设计咨询等（陈卓武，2007）[①]。实施"走出去"战略，鼓励和支持有比较优势的大企业对外投资和生产，让更多的企业在更大范围、更广领域和更高层次上参与国际经济技术合作和竞争是未来区域经济发展的必然趋势（蒋新卫，2009）[②]。随着西部大开发战略和新丝绸之路经济带战略的实施，不但有利于中国过剩的产能"走出去"，还将推动中国装备、技术、管理与标准的输出，并通过与中亚在能源等领域的合作增强中国的能源与地缘安全[③]。在此背景下，鼓励新疆企业走出去开展对外直接投资有利于带动新疆对外贸易发展方式转变。当前新疆外贸企业特别是大型企业集团已经具备一定经济实力走出去构建自己的全球营销网络和贸易渠道。然而就目前而言，新疆企业依然存在着对国际市场不了解，战略管理能力不强以及文化整合能力赢弱等制约企业全球价值网络构建的因素。为此，增强新疆本土企业推动企业"走出去"加速新疆对外贸易发展方式转变在路径设计上，不仅要选择能够带动外贸发展的具有国际竞争优势的外贸产业，还要选取竞争强度不大的地区以培育和壮大新疆外贸企业国际竞争力。具体来讲：

6.3.3.1　"走出去"带动新疆对外贸易发展方式转变的产业选择与路径安排

筛选正确的产业类型是实施"走出去"战略带动新疆对外贸易发展方式转变的关键，因此，新疆在选择走出去的产业时，既要考虑该产业是否具备走出去的能力，更要考虑产业的出口规模、进入国际市场的难易程度。鉴于新疆

---

① 陈卓武. 海外华商网络在广东"走出去"战略中的功能与作用 [J]. 东南亚研究, 2007 (6)：90 – 92, 96.

② 蒋新卫. 新疆大企业大集团战略与中亚经济合作 [J]. 新疆师范大学学报（哲学社会科学版），2009 (3)：69 – 73.

③ 佚名. 中国版马歇尔计划横空出世 [EB/OL]. 西安晚报（数字报刊）. http://epaper.xiancn.com/xawb/html/. 2014 – 11/06/content_332471. htm.

特殊的地理区位，基于出口贸易扩张走出去的产业战略来讲，新疆企业走出去的主要目的是为了充分利用对外投资实现市场内部化扩大商品出口。基于进口贸易扩张走出去的产业选择来讲，其主要目的在于落实新疆在国家全局发展中的战略定位以完成资源保障目标，即建成我国重要的石油天然气化工基地、煤电煤化工基地和重要战略资源接替基地。

①从走出去带动新疆出口贸易发展方式转变的产业选择和路径安排来讲，当前新疆出口产品主要是服装及衣着附件、机电产品、鞋类、农产品，还有纺织纱线、织物及制品等劳动及资源密集型产品。但这些产品在生产环节多数由内地已经发展成熟的企业承担，因此新疆在这些商品的出口贸易中，仅仅能够在销售、物流、报关报检等环节增进国民收益。即便如此，新疆出口贸易的扩张在贸易方式上仍旧以边境贸易为主，数量增长也主要依赖于廉价要素成本支撑的低价竞销，从而使得新疆出口贸易在国民经济中的拉动作用有限。所以，新疆企业走出去在产业选择的理想路径安排是：首先在企业选择上，鼓励一批实力雄厚、具有国际竞争力的大型企业和具有发展潜力的民营企业，带着国际知名品牌和企业形象"走出去"，以此塑造新疆出口商品的档次高、质量好的品牌形象；其次在产业选择上，把新疆的优势产业、成熟产业、长线产业拿到国外生产，扩大产品市场（杨引官，2003）①。现阶段而言，新疆现有产业中，在向西开放背景下在对外开放能力、经济效益、比较优势和可持续发展能力方面具有综合优势的产业（李豫新和王淑娟，2014）②，如食品制造业、皮革毛皮羽毛（绒）及其制品业、家具制造业、橡胶和塑料制品、电器机械及器材制造业应该成为新疆企业走出去对外投资的首选行业。最后细化到产品和服务选择上，则要优先专注于某一细分的产品和服务，从个别商品或产业链某一环节突破，通过资源利益链的整合，实现新疆对某一细分产品或服务环节的定价话语权，通过话语权的提高，改善新疆的对外贸易条件。比如，在服装产业，相比内地而言，新疆虽然在产业链上的制造环节不具备优势，但可以利用邻近周边市场，且语言文化相通的优势，在营销环节进行对外直接投资（或以联合经营，或以成立营销中心等形式）构建海外营销网络，以提升服装在中亚市场的占有率，从而强化服装制品在新疆本地的研发能力，进而提升新疆本土企业

---

① 杨引官. 新疆企业实施"走出去"战略的新思路 [J]. 实事求是，2003（1）：49 – 51.
② 李豫新，王淑娟. 向西开放背景下优势产业选择研究——基于新疆的实证分析 [J]. 国际经贸探索，2014（7）：98 – 107.

竞争优势。

②从走出去带动新疆进口贸易发展方式转变的产业选择和路径安排来讲，目前新疆进口商品以初级产品占绝大多数，其中又以原油、矿物产品和农产品居多，机电产品和高新技术产品所占比重少。如果单从构建国家能源、资源安全的陆路大通道而言，新疆发挥了应有的通道作用，但考虑到新疆产业结构转型升级对高新技术的巨大需求，转变新疆进口贸易发展方式势在必行。所以，新疆企业走出去带动进口贸易发展方式转变的产业选择和路径安排是：一是要站在国家层面选择大量消耗国内紧缺能源和原料的行业，如煤炭开采和洗选业、石油和天然气开采业、黑色及有色金属矿采选业、非金属矿采选业及其他采矿业等产业进行对外投资，并采取垂直一体化方式对战略性资源进行兼并，然后再从上游延伸；二是还要从新疆本土公司产品生产的技术升级出发，根据新疆具有的产业和技术优势，选择在电器机械及器材制造业和通信设备、计算机及其他等产业加大外商直接投资，并通过技术研究和管理营销的合资，利用其技术与管理的外溢效应，提高新疆走出去企业的技术与管理水平。

6.3.3.2　"走出去"带动新疆对外贸易发展方式转变的区域选择与路径安排

新疆具有向西开放的地缘优势和政策机遇。当前，随着中亚及周边国家经济快速发展，以及欧亚战略合作加深，这一地区日渐成为国际贸易的活跃地区，也将引来包括国内企业在内的世界上众多国家和跨国企业的争相加入，这就使得新疆开展对外贸易要面对更多的竞争对手。与此同时，中亚及周边国家为了增强自我发展能力以摆脱对国外市场的过度依赖，在采取促进本国产业结构调整的贸易保护措施的同时，纷纷出台鼓励引进外资的优惠政策以获取国外资本和技术。在此发展形势下，新疆"要抓住这个历史机遇，把自身的区域性对外开放战略融入国家丝绸之路经济带建设，向西开放的总体布局中去"。① 因此，鼓励企业走出去开拓国际市场，成为新疆转变外贸发展方式的必由之路。

根据跨国公司海外投资的经验，跨国公司海外投资分支按所处价值链大致可分为研发、生产制造和营运销售三个环节。跨国公司通常会基于最大化利用东道国的优势在全球布局各个价值链环节的投资，但处于不同价值链不同环节

---

① 实现长治久安建设美好新疆——党的十八大以来党中央稳疆兴疆重大决策部署纪实 [N]. 人民日报，2014－05－28.

的投资分支对当地优势的需求侧重点会有所不同（阎大颖，2013）①。对新疆企业而言，同样需要根据国际区位条件的差异以及企业对外直接投资的动机，正确选择投资区位以保证实现自身优势与国外区位优势的有机结合，从而获取最佳投资收益。在此，根据企业对外直接投资的动机（张为付，2006）②，将新疆企业对外投资带动自身对外贸易发展方式转变在区位选择上划分为市场保护寻求型、低成本寻求型、技术接近和效益寻求型、全球发展战略寻求型四种类型并提出在东道国投资的路径安排：

（1）市场寻求型对外投资转变新疆对外贸易发展方式的路径安排

对于新疆企业来说，中亚国家正处在快速发展阶段，不仅市场前景广阔，商机众多，而且中亚国家实施的开放政策为新疆企业进入中亚市场创造了条件，因此，新疆实施"走出去"战略拓展国外市场，中亚应该是最佳选择之一（阿依古力·依明，2013）③。然而，必须清醒地认识到，长期以来新疆对外贸易过于集中在中亚及周边不仅使得新疆外贸潜藏着贸易风险，而且也在一定程度上延缓新疆外贸市场多元化进程，为此，新疆企业还应主动开拓发达国家市场，这也是新疆工业化发展到更高层次的必然要求。但就当前形势而言，各国为了保护国内市场都不同程度采取了非关税贸易壁垒限制别国出口，这对缺乏国际市场经验的新疆企业而言构成极大威胁，因此，为了开拓新的国际市场，新疆企业走出去的路径，可以通过对发达国家周边发展中国家的直接投资，对产品生产加工后再出口进入发达国家市场，实行一种"迂回式"的间接开拓国际市场方式。

（2）低成本寻求型对外投资转变新疆对外贸易发展方式的路径安排

低成本寻求型对外直接投资目的是利用东道国的优势资源降低产品生产的综合成本，所以该类投资要以自然资源和人力资源丰裕的国家和地区为目标东道国，这就决定了这种类型的直接投资在国别选择上以发展中国家为主（张为付，2006）④。新疆企业走出去带动对外贸易发展方式转变，其中一个重要目标就是通过企业走出去构建全球供应链管理体系转变以往单纯商品贸易模式，

———————————

① 阎大颖. 中国企业对外直接投资的区位选择及其决定因素 [J]. 国际贸易问题，2013（7）：128 - 135.

②④ 张为付. 中国企业对外直接投资的区位选择和路径安排 [J]. 国际贸易问题，2006（7）：105 - 110.

③ 阿依古力·依明. 新时期新疆与中亚五国区域经济合作问题探究 [J]. 对外经贸，2013（8）：44 - 46.

在国际市场开拓方式和竞争方式上打造以新疆跨国企业为中心的价值链竞争优势，那么，基于新疆企业走出去的产业选择结果，出口贸易发展方式转变的产业部门多为劳动密集型产业，进口贸易发展方式转变的产业以资源型产业最具优势，如此，寻求低成本的对外投资进而带动新疆对外贸易发展方式转变自然首选比较熟悉的中亚及周边市场，而且在路径设计上应该是选择在这些国家具有多年经营经验且企业国际形象较好的大型企业为代表，充分利用这些国家低成本生产条件，积累跨国经营经验，为进一步进军竞争更为激烈的发达国家市场打下基础。

（3）技术和效益寻求型对外投资转变新疆对外贸易发展方式的路径安排

通过追求技术和效益的对外投资来转变新疆对外贸易发展方式，核心目的在于以投资获取世界领先的技术水平和形成自主研究能力，从而提高新疆企业的国际竞争力，如此为新疆对外贸易发展方式转变提供微观基础。由于新疆外贸产业升级急需的重大成套设备、关键部件、系统集成技术、信息技术主要集中在美国、日本和欧盟等少数国家和地区，所以技术和效益寻求型对外投资转变新疆对外贸易发展方式的区域选择应以发达国家为目标市场。具体到投资路径上，新疆企业对目标国家的直接投资应以建立营销管理研究中心和技术研究中心为主，充分利用目标国家的技术研发的外溢效应和集聚效应，指导本土母公司的技术创新。

（4）全球发展战略寻求型对外投资转变新疆对外贸易发展方式的路径安排

这一类型对外投资的目标是为了新疆企业的长远发展目标和加强对全球战略性资源（如石油）的控制和利用，因此投资领域既可以是美国、日本、欧盟等发达国家的技术和管理资源，也可以是中亚及周边国家的石油、煤矿、天然气等全球战略资源性资源。如此在具体投资路径安排上，对发达国家的投资可以进行技术研究和管理营销的合资，利用其技术与管理的外溢效应，形成新疆企业内生发展的持久动力；对从中亚及周边国家进口的战略性资源相关企业进行垂直一体化的兼并，并向上游产业延伸，确保新疆进口能源安全。

6.3.4　路径四：加强区域经贸合作加速对外贸易发展方式转变

区域经济合作是优化资源配置、增强地区竞争优势的重要手段。新疆是国家实施向西开放战略的桥头堡，除了发展本地区的开放型经济外，还肩负着将中亚地区的商品引进中国，并将中国的商品输往欧亚国家的重任。然而由于多种原因使得新疆生产加工的出口商品不具有竞争力，这就使得新疆在国家外贸发展格局中，长期以来只能作为内地省区产品借道出口欧亚国家的国际物流通道，结果使得外贸发展对新疆地方经济拉动作用有限。不仅如此，随着近年来丝路沿线地缘战略凸显以及中亚国家经济结构战略性调整，新疆不断扩大的外贸出口已经引起传统贸易伙伴国家关注，一些国家和地区也已经采取区域经济合作方式（比如俄白哈关税同盟）强化自身竞争优势，这又进一步加大了新疆外贸发展的风险。因此，新疆转变对外贸易发展方式，一方面需要加强与周边国家之间的多边双边经贸合作实现外贸发展由以往被动参与型向主动参与型转变；另一方面还要加强与国内省市之间区域经济合作扭转新疆外贸对地区经济发展拉动有限的不利局面。在此，根据新疆沿边沿桥优势和国家对口援疆的政策安排，以区域经贸合作带动新疆对外贸易发展方式转变的有效路径可以从对外加强与周边及中亚国家经济合作、对内加强与国内其他地区之间区域经济合作两条路径展开。

6.3.4.1　参与跨国区域经济合作带动新疆对外贸易发展方式转变的路径

　　跨国区域经济合作是经济全球化条件下促进各国经济发展的有效途径，也可以成为突破区域性贸易壁垒的一种选择。对新疆而言，新疆外贸面对的中亚及周边国家资源能源储量丰富、市场潜力巨大，因此，加强与这些国家之间的多边和双边合作，不仅有利于新疆更好地融入中亚区域经济合作，促进区域内商品、资本、信息、人员的自由流动，从而优化区域资源配置，促进地区经济增长，而且还能够为新疆外贸突破区域性贸易壁垒，利用合作机制解决贸易争端提供平台，进而有利于新疆外贸政策根据周边国家贸易环境变化及时做出适应性调整。如此也将带动新疆对外贸易由被动参与型向主动参与型的发展方式转变。

（1）多边经贸合作带动新疆对外贸易发展方式转变的路径安排

　　当前新疆周边的各种次区域经济合作十分活跃，这从侧面反映出新疆外贸在国际市场中的竞争激烈程度。现阶段新疆与周边国家参与的次区域经济合作机制主要包括上海合作组织经济合作机制、中亚区域经济合作机制、中俄哈蒙阿尔泰区域经济合作机制等。对此新疆可以参与这些次区域合作带动新疆对外贸易发展方式转变，其可行路径在于：在国家层面推动下，新疆可以利用地缘优势，积极参与周边国家成立的各种次区域合作组织，按照参与的次区域合作组织总体框架及各项协议的要求，建立一个全方位、多层次、多内容、多形式的对外经贸关系，然后借助区域合作组织搭建的经济合作平台，鼓励和支持新疆企业走出去加强与次区域合作组织内的国外企业开展合作与竞争，培育和发展一批具有国际竞争力的外贸领军企业，进而通过领军企业全球价值链构建与完善，引领新疆外贸行业价值空间的提升，最终推动新疆对外贸易发展方式转变。目前，考虑新疆与中亚国家开展次区域经济合作在不同的时间和空间范围内的适用性，到具体路径设计上，较为现实的路径选择是在上海合作组织的框架下，基于为新疆企业主动参与国际竞争营造一个良好外部环境的战略考虑，推动新疆与周边国家形成更广泛的跨边界次区域经济合作，按照新疆和中亚次区域合作总体框架及各项协议的要求，可以在建立经济增长三角（如现今正在运行的阿拉山口—博乐—德鲁日巴（哈）、伊宁—霍尔果斯—贾尔肯特（哈）、喀什—吐尔尕特—奥什（吉）等小三角）基础上，随着三角经济相互依存度的提高，以建立跨国经济合作开发区为过渡，通过多边谈判，最终实现建立多边边境自由贸易区形成中亚经济圈，建立跨域多国的中亚自由贸易区（高志刚，2010）①。

（2）双边经贸合作带动新疆对外贸易发展方式转变的路径安排

双边经贸合作是两国根据各自发展需求，经双方谈判建立的经济合作关系。开展双边经贸合作在带动新疆对外贸易发展方式转变的作用在于既可以通过推动双边经济合作，也可以克服以往被动承受贸易伙伴国内宏观经济的波动给新疆对外贸易造成的不利影响。目前，新疆已经与 200 个国家开展经贸合作关系，其中，中亚及周边国家一直以来都是新疆对外贸易的主要贸易伙伴，然而这些国家宏观经济波动较大，贸易政策多变，极大影响了新疆对外贸易的平稳发展。那么，鉴于中亚及周边基础设施薄弱以及通过经济开放加速经济发展的需要，新疆可以抓住丝绸之路经济带战略实施的历史机遇，加强与这些国家的双边经贸合作，通过参与贸易伙伴国内的经济建设来稳定其宏观经济，稳定新疆外贸出口和对资源能源产品的进口需求。现阶段除了通过鼓励新疆企业参与贸易伙伴国的基础设施建设这条路径外，以跨国经济合作区建设为载体，进

---

① 高志刚. 基于三类模式的中国新疆与中亚次区域经济合作平台构建［J］. 俄罗斯中亚东欧市场，2010（10）：21 - 27.

一步发展成为两国自由贸易区也是一条可行路径。比如，中哈经贸合作中在哈萨克斯坦建立境外工业园区、与哈方共建中哈国际边境合作中心已经成为带动新疆对外贸易发展方式转变的典型范例。因此，可以将新疆在中哈开展双边经贸合作过程积累的有益经验中，利用中国与其他国家缔结的双边经贸合作关系，通过加深与对方合作带动新疆对外贸易发展方式转变。

6.3.4.2 推进跨省区域经济合作带动新疆对外贸易发展方式转变的路径

新疆具有邻近国际市场的地缘优势，但由于出口产品加工能力还难以满足周边市场需求，加上企业经营管理较之东部沿海地区的外贸企业仍然落后，因而转变对外贸易发展方式离不开内地省市的大力援助。同时，在丝绸之路经济带战略以来，西部沿线省市纷纷将欧亚市场视为本省开展对外贸易的新市场，从而使得各省市在争取国家支持和打造丝绸之路开放平台之时，相互之间竞争态势愈演愈烈，因此，新疆需要加强与丝路沿线省市之间区域经济合作，特别是国际物流体系建设，才能保证进出口商品的贸易畅通，提升新疆在丝绸之路经济带上的战略地位。

（1）对口援疆模式带动新疆对外贸易发展方式转变的路径安排

对口援疆是国家引导下的特殊跨区域经济合作关系，是解决区域发展不平衡、促进少数民族地区经济增长的重要手段（季菲菲、陈江龙等，2012）[①]。在新一轮对口援疆工作中，19个援疆省市与新疆签署了冠名支持产业园区建设合作框架协议，建立了援疆省市的48家国家级开发区对口支援新疆39家产业聚集园区的结对关系，促成了三一集团、徐工集团、苏新能源、中广核等国内一大批知名企业落户新疆（殷冀锋，2013）[②]。随着援疆企业的到来，也加快了新疆对外贸易发展方式转变的速度。比如三一重工进驻新疆建立的三一西北产业园区，不仅带动了当地相关配套产业的发展，而且在工程机械出口市场，也改变了新疆只是中亚与内地商品一个物流中转基地的角色。如今的三一重工已经针对中亚市场开始布局，2013年已经成立了三一中亚区营销公司负责在中亚市场做好国家品牌宣传及市场开拓，并计划于2014～2016年在现有

---

① 季菲菲，陈江龙，袁丰，陈雯. 府际关系视角下的跨区域经济合作——以江苏对口支援新疆伊犁哈萨克自治州州直地区为例 [J]. 干旱区地理，2012（3）：494-502.

② 殷冀锋. 新一轮对口援疆进程中的产业园区发展建议 [J]. 中国经贸导刊，2013，32：11-12.

产品线基础上，增加液压支架、场桥、塔机、煤化工装备等贴合新疆和中亚市场的新产品①。再比如陕汽集团子公司的陕汽新疆汽车有限公司通过加快建设、技术改造，实现了汽车制造四大工艺中的焊接、涂装、总装技术在新疆落地，如此也加快推动新疆车辆配件的本土化生产能力，从而使得新疆告别了重型汽车在内地调运新疆组装模式②。由此，我们可以提出对口援疆模式将是带动新疆对外贸易发展方式转变一条的可行路径。具体到路径设计方面，首先，在短期，利用地缘和资源优势打造产业平台，为对口援疆产业落地新疆提供的相关配套条件；其次，在长期的对口支援中，对口支援的重点应该是对经济增长拉动作用大，社会效益明显的外贸出口行业，通过产业援疆帮助受援县市实现优势资源向现实生产力的转化，从而提高新疆出口产品在生产环节的资源利用效率和增加新疆本地产品出口比重。具体可以采用如下三类产业合作模式：一是外向型农业援建项目，通过加大投入力度、提供技术指导，帮助受援地建设农业示范园区，发展高效设施农业和特色林果业。二是出口加工类产业转移项目，鼓励更多东部沿海出口加工企业到新疆投资。三是合作开发园区项目，充分发挥内地产业园区在开发建设、招商引资、管理服务、品牌联动和科技成果商品化、产业化等方面积累的经验，帮助新疆产业园区项目加速转化现实生产力。

（2）丝绸之路经济带国内沿线区域经济合作带动新疆对外贸易发展方式转变的路径安排

丝绸之路经济带，是在古丝绸之路范围之上中国与西亚各国之间形成的一个在经济合作区域，在国内段主要包括西北陕西、甘肃、青海、宁夏、新疆等五省区，西南重庆、四川、云南、广西等四省市区③。自 2013 年中国提出共建丝绸之路经济带以促进欧亚各国经济联系更加紧密的开放战略以来，沿线各省纷纷提出自身在丝绸之路经济带上战略上定位，并明确了今后通过丝绸之路经济带战略加强与欧亚国家贸易往来的愿景。然而，也可看到，沿线区域竞争同样激烈。在四川，成都利用西部大开发以及丝绸之路经济带战略实施的双重利

①　资料来源：三一重工第四届亚欧博览会宣传材料。

②　戴岚，梁昌杰，周朗，江日辉，杨彦. 新疆每天都是新的 [N]. 人民日报，2013 – 05 – 17001.

③　国家发改委和外交部举行的推进丝绸之路经济带和海上丝绸之路建设座谈会上，有西北五省，以及西南 4 省市，以及东部 5 省参加。据此，部分学者将陕西、甘肃、青海、宁夏、新疆等西北五省和重庆、四川、云南、广西等西南四省市视为丝绸之路经济带发展规划涉及的省份。

好，力促蓉欧快铁于 2013 年开通双向运行，由此不仅帮助四川乃至中国产品出口欧洲，也让成都成为欧洲产品在中国西部地区的集散中心和区域配送中心。在陕西，陕西提出要打造成丝绸之路经济带的新起点和桥头堡。西安每两年举办一次的欧亚经济论坛，为丝路经济带各国提供了一个在能源、金融、旅游等行业领域的对话交流平台。处在亚欧大陆桥城市的重要位置上的西安如今已经成为丝路经济带上的西北门户城市①。此外，甘肃提出将甘肃打造成丝绸之路经济带的黄金段，河南提出将河南打造成内陆丝绸之路经济带重要桥头堡。江苏方面则提出把徐州建设成"丝绸之路经济带"东部的特大型中心城市，将连云港市打造成丝绸之路经济带的东方桥头堡，这些都是区域战略竞争的具体表现。

对新疆外贸发展而言，自治区政府提出要将新疆打造成丝绸之路经济带的核心区，那么，与国内涉及省市共建丝绸之路经济带无疑将为新疆对外贸易发展方式转变带来重大机遇和挑战。表现为：一方面新疆和中亚有一定的互补性为新疆开展对外贸易提供了难得机遇，另一方面新疆出口到周边国家的商品超过 70% 是内地的，进口商品也有 70% 不在新疆落地，新疆仅仅承担过货通道作用，不仅如此，随着丝绸之路经济带上的中欧班列（不只是郑欧班列、汉新欧、渝新欧、蓉欧快铁，还有西新欧、粤新欧）②的相继双向开通运行，又将进一步强化新疆仅仅成为物流通道的可能。因此，单从外贸带来新疆国际物流绩效提高而言，其拉动作用是巨大的，然而从整体来讲，外贸对新疆本地的经济发展还十分有限。即便如此，新疆已经开始加强与相关省市外贸领域的相互合作，同时通过改善和不断的优化既有的物流环境，吸引并带动了的国际性企业来新疆投资共同开拓中亚市场。比如四川宏达集团结合国家关于新疆区域振兴规划的相关政策、利用新疆阿拉山口口岸的独特优势，通过开发新疆，促进新疆与中亚国家的边贸交易和国际合作交流，实现了投资中亚，开拓国际市场的多赢效果③。可见加强与丝绸之路经济带国内区段涉及省份的跨省经济合作也是助力新疆对外贸易发展方式转变的可行路径。那么，在路径安排上，第一步，以打造丝绸之路经济带陆路大通道为契机，加强新疆与亚欧大陆桥沿线省

---

①③　王敏，龚友国. 丝绸之路经济带启发沿线区域发展想象空间［EB/OL］. 中国企业报. 2013 - 09 - 24. http://money. 163. com/13/0924/01/99GI4U5000252G50. html.

②　张科峰. "汉新欧"本月重启与郑欧班列是竞争还是合作［EB/OL］大河网 - 河南商报. http://news. dahe. cn/2014/04 - 01/102716545. html.

市和西南省份的经济协作和产业分工，促进资金、技术、人才、信息等要素的自由流动和资源的优化配置，通过经济集聚形成有新疆特色的强大竞争力的产业群。第二步，新疆丝绸之路经济带国际物流体系构建形成以后，进一步加强与沿线区域经济合作的深度。鼓励同产业的跨省、跨地区兼并，成立大型企业集团，提高企业在空间的资源配置效率，最终以规模经济为基础参与国际市场的产业贸易竞争。

第 7 章

新疆对外贸易发展方式
转变的保障措施

对外贸易发展方式转变是一个循序渐进、逐步升级的过程，它从启示或新思想开始，遵循特定发展路径并经过若干步骤，达到它的终点——方式转变涉及的出口商品在国内生产环节资源利用方式转变，进出口企业贸易环节中的市场开拓方式转变和市场竞争方式转变，以及与对外贸易相关的各种活动增进国民收益的方式转变。依据前文关于新疆对外贸易发展方式转变存在问题及其原因，综合考虑新疆对外贸易发展方式转变影响因素的研究结果，为了保证新疆对外贸易发展方式转变路径达到预期的目标。本章内容主要从政府相关管理部门的角度，提出加速新疆对外贸易发展方式转变的必要保障措施。

7.1 新疆对外贸易发展方式转变的科技支撑

科学技术是新疆对外贸易发展方式转变的内在动力与支撑，要发挥科学技术的支撑力，需要形成合理有序的科技支撑体系。如果说没有科技支撑，经济和社会就不能运行和发展的话，那么对转变对外贸易发展方式而言，如果没有好的科技支撑，对外贸易发展方式就不可能朝着既定目标加速转变，甚至会停滞不前乃至侵蚀外贸发展已有成果。当然科技支撑体系对对外贸易发展方式转变不是一蹴而就的，它的作用发挥需要一个过程：首先科技支撑体系的各种组织或机构生产出相应的科技产品，然后这些科技产品通过一定渠道和方式作用于以企业为主体的外贸部门，并与外贸部门中其他生产要素相结合，最终使对外贸易发展方式在质和量上发生积极的变化（陈立辉，2002）①。因此，要发挥科技对新疆对外贸易发展方式转变的支撑作用，新疆政府外经贸管理部门应把建立和完善科学支撑体系作为转变新疆对外贸易发展方式的重要抓手，具体可以从以下几方面加以完善。

7.1.1　加大科技资源投入夯实对外贸易发展方式转变的科技基础

提升技术创新能力是发挥科技对对外贸易发展方式转变支撑作用的基础。然而技术创新能力的提升一方面离不开持续稳定的科技经费投入，另一方面要加强对科技创新的保护，健全相关法律法规从而创造良好的制度环境。在经费投入方面，科技经费投入是提升科技创新能力的物质保障，没有足够的科技经费支持，科技创新能力的提升将是空中楼阁，科技支撑体系也不可能很好地建立并良好运转。结合新疆科技研发投入金额不足以及结构不合理等问题，首先，政府要加大科技创新支出，提高科研经费支出占财政收入的比例，同时，在科技研发经费的分配上，要加大对基础性研究和试验性研究的投入，加大各类科研基础设施建设，加强信息服务、电子商务等研发平台建设，对积极参与科技创新的创新型企业给予一定程度的资金补贴或优惠。其次，政府要努力引导社会各个主体均参与到科技创新的队伍中来，鼓励民间资本进入科技创新领域进行投资，支持企业与科研院所合作，对于企业或科研院所具有突破性的重大科研项目给予一定资金资助或政策优惠，从而形成"政府投入为引导、市场投入为主体"的科技创新模式。在科技创新制度软环境建设方面，首先政府要加强对《知识产权保护法》、《专利法》等相关法律法规的实施力度，加强对知识产权的保护，加强市场监管，严厉打击各种侵权违法行为，从而有效保护各类创新主体的科技创新成果，形成良好的科技创新制度环境，激发各类企业和个人参与科技创新的积极性。此外政府要进行合理规划和统筹，落实《国家中长期科技发展规划纲要》，加强创新型城市（区）建设，充分发挥中心城市、科技园区在区域创新中的辐射带动作用。

---

① 陈立辉. 科技支撑体系及其作用与功能［J］. 改革与战略，2002，Z1：20－26.

7.1.2　创新科技机构运作模式改进对外贸易发展方式转变的科技支撑体系

科技机构可以分为科技研究与开发机构、科技服务与中介机构、教育和培训机构、科技工业园区等四大类。通过科技机构的开发、运营和推广，能够为对外贸易发展方式转变提供科学知识、技术、人才、信息等科技支撑产品，其中，科研与技术开发机构侧重于原始技术的创新和开发，科技服务和中介机构则着重对技术进行转化、扩散及推广，教育和培训机构通过教育和培训为经济建设培养各类科技人才，而科技工业园区则主要起到了促进新技术向产业转化的作用。

长期以来，新疆科技事业呈现快速发展的良好格局，各类科技创新成果不断增加，不同层次的科技创新人才在数量和水平上不断增加和提升，这些进步在推进新疆经济社会以及对外贸易各方面均发挥了重要作用①。据统计，1996~2008年间，新疆共获得自治区级以上重大科技成果2912项，其中国家级重大科技成果77项②，然而，由于科技机构运作存在多方面原因，这些科技成果真正转化为产品的却不多，推进新疆对外贸易发展方式转变的作用就更不理想，致使新疆每年大量科技成果无法真正转变为经济价值，这不仅是科技创新的失败，更是一种人力、财力和物力的浪费。因此，要使科学技术真正发挥促进对外贸易发展方式转变的作用，创新支撑对外贸易发展方式转变的科技组织运作模式从而创造出高质量的科技产出是重要的一环。考虑到新疆地处我国经济社会较为落后的西部地区，各类生产要素市场流通不充分，科技人才数量不足水平有限且地域分布不均；同时，就新疆内部发展状况来讲，也存在各地区经济发展水平、产业分布等差别较大的问题。针对这些问题，可以从以下几方面进行改进和突破：

第一，建立以企业为主体，科研院所、高等院校等创新机构广泛参与的综合技术创新体系。各类企业是新疆对外贸易的主要参与者，提高企业的科技创新能力是从根本上提升企业国际竞争力也是重要方式。具体来讲，首先，新疆

---

① 新疆科技厅. 新疆科技创新大会暨科学技术奖励大会召开 [J]. 中国科技奖励，2014 (2)：54.
② 董晔，安尼瓦尔·阿木提，付金存. 科技进步与民生发展互动关系的实证研究——以新疆为例 [J]. 科技进步与对策，2010，18：46 – 49.

要加速实施技术创新工程，加快形成技术创新的核心区。根据各个产业及产业内企业的发展状况，着力培育一批创新型示范企业，在重点产业和领域启动技术创新战略联盟，实现资源、信息共享，共同突破产品和技术难关，实现产业整体转型和升级，通过重点企业和重点产业的技术创新的不断推进，形成技术创新高地和核心区，进而带动和促进其他企业和产业技术升级和产品深化。同时，要加强科技宣传和理论教育，提升各类组织和个人的创新意识和创新转化意识，不仅要创造全民创新的氛围，还要让各类创新进入市场，参与生产，从而改变新疆部分科技力量游离于企业和市场之外而企业生产技术水平落后的局面，促进外贸出口可持续发展。其次，要提升科研院所和高等院校的创新能力。一方面，对于现有科研院所和高等院校，要加强其基础设施建设和人才激励，提升科技创新的硬实力，鼓励科研院所进行体制机制创新，提升科技成果数量和水平，鼓励高等院校根据自身发展状况在进行理论创新的同时结合市场需求多进行实践创新，鼓励科研院所和高等院校与企业联合，通过设立技术中心等方式进行交流与合作，实现产、学、研相结合。另一方面；对于一些技术创新落后、科研机构缺乏的产业，要积极创造条件新建一批科研机构或技术中心，围绕产业转型升级的关键难题进行研究和开发，不断突破产业发展瓶颈，提升产业对外的竞争能力。最后，要发挥企业家和科技领军人才在科技创新中的引领和示范作用，鼓励产学研结合的各种创新模式在各个产业的开展。对于积极参与科技创新的企业家和具有重大成果的科技领军人才要给予奖励和宣传，发挥其示范带动作用，提升企业和个人的创新意识。产学研结合方面，小到企业产品的设计与包装，大到品牌的建立、行业规则的制定等，都鼓励企业与行业中心、科研院所、高等院校等一起共同解决，同时要积极建立企业、科研院所、高等院校创新联盟，实现资源、信息、技术等的共享，既节约资源，又能加速技术创新步伐。

第二，优化区域科技机构的空间布局。首先，在新疆整体上要形成一个科技创新的核心区，根据新疆各地区经济、社会以及科技资源的分布状况，这一核心区应该建立在乌鲁木齐，因此应该将乌鲁木齐各类大中型科技创新企业、科研院所和高等院校的专业技术人员和科研人员组织在一起，由中国科学院新疆分院或者政府科技部门牵头，形成科技创新中心，对一些关键技术、核心问题进行集体集中攻关。其次，根据新疆南北疆资源禀赋以及经济发展水平的差异，要在新疆科技创新核心区的基础上分别建立自己的亚核心区。南北疆要结合自身资源、产业、科研机构、人才等各方面的特点和分布状况，建立与之相适应的、可以突出解决各自问题的技术中心，从而形成与自己区域发展高度切合的技术中心，并在整体上形成以新疆科技创新核心区为中心，以南北疆亚核心区为两翼的科技创新发展格局。

第三，建立健全科技创新服务和推广体系，加速科技成果转化与技术推广扩散。①进一步搭建有利于企业创新和创新成果转化的公共服务平台，在现有平台基础上，新建一批国家级、地区级企业孵化器和生产力促进中心，鼓励企业积极从事科技创新活动，加速创新产品或工艺的中试和最终检查验收，为企业的创新研发活动迅速转变为实际生产力提供条件。②着力提高企业科技服务能力。一方面以各地区各类产业园区为依托，加快园区内中小企业孵化器建设，实现科学技术就地研发就地转化，促进产业集聚，从而进一步加速产业科技创新。另一方面，大力促进以提供科技信息、科技咨询、技术培训等为主营业务的各行业各类别科技中介服务机构的发展，加速科学技术的传播与推广，实现科学技术市场化运作，加速信息技术向农业、工业等各行业各领域的渗透与传播。同时，还要加强网络、电子商务等现代信息技术服务传统产业的能力，实现传统产业的信息化和智能化改造。③加快科技资源共享平台建设。加速大型重要科学仪器、信息系统、大型数据库等各类重要资源的共享，加快各行业各领域关于科技信息、资源、科技数据的专业数据库、专业网站建设，加速国家级、地区级重点实验室对大中型科技创新企业的开发力度，建立科技信息分享和科技资源共用机制。④利用全国各省全面对口支援新疆经济社会建设的机遇，加快科技援疆力度，一方面加大援疆干部和援疆专业技术人员对本地区人员的指导培训力度；另一方面，新疆各地区各产业人员也要走出去，到对应援疆省区进行考察与学习，借鉴和吸收科技创新服务与推广的良好思想理念、管理模式和关键技术，不断提升新疆科技创新服务能力，形成科技成果层出不穷、科技成果迅速转化的良好局面。

7.2　新疆对外贸易发展方式转变的制度保障

制度是指由法律或道德形成的约束人们行为的一系列规则或行为规范（赵

伟，1996)①，不同的制度安排对与之相应的行为主体构成一定的约束，就对外贸易活动来讲，大到 WTO 制定的对外贸易协定、多边贸易谈判等国际性约定，中到中央政府制定的财税、企业行为、进出口、关税、外汇管理等方面的法律和条例等，小到企业自身制定的规章制度、货物运输保险制度等，都会对对外贸易活动产生影响，从而进一步对对外贸易发展方式产生作用。不同的制度安排决定了不同主体的利益分配，从而也对不同主体的行为方式产生重要影响，因此有效的制度安排将对对外贸易发展方式转变产生积极的推进作用。而就当前新疆对外贸易发展方式转变的制度环境来看，还需要进一步完善外贸政策体系，加强与其他经济政策的配合，以更好地为外贸企业创造良好的政策环境，以此为加速新疆对外贸易发展方式进程提供强有力的制度保障。

7.2.1　完善对外贸易发展方式转变的对外贸易政策体系

对外贸易政策是指一国或一地区政府根据本国或本地区的经济社会状况和对外贸易目标而制定的在一定时期内促进或抑制进出口贸易活动的准则。相比强制性法律而言，对外贸易政策具有阶段性，因而更加灵活，一旦达到目的或者偏离目标，可以进行适时的调整或修正。对外贸易政策主要是国家或地区在一定发展阶段，根据自身经济社会和产业发展水平，来确定是实行开放政策还是实行保护政策来更好地促进本国经济和产业的发展。

我国的对外贸易政策体系是在经济发展战略指导下，以促进国民经济发展为目标，运用经济、法律和行政手段干预对外经济关系，培育对外竞争优势和保护国内生产和市场的各种政策措施的组合。对外贸易政策体系主要由以下几部分构成：国别、地区政策，商品政策，进出口企业管理制度，外汇管理制度，海关关税制度，对外贸易法律制度，涉及双边和多边协议贸易规定等。目前，新疆对外贸易政策体系的形成主要来自于以下几方面：一是国务院、国家商务部、中央财政部等中央政府颁布的相关对外贸易政策；二是自治区党委、商务厅、经信委、边贸局等部门颁布的文件、规定、条例等；三是涉外企业自身在管理与运营过程中制定的规章制度。要不断改革和完善新疆外贸政策，一是政府相关政策制定部门要经常深入基层，了解新疆对外贸易发展动态，或者

---

① 赵伟. 制度创新：转变外贸增长方式的关键环节 [J]. 国际贸易问题，1996 (10)：25 – 29.

依托科研院所和高等院校，加大针对对外贸易的研究，实时掌握和监控新疆对外贸易状况，政策制定者只有在深入了解新疆对外贸易状况之下才能制定出合理的政策，并能够针对对外贸活动存在的问题通过临时文件等方式给予及时解决。二是自治区党委、商务厅、财政局、经信委、边贸局等部门要及时对中央政府出台的对外贸易政策进行研究与分析，在制定各类政策执行细则时要结合新疆对外贸易的特殊区情，对于没有考虑各地方各自特点并严重阻碍新疆对外贸易发展的政策条款相关部门要及时向中央政府有关部门申报停止在新疆执行，防止由于政策"一刀切"而制约了新疆对外贸易的发展。三是自治区党委、商务厅、财政局、经信委、边贸局等部门要加强对对外贸易政策的宣传力度，包括外贸活动规范政策以及各类优惠政策，让更多涉外企业在规范经营的同时也能及时享受各类优惠，从而促进新疆对外贸易快速发展。

7.2.2　加强对外贸易政策与其他经济政策之间的配合与协调

对外贸易发展方式的转变是一项长期且全面的系统工程，它受到内外各项因素的共同影响。对外贸易发展方式的有效转变需要政府、涉外企业、行业协会等各方面各部门的共同努力。因此，要促进对外贸易发展方式转变，除需要完善对外贸易政策体系之外，还需要增强对外贸易政策与财政政策、金融政策、科技政策、产业政策等其他各项政策的配合与协调。第一，加快涉外财政政策对对外贸易发展方式转变的促进作用。财政政策是调整对外贸易结构和发展方式最直接、最有效的政策之一。通过税收优惠、补贴等方式或者通过提升税率加大税负等方式对相关产业产品出口给予支持或制约将直接影响涉外企业的收益率，从而对其对外贸易活动起到直接且迅速的促进或抑制作用。目前，自治区财政应加大对品牌竞争力强、科技含量高、附加价值大以及对地方产业具有重要带动作用的企业或产品的优惠支持力度，而对于那些高能耗、高污染、高排放的企业则要取消其享受优惠政策的权力，甚至给予一定税收压力。自治区财政局要结合新疆对外贸易情况不断完善出口退税政策、执行程序和政策普及率，促使涉外财政政策落到实处从而转化为促进新疆对外贸易方式转变的动力。

第二，加大涉外金融政策对对外贸易发展方式的转变支持作用。积极鼓励和引导各类金融机构涉足进出口信贷业务，提高出口信用保险在涉外企业中的覆盖率，不断扩大信用保险规模，酌情扩大承保范围，确保新疆各类涉外企业安全、及时收回货款。完善贸易融资政策，鼓励金融机构及其他社会主体参与大中型设备、技术和服务等出口企业融资。加大金融风险尤其是汇率风险防范意识，对于涉外数量大、金额高的进出口业务，做好套期保值工作，防止由于汇率波动给企业带来损失。

　　第三，加快科技政策完善与调整，促进对外贸易发展方式快速转变。科学技术的进步是对外贸易发展方式转变的内在动力，那么对科学技术成果的保护以及对从事科技创新的鼓励将对对外贸易发展方式转变产生积极影响。因此，要不断完善知识产权保护等科技保护政策，保障科技创新者的创新成果不受侵犯，让科技创新者能够通过正规渠道获取其创新应得的利益，同时要制定科技创新鼓励政策，对于长期从事科技创新的创新型企业和个人给予一定奖励，激发人们参与科技创新活动并合法获取正当利益。第四，完善涉外贸易产业政策，产业的顺利转型升级是对外贸易方式转变的重要依托，目前，新疆一方面要通过信息化、智能化来完成传统产业改造；另一方面要鼓励具有高附加值、高科技含量的高新技术产业的发展来实现新疆产业的转型升级，只有具有合理和高级的产业结构体系，才能促进对外贸易方式的顺利转变。

7.3　新疆对外贸易发展方式转变的金融支持

　　金融是现代经济的核心，是促进对外经贸合作的重要纽带，在资源配置中发挥着基础性作用。广义来讲，金融包括政府财政、公司财务、家庭理财和银行、保险、证券、信托等相关活动。这里的金融指的是银行、证券公司、保险公司、储蓄协会、住宅贷款协会，以及经纪人等中介服务。那么，对外贸易发展方式转变的金融支持是指金融行业各个市场，包括银行、证券等各类金融机构，利用自身在资金、服务、风险防范与转移等方面的不同优势，采取各种不同手段来提升该国或地区对外贸易发展水平。目前我国外贸金融支持体系也主要包括两大方面：政策性金融支持和商业性金融支持。因此，从金融支持的性质角度，金融支持对外贸易发展方式的转变可以分为政策性金融支持和商业性金融支持。其中政策性金融支持是为服务于本国的进出口以及对外投资而设立的政策性金融形式；而商业性金融支持的实施主体是各个商业银行，它包括各类商业银行向进出口企业提供各种融资服务和结算服务（郭世玉，2011）①。目前，保持新疆外贸持续稳定发展的金融促进和支持体系要解决两个主要问题：一是如何争取政策性金融机构对新疆外贸发展提供更多支持；二是如何引导商业性金融机构将金融资源投入到外贸部门，提高外贸部门的生产效率和效益。在具体措施方面建议从以下几方面加以完善。

7.3.1 对外贸易发展方式转变的政策性金融支持

7.3.1.1 争取金融机构管理部门加大对新疆外贸金融政策的倾斜力度

现阶段新疆开展对外贸易的对象主要是中亚及周边国家，由于这些国家宏观经济并不稳定，从而使得新疆企业在进出口贸易和对外投资结算中难以规避贸易伙伴国家外汇政策变化引发风险，如此将不利于新疆外贸企业通过多元化的经营方式乃至走出去参与国际竞争推动新疆对外贸易发展方式转变。因此，提高人民币在与这些国家进出口贸易和企业走出去对外投资中的结算总量，不仅有利于新疆企业有效规避汇率风险，降低汇兑成本，而且也将为人民币国际化提供先行先试的国际舞台。那么，新疆可以根据在中亚及周边国家市场多年开展外贸积累经验，在外贸金融政策支持新疆对外贸易发展方式转变上，争取国家金融机构管理部门给予特殊的政策倾斜。为此，一是争取人民银行总行授权人行乌鲁木齐中心支行定期与主要贸易伙伴国的同级别央行机构进行会晤与交流，加强信息沟通与合作，磋商制定双边本币支付协定，协商在对方国家建立本国货币账户，可以利用本国货币在对方国家进行清算等条款。二是争取外汇管理局出台相应的政策法规，适当授权新疆分局能够根据当地边境贸易的发展变化特点适时制定有利于规范和促进边贸管理的具体措施，及时调整外汇管理政策。三是争取财税部门在扶持新疆企业增强自主创新能力，转变发展方式方面给予特殊的财政支持。这里就外贸部门而言，第一，实行差别待遇，提高新疆本地企业高技术产品出口退税率；其次，设立支持中小企业出口专项基金，为中小企业出口融资提供担保并支持其开拓国际市场。第三，在财税扶持上重点引导新疆出口生产企业通过技术创新转变企业生产经营方式，把增强新

---

① 郭世玉. 新疆外贸发展中的金融支持问题研究 [D]. 新疆财经大学，2011.

疆本地企业自主创新能力作为调整产业结构、转变增长方式的中心环节。

7.3.1.2　争取政策性金融机构加大对新疆企业出口信贷和出口信用保险的支持

中国进出口银行和中国出口信用保险公司是支持我国外贸发展的政策性金融机构。其中，中国进出口银行主要通过完善业务委托代理制、联合贷款、中长期诱导信贷、出口信用担保和保险等方式，建立健全与商业银行的业务合理分工、优势互补的合作机制，以发挥政策性进出口金融对资本技术密集型产品支持的诱导和虹吸扩张功能。中国出口信用保险公司的业务范围主要涉及短期出口信用保险业务，中长期出口信用保险业务、投资保险业务以及与出口信用保险相关的信用担保业务、应收账款管理和信息咨询业务等。目前支持新疆外贸发展的政策性金融支持工作主要由中国进出口银行新疆维吾尔自治区分行和中国出口信用保险公司新疆专项工作办公室开展，根据两大政策性金融机构的业务范围及新疆对外贸易发展方式的运行特点，建议上述两家政策性金融机构通过政策性出口信用保险手段和提供优惠条件的贷款及贷款便利，为推动新疆企业开展进出口贸易和"走出去"投资带动新疆对外贸易发展方式上提供政策性金融支持。在出口信贷方面。自治区商务厅要加强与进出口银行沟通，反映新疆外贸企业需求，为进出口银行更好地服务新疆外贸发展提供决策参考。而在业务范围方面，进出口银行新疆分行需要继续围绕支持新疆开放型经济发展这一核心，开发适合新疆实际的创新业务品种，为企业开展进出口贸易和"走出去"提供切实可行的优质金融服务[①]。在出口信用保险方面，首先，鉴于中国出口信用保险公司目前还没有在新疆设立营业管理部，然而近些年新疆进出口贸易一直保持较快增长，特别在国家提出向西开放和丝绸之路经济带战略之后，新疆进出口贸易增长潜力更加巨大，因此，新疆可以积极争取中国出口信用保险公司在乌鲁木齐设立营业管理部，专门办理新疆地区的出口信用保险等政策性金融业务；其次，现阶段，根据新疆边境贸易活跃，进出口商品交易频繁但每单业务额小的特点，建议中国出口信用保险公司开发一些适合新疆外贸运行特点的保险品种，服务新疆外贸发展。

---

① 中国进出口银行网站．进出口银行新疆分行组织召开促进外向型经济发展银政企座谈会．[EB/OL]. http：//www. eximbank. gov. cn/tm/Newlist/index_343_26778. html.

7.3.2　对外贸易发展方式转变的商业性金融支持

前文实证分析结果表明，市场资金供给水平是推动新疆对外贸易发展方式转变的积极因素。事实上，本书提出的实施提高技术创新能力驱动新疆对外贸易发展方式转变、优化产业结构推动新疆对外贸易发展方式转变、推动企业"走出去"带动新疆对外贸易发展方式转变、加强区域经贸合作加速新疆对外贸易发展方式转变四条路径也离不开商业金融机构在资金方面的大力支持。那么，为了保证路径实施可以实现既定目标，商业性金融机构可以在如下有所贡献：第一，加大对国际商贸中心和进出口加工基地建设的金融支持力度。新疆打造国际商贸中心和建设进出口加工基地，在完善交通、运输、物流等基础设施和口岸软环境建设方面需要大量资金，为此需要商业性金融机构发挥业务优势，加强对外经贸发展资金的投入。第二，突出支持重点企业，积极支持"走出去"战略有效实施。以企业走出去带动对外贸易发展方式转变，抓手在大型跨国企业，着力点是项目，为此要以项目为依托，通过进一步加强与周边国家金融机构及国际组织的合作，构建多元化融资平台支持新疆项目企业开展海外收购，对外承包工程及各类境外投资，以此稳定周边市场对新疆产品的需求和新疆资源能源进口。第三，合理利用控制信贷投向等方式，通过加大对具有国际竞争力的大型外贸企业的金融支持，重点支持外向型优势产业发展，促进新疆产业结构转型。第四，金融机构要根据外贸企业资金需求特点，积极探索和开发适合新疆外贸特点的金融创新产品，侧重支持名牌产品出口，加快外贸出口由粗放型增长向效益型增长转变，重点支持引进国外先进技术和设备的改造项目，支持企业开发新产品和促进外贸产品升级换代，提高产品的科技含量和附加值，

7.4　新疆对外贸易发展方式转变的人才引领

人才是一个复合的概念，且是一个具有强烈时代特征的概念，而本书所指的人才特指具有中专毕业以上学历或具有专业技术任职资格的专业技术人员和专业管理人员，或不具备上述条件但长期在专业技术岗位上工作具有丰

富专业实践经验的人员，以及其他拥有某种技能或专业特长的人员①。人才对外贸发展不仅能起到支撑作用，还具有引领和带动作用。通过培养或引进一批人才，进行一项技术创新，创造一个品牌，开发一个新的产业，形成对外贸易发展方式转变的竞争优势。随着对外贸易发展逐渐步入创新驱动阶段，外贸人才在外贸发展方面的引领作用更加突出。实践已经证明，依靠人才引领和带动促进对外贸易发展，是一条可行极高的发展路径②。然而当前新疆人才队伍现状与经济社会跨越式发展的要求还有不够适应的方面。表现为：一是外经贸人才总量相对不足，难以满足新疆外经贸事业快速发展对人才的需求。二是高层次外经贸专业人才缺口较大。三是外经贸人才发展不平衡，表现在人才地域分布不平衡、生产型企业与贸易型企业人才分布不平衡③。鉴于此，要发挥人才对新疆对外贸易发展方式转变的引领作用，具体可采取如下措施：

7.4.1　完善人才培养机制为对外贸易发展方式转变提供人才智库

新疆外贸人才的培养与管理是一项长期的系统工程，也是当前势在必行的重任。如何从在宏观上统筹外贸人才发展规划以及怎样细化外贸人才的培养和管理工作是增强新疆对外贸易核心竞争力从而最终推动对外贸易发展方式转变的关键。具体可以采取如下措施：

第一，整合资源，统筹外贸人才发展。自治区商务厅、边贸局需与教育局、组织部等部门共同协作，共同制定新疆外贸人才发展规划，确定外贸人才发展目标、原则和任务，明确每个阶段人才发展工作重点。联合高等院校、科研院所、干部学院、党校等部门共同进行外贸人才培养，对各单位的培养对象和培养重点进行区分，赋予各单位一定数量或层次的外贸人才培养任务，定期予以检查，从而改善新疆外贸人才不足的现状，并实现外贸人才的长期良性发展。

第二，加大外贸人才资金投入。一方面在资金来源上，不仅要依靠财政拨

①　云南人才战略研究课题组．云南人才战略研究［M］．科学出版社，2003：148.

②　本报评论记者徐宁．从人才支撑到人才引领［N］．嘉兴日报，2009 - 04 - 10001.

③　自治区党委组织部人才办综合处．新疆维吾尔自治区中长期外经贸人才发展规划（2011 - 2020）［EB/OL］．昆仑网 http://www.xjkunlun.cn/zzgz/rcgz/2013/2861711.htm.

款，还要鼓励单位自己筹措、社会公众广泛资助等多种集资方式，不断促进外贸人才投入资金来源的多样化。另一方面，在资金投入上，要统筹规划和合理使用，专项资金专项管理、专项使用，加大对外贸人才的管理投入，要加大对重要外贸紧缺人才的培养和引进投入，加大对高层次和杰出外贸人才的奖励。鼓励外贸企业对职工进行培训和继续教育甚至学历教育，对在外贸人才培养上做出重要贡献的单位和企业给予资金奖励，对于专门从事外贸人才培养的机构给予一定税收优惠和补贴。

第三，建立科学的外贸人才评价体系，构筑信息化网络服务平台。全面梳理新疆外贸人才现状，通过构建外贸人才数据库，全面了解外贸人才的年龄结构、性别比例、文化水平、专业技能等，制定科学合理的外贸人才评价指标体系对现有人才进行全面、客观的评估，深入了解外贸人才格局，以便进一步对稀缺人才进行重点培养或引进，同时根据外贸发展情况，预测人才需求，为高等院校、干部学院等人才培养部门提供人才需求信息，以便进一步完善外贸人才队伍建设。

7.4.2　引聚高层次人才引领对外贸易发展方式转变

高层次、高素质人才是当今各国真正的核心竞争力，因此，要促使新疆对外贸易发展方式迅速转变，必须以高层次人才的聚集为前提。而新疆当前正由于人才流失严重以及人才引进困难致使各个行业各种类别的高层次人才缺乏，因此如何留住新疆本地人才，又如何快速引进高层次人才集聚新疆，是新疆当前急需解决的问题。为此，需要做出以下几方面的努力：一是依托"自治区高层次紧缺人才引进工程"，引进外贸事业发展迫切需要的跨国经营管理、涉外法律、国际市场营销、国际物流和会展组织等领域的人才，吸引留学生"回家创业"。二是依托"中央和19省市对口援疆"政策，充分发挥对口支援省市商务主管部门、高等院校以及商务部直属研究机构的人才、资源优势，创新"引智"模式，引导沿海发达地区高端外贸人才服务新疆外贸事业发展。每年引导对口支援省市的高端外贸专业技术人才通过兼职、合作研究、考察咨询、来疆讲学等形式服务新疆对外贸易发展方式转变。三是围绕新疆优先发展的重点产业，利用金融危机导致全球就业困难的机会，面向海内外引进一批高层次创新创业人才或团队，引进海内外高层次管理团队和专业技术人才进入外贸企业，同时还需引进一批高水平小语种、英语等语言类人才。四是完善人才激励保障机制，避免人才流失。进一步规范人才引进制度，给予高层次稀缺人才在住房、家属安置、福利待遇等各方面优待以吸引高层次外贸人才来新疆就职。进一步完善人才奖励办法，对在外贸领域做出突出贡献的人才给予升职或物质奖励。对涉外法律、高级翻译、跨国企业管理等高层次紧缺人才实行特殊津贴制度等。

参 考 文 献

一、中文部分

[1] 简新华，张皓. 论中国外贸增长方式的转变 [J]. 中国工业经济，2007 (8)：32 - 40.

[2] 罗志松. 对转变我国外贸增长方式的几点思考 [J]. 世界经济研究，2007 (2)：73 - 74.

[3] 李邦君. 科学发展观与转变外贸增长方式 [J]. 国际商务研究，2006 (3)：1 - 6.

[4] 范爱军，刘云英. 外贸增长方式评价指标体系的构建及实际运用——以山东省为例 [J]. 国际贸易问题，2007 (8)：35 - 40.

[5] 裴长洪，彭磊，郑文. 转变外贸发展方式的经验与理论分析——中国应对国际金融危机冲击的一种总结 [J]. 中国社会科学，2011 (1)：77 - 87，222.

[6] 朱启荣. 中国外贸发展方式转变的实证研究 [J]. 世界经济研究，2011 (12)：65 - 70，86.

[7] 李健，刘雪琴，金柏松等. 加快转变外贸发展方式的理论与实践 [J]. 国际贸易，2012 (6)：27 - 35.

[8] 杨继军，范从来. 刘易斯拐点、比较优势蝶化与中国外贸发展方式的选择 [J]. 经济学家，2012 (2)：22 - 29.

[9] 张华. 对外贸发展方式转变若干问题的思考 [J]. 中国经贸导刊，2014 (5)：8 - 10.

[10] 张莉. 构建转变外贸发展方式理论体系探讨 [J]. 国际贸易，2012 (5)：28 - 32.

[11] 魏磊，蔡春林. 后危机时代我国外贸发展方式转变的方向与路径 [J]. 国际经贸探索，2011 (2)：13 - 20.

[12] 汪素芹，周健. 技术创新对中国外贸发展方式转变影响的实证研究

[J]. 财贸研究, 2012 (6): 43 - 50.

[13] 李锋. 异质企业与外贸发展方式转变研究 [D]. 中国社会科学院研究生院, 2011.

[14] 张钱江. 重构浙江外贸发展方式 [J]. 国际贸易, 2008 (2): 29 - 32.

[15] 王晓红. 浙江省促进外贸发展方式转变的经验、困难与政策建议 [J]. 时代经贸, 2010 (9): 31 - 38.

[16] 魏金山. 东亚经济一体化与福建外贸发展方式转变 [J]. 亚太经济, 2010 (5): 93 - 96.

[17] 谢国娥, 王珏. 后危机时代上海外贸发展方式转变的路径和对策 [J]. 财经问题研究, 2013, S1: 20 - 25.

[18] 段秀芳. 新疆外贸发展特点分析 [J]. 新疆财经, 2004 (3): 9 - 11.

[19] 陈兵, 葛飞秀. 试析新疆外贸发展现状及存在的问题 [J]. 新疆财经大学学报, 2008 (2): 21 - 25.

[20] 石新民. 新疆 "走廊型" 外贸转型的措施与对策 [J]. 实事求是, 2010 (6): 38 - 41.

[21] 中国人民银行伊犁州中心支行课题组. 转变新疆外贸发展方式的金融支持路径研究 [J]. 金融发展评论, 2012 (11): 107 - 113.

[22] 程云洁. 新疆外贸发展的问题、原因和对策 [J]. 开放导报, 2013 (6): 61 - 64.

[23] 李莉, 宋岭. 新疆对外贸易与环境保护协调发展思路探析 [J]. 新疆大学学报, 2008 (6): 5 - 10.

[24] 吴晋. 新疆对外贸易发展方式转变研究 [D]. 石河子大学, 2013.

[25] 岳永生. 新疆外贸发展特征及金融支持路径研究 [J]. 西部金融. 2013 (5): 63 - 67.

[26] 中国社会科学院语言研究所词典编辑室. 现代汉语词典第5版 [M]. 北京: 商务印书馆, 2005: 346.

[27] 李琮主编. 世界经济学大辞典 [M]. 北京: 经济科学出版社, 2000: 154.

[28] 易先忠, 欧阳峣. 中国贸易增长的大国效应与 "合成谬误" [J]. 中国工业经济, 2009 (10): 36 - 46.

[29] 马春文、张东辉. 发展经济学 [M]. 北京: 高等教育出版社,

2005：15.

[30] 赵芳. 试论我国外贸增长与外贸发展的统一 [J]. 国际经贸探索，1991 (2)：17 - 23.

[31] 金林燕. 安徽转变外贸发展方式研究 [D]. 合肥：安徽工业大学，2012：9.

[32] 李霞. 福建省转变外贸发展方式对策研究——基于优化外贸结构视角 [J]. 福建商业高等专科学校学报，2012 (4)：37 - 47.

[33] 张佑林. 从产业结构看浙江外贸发展方式的定位 [J]. 浙江树人大学学报 (人文社会科学版)，2007 (6)：34 - 40.

[34] 于凤霞. 关于山东省转变外贸发展方式的思考 [J]. 经济研究导刊，2009 (33)：155 - 156.

[35] 李明生，何天祥. 区域对外贸易可持续发展综合评价 [J]. 求索，2005 (2)：8 - 11.

[36] 汪素芹，余康. 中国外贸增长方式转变绩效的实证研究——基于江苏数据 [J]. 产业经济研究，2011 (2)：87 - 94.

[37] 朱启荣，言英杰. 中国外贸增长质量的评价指标构建与实证研究 [J]. 财贸经济，2012 (12)：87 - 93.

[38] 黄维梁. 国际市场竞争方式变化与我国外贸企业策略创新 [J]. 国际商务 (对外经济贸易大学学报)，2001 (2)：1 - 4.

[39] 范保群. 商业生态系统竞争方式及其启示 [J]. 商业经济与管理，2005 (11)：3 - 7.

[40] 刘海燕. 比较优势理论与中国对外贸易的发展 [D]. 山东师范大学，2003：6 - 7.

[41] 王静娴. 要素市场扭曲对外贸转型升级的影响研究 [D]. 辽宁大学，2014.

[42] 符正平. 新竞争经济学及其启示——评波特竞争优势理论 [J]. 管理世界，1999 (3)：216 - 217.

[43] 曾锁怀. 辉煌六十载丝路谱新篇——新疆对外贸易 60 年发展纪实 [J]. 大陆桥视野，2009 (10)：80 - 82.

[44] 董少华，陈蔷薇. 200 多家"走出去"企业带动新疆对外开放[N]. 新疆日报 (汉). 2013 - 02 - 25.

［45］曾锁怀 . 90 亿美元书写新疆外贸新篇章 ［J］. 大陆桥视野，2007 （4）：26 － 27.

［46］司正家 . 改革开放与新疆区域发展 ［J］. 新疆师范大学学报，2008 （4）：16 － 21.

［47］杨小凯，黄有光 . 专业化与经济组织 ［M］. 北京：经济科学出版社，1999：52，209.

［58］吴德进 . 企业间专业化分工与产业集群组织发展——基于交易费用的分析视角 ［J］. 经济学家，2006 （6）：89 － 95.

［49］郭显光 . 改进的熵值法及其在经济效益评价中的应用 ［J］. 系统工程理论与实践，1998 （12）：99 － 103.

［50］李玉环 . 全球产业格局再调整带来的 "危" 与 "机" ［N］. 光明日报 . 2014 － 04 － 06.

［51］徐梅 . 后危机时期国际贸易环境变化及其对我国的影响与冲击 ［J］. 学术交流，2013 （8）：119 － 122.

［52］王岚，罗小明 . 从俄林到克鲁格曼：区位对贸易意味着什么？——区际贸易理论和新经济地理学的比较 ［J］. 当代财经，2012 （12）：104 － 111.

［53］徐康宁，王剑 . 要素禀赋、地理因素与新国际分工 ［J］. 中国社会科学，2006 （6）：65 － 77，204 － 205.

［54］保建云 . 中国与哈萨克斯坦双边贸易与区域经济合作的比较优势与风险分析——一项基于地理区位与跨国公共品供给的实证研究 ［J］. 新疆大学学报（哲学人文社会科学版），2008 （4）：104 － 110.

［55］黄伟新，龚新蜀 . 丝绸之路经济带国际物流绩效对中国机电产品出口影响的实证分析 ［J］. 国际贸易问题，2014 （10）：56 － 66.

［56］易先忠，欧阳峣，傅晓岚 . 国内市场规模与出口产品结构多元化：制度环境的门槛效应 ［J］. 经济研究，2014，06：18 － 29.

［57］罗正月 . 制度创新是外贸增长方式转变的内生变量 ［J］. 福建财会管理干部学院学报，1997 （1）：10 － 14.

［58］孙慧，欧娜 . 基于偏离—份额的新疆主导产业识别 ［J］. 地域研究与开发，2011 （5）：45 － 49.

［59］吕淑华 . 私企成推动新疆外贸增长主力军 ［N］. 都市消息晨报，2012 － 11 － 21D1.

［60］马述忠，段钒．基于粮食安全背景的中国粮食企业"走出去"关键性影响因素研究［J］．浙江社会科学，2011（5）：33－41，156．

［61］田素华，尹翔硕．论不同经济发展阶段的对外贸易政策选择——美国对外贸易政策的演进机理及对我国的启示［J］．上海经济研究，2006（4）：14－20．

［62］王丽娜．美国对外贸易特点和未来政策趋势［J］．辽宁师范大学学报（社会科学版），2012（6）：758－762．

［63］何传添．开放经济下如何实现外贸内生性增长［J］．国际贸易问题，2009（7）：42－46．

［64］严启发．美国、日本转变外贸增长方式的做法及启示［J］．经济研究参考，2006（2）：31－35．

［65］蒋和平．德国外贸竞争力提升经验及启示［J］．国际经济合作，2011（2）：11－14．

［66］蒋和平．德国提升对外贸易竞争力的措施及借鉴［J］．经济导刊，2010（11）：10－11．

［67］丁平，徐松．德国对外贸易发展及其对我国的启示［J］．经济前沿，2007（6）：27－32．

［68］王素芹．日本对外贸易发展经验及借鉴［J］．商业时代，2007，27：36－37．

［69］蒋和平．日本对外贸易竞争力的提升策略及其启示［J］．特区经济，2010（4）：104－107．

［70］彭华，王晓芳．日本成为世界工厂的三大法宝［J］．工业技术经济，2004（4）：42－44．

［71］张虹鸥，陈丽玲．广东六十年巨变［J］．经济地理，2009（10）：1594－1598，1649．

［72］魏廷华．广东外贸发展的基本特色［J］．南方经济，1993（5）：32－36．

［73］方奕涛，罗建穗．广东"三来一补"与"三资"企业形式外资比较［J］．国际经贸探索，1999（2）：49－52，69．

［74］梁耀文．加快转变外贸增长方式实现广东外贸可持续发展［J］．广东经济，2006（2）：12－16．

［75］袁欣．加工贸易与比较优势陷阱：来自广东的实证分析［J］．宏观

经济研究，2005（9）：58 - 60.

［76］李铁立. 贸易增长与转型升级的平衡点——以广东为视角［J］. 探索与争鸣，2013（10）：63 - 67.

［77］黄克琼. 广交会推动外贸发展方式转变［N］. 国际商报，2012 - 10 - 15A02.

［78］钱方明. 江苏、浙江两省外贸发展模式的比较研究［J］. 国际贸易问题，2004（10）：38 - 42，52.

［79］张钱江. 浙江外贸发展的四阶段划分［J］. 浙江经济，2008（5）：24 - 25.

［80］王晓红. 浙江省促进外贸发展方式转变的经验、困难与政策建议［J］. 时代经贸，2010（9）：31 - 38.

［81］浙江省发展和改革委员会课题组. 浙江迈向"资本输出大省"——浙江企业境外投资：现状、问题与对策研究［J］. 浙江经济，2011，23：24 - 31.

［82］王晓红. 关于浙江省促进外贸发展方式转变的调查［J］. 中国经贸导刊，2010，16：18 - 20.

［83］黄晓虹，官锡强. 广西对外贸易战略的转换与外贸结构的调整［J］. 广西财经学院学报，2008（4）：1 - 5，10.

［84］黄志勇，陆昂. 广西近十年开放合作取得的主要成绩和成功经验［J］. 广西经济，2013（6）：26 - 29.

［85］黄志勇. 广西前两次大开放浪潮经验启示及对掀起第三次大开放浪潮的对策建议［J］. 东南亚纵横，2013（7）：3 - 15.

［86］赖永添，陶家祥，扎西旺姆. 云南、广西口岸发展经验及对西藏的启发［J］. 国际商务财会，2011（4）：27 - 30.

［87］李硕，吴勇江. 加快出口基地建设——促进广西外贸稳定持续健康发展［J］. 广西经济，2013（11）：19 - 22.

［88］盘福林. 八项举措加快边境外贸发展方式转变［EB/OL］. 中国民族宗教网. http：//www. mzb. com. cn/html/Home/report/337185 - 1. htm，2012 - 10 - 17/2014 - 03 - 06.

［89］李宝琴，司正家. 提高新疆外向型经济水平的创新策略选择［J］. 新疆大学学报（哲学·人文社会科学版），2009（6）：1 - 6.

［90］赵青松. 新疆进出口基地的产业选择及重点区域分析［J］. 黑龙江

对外经贸，2010（12）：60 – 61，64.

[91] 徐海燕. 新疆在向西开放战略中的机遇挑战与对策分析 [J]. 西部学刊，2014（1）：35 – 38.

[92] 陈卓武. 海外华商网络在广东"走出去"战略中的功能与作用 [J]. 东南亚研究，2007（6）：90 – 92，96.

[93] 蒋新卫. 新疆大企业大集团战略与中亚经济合作 [J]. 新疆师范大学学报（哲学社会科学版），2009（3）：69 – 73.

[94] 杨引官. 新疆企业实施"走出去"战略的新思路 [J]. 实事求是，2003（1）：49 – 51.

[95] 李豫新，王淑娟. 向西开放背景下优势产业选择研究——基于新疆的实证分析 [J]. 国际经贸探索，2014（7）：98 – 107.

[96] 实现长治久安建设美好新疆——党的十八大以来党中央稳疆兴疆重大决策部署纪实 [N]. 人民日报，2014 – 05 – 28.

[97] 阎大颖. 中国企业对外直接投资的区位选择及其决定因素 [J]. 国际贸易问题，2013（7）：128 – 135.

[98] 张为付. 中国企业对外直接投资的区位选择和路径安排 [J]. 国际贸易问题，2006（7）：105 – 110.

[99] 阿依古力·依明. 新时期新疆与中亚五国区域经济合作问题探究 [J]. 对外经贸，2013（8）：44 – 46.

[100] 高志刚. 基于三类模式的中国新疆与中亚次区域经济合作平台构建 [J]. 俄罗斯中亚东欧市场，2010（10）：21 – 27.

[101] 季菲菲，陈江龙，袁丰，陈雯. 府际关系视角下的跨区域经济合作——以江苏对口支援新疆伊犁哈萨克自治州州直地区为例 [J]. 干旱区地理，2012（3）：494 – 502.

[102] 殷冀锋. 新一轮对口援疆进程中的产业园区发展建议 [J]. 中国经贸导刊，2013，32：11 – 12.

[103] 王敏、龚友国. 丝绸之路经济带启发沿线区域发展想象空间[EB/OL]. 中国企业报. 2013 – 09 – 24. http：//money. 163. com/13/0924/01/99GI4U 5000252G 50. html.

[104] 张科峰. "汉新欧"本月重启与郑欧班列是竞争还是合作 [EB/OL]. 大河网 – 河南商报. http：//news. dahe. cn/2014/04 – 01/102716545. html.

［105］陈立辉. 科技支撑体系及其作用与功能［J］. 改革与战略, 2002, Z1: 20 - 26.

［106］新疆科技厅. 新疆科技创新大会暨科学技术奖励大会召开［J］. 中国科技奖励, 2014, 02: 54.

［107］董晔, 安尼瓦尔·阿木提, 付金存. 科技进步与民生发展互动关系的实证研究——以新疆为例［J］. 科技进步与对策, 2010, 18: 46 - 49.

［108］赵伟. 制度创新: 转变外贸增长方式的关键环节［J］. 国际贸易问题, 1996 (10): 25 - 29.

［109］郭世玉. 新疆外贸发展中的金融支持问题研究［D］. 新疆财经大学, 2011.

［110］中国进出口银行网站. 进出口银行新疆分行组织召开促进外向型经济发展银政企座谈会［EB/OL］. http: //www. eximbank. gov. cn/tm/Newlist/index_343_26778. html.

［111］云南人才战略研究课题组. 云南人才战略研究［M］. 科学出版社, 2003: 148.

［112］本报评论记者徐宁. 从人才支撑到人才引领［N］. 嘉兴日报, 2009 - 04 - 10001.

［113］自治区党委组织部人才办综合处. 新疆维吾尔自治区中长期外经贸人才发展规划 (2011 - 2020)［EB/OL］. 昆仑网: http: //www. xjkunlun. cn/zzgz/rcgz/2013/2861711. htm.

［114］［英］亚当·斯密著, 杨敬年译. 国富论 (下卷)［M］. 西安: 陕西人民出版社, 2001.

［115］［英］大卫·李嘉图著, 周洁译. 政治经济学及赋税原理［M］. 北京: 华夏出版社, 2005.

［116］［瑞典］伯特尔·俄林著. 区际贸易与国际贸易［M］. 逯宇铎等译, 北京: 华夏出版社, 2008.

［117］［美］迈克尔·波特著. 李明轩, 邱如美译. 国家竞争优势 (上)［M］. 北京: 中信出版社, 2012.

二、外文部分

［1］Leontief, Wassily. Domestic production and foreign trade; the American capital position re - examined［J］. Proceedings of the American philosophical Society, 1953, 97 (4): 332 - 349.

[2] Posner, M. V. lnternntionnl Trade and Technical Change [J]. Oxford Economic Papers, 1961, (13): 323 - 341

[3] Linder, S. R. An Essay on Trade and Transformation [M]. Uppsala: Almqvist & Wilksell. 1961.

[4] Keesing, D. B. Labor Skills and lnternntional Trade: Evaluating Many Trade Flows with a Single Measuring Device [J]. Review of Economic, and Statistic, 1965, 47 (3): 287 - 294.

[5] Kenen, P. B. Nature, Capital, and Trade [J]. Journal of Political Economy, 1965, 73 (5): 437 - 460.

[6] Vernon, R. lnternntionnllnvestrnent and International trade in the Product Cycle [J]. Quarterly Journal of Economics. 1966, 80 (2): 190 - 207.

[7] Grubel, H. G. and Lloyd, P. J. lntra - industry Trade: T'he Theorv and Measurement of International Trade in Differentiated Products [M]. London: Macmillan. 1975.

[8] Dixit, A. and Stiglitz, J. Monopolistic Competition and Optimum Product Diversity [J]. American Economic Review, 1977, (67): 297 - 308.

[9] Krugman, Paul. Increasing Returns,: Monopolistic Competition, and International Ttade [J]. Journal of International Economics, 1979, (9): 969 - 479.

[10] Brander James and Krugman Paul. A ' reciprocal dumping ' model of international trade [J]. Journal of international Economics, 1983, 15 (3): 313 - 321.

[11] Grossman, G. and Helpman, E. Comparative Advantage and Long - Run Growth [J]. American Economic Review, 1990, (80): 796 - 815.

[12] Marc J. Melitz, The Impact of Trade on Intra - Industry Reallocations and Aggregate Industry Productivity [J]. Econometrica, 2003, 71 (6): 1695 - 1725.

[13] Helpman, E. , Melitz, M. , Yeaple, S. Exports VS FDI with Heterogeneous Firms [J]. American Economic Review, 2004, (94): 300 - 316.

[14] Yeaple, S. Firm Heterogeneity, International Trade and Wages [J]. Journal of International Economics. 2005, (65): 1 - 20.

[15] Richard F. Raldwin. Heterogeneous Firms and Trade: Testable and Untestable Properties of the Melitz Model [R]. NBER Working Paper. No. W11471, 2005

［16］ Bemard, A. , Jensen, J. B. , Redding, S. , et al. Firms in International Trade ［J］. Journal of Economic Perspectives, 2007, 21, （3）: 105 – 130.

［17］ Gene M. Grossman, Esteban Rossi – Hansberg. Task Trade Between Similar Countries ［R］. NBER Working Paper No. 14554, 2008

［18］ Pol Antras. Firms, Contracts and Trade Structure ［J］. Quarterly, Journal of Economics, 2003, 118 （4）: 1375 – 1418.

［19］ Antràs P. , Costinot A. Intermediated trade ［R］. National Bureau of Economic Research, 2010. Downloadable at: http: //www. nber. org/papers/w15750.

［20］ Feenstra Robert, Hanson Gordon, Globalization, outsourcing, and wage inequality ［J］. American Economic Review, 1996, 86 （2）: 240 – 245.

［21］ Ashok Baldwin, Miyuki Shibata. Does trade liberalization accelerate Economy ［J］. Journal of Political Economy. 2005, 64 （3）: 87 – 89.

［22］ Helpman, E. , O. Itskhoki and S. Redding. Trade and Labor Market Outcomes ［R］. NBER Working Paper, No. 16662. 2011

［23］ Antweiler W. , Copeland B R, Taylor M S. Is Free Trade Good for the Environment ［J］. American Economic Review, 2001, 91 （3）: 877 – 908.

［24］ Chichilnisky, G. Global Environment and North South Trade ［J］. American Economic Review. 1994, （84）: 851 – 874.

［25］ Copeland, B. R. , Taylor. M. S. North – South trade and environment ［J］. Quarterly Journal of Economics, 1994, 109 （3）: 755 – 787.

［26］ Machado G. , Schaeffer R, Worrell E, Energy and carbon embodied iu the international trade of Brazil: an input – output approach ［J］. Ecological Economic, 2001, （39）, 409 – 424.

［27］ Mongelli I. , Tassielli G. , Notarnicola B. Global warning agreement, international trade and energy/carbon embodiments: an input – output approach to the Italian case ［J］. Energy Policy, 2006, （34）: 88 – 100.

［28］ Richard Harris and David Cox. Trade Liberalization and Industrial Organization: Some Estimates forCanada ［J］. Journal of Political Economy, 1985, （93）: 115 – 145.

［29］ Robert Baldwin and Christopher Magee. Is trade policy for sale? Congressional voting on recent bills ［J］. Public Choice, 2000, 105: 79 – 101.

[30] Dong sheng Zhou, Barbara J. Spencer, Ilan Vertinsky. Strategic Trade Policy With Endogenous Choice of Quality and Asymmetric Costs [J]. Journal of International Economics 2002, (56): 205 – 232.

[31] Zigic, K. Does a non – committed government always generate lower social welfare than its' committed counterpart? Strategic trade policy when consumer surplus matters [J]. Journal of Comparative Economics, 2011, (39): 533 – 556.

后　记

　　丝绸之路经济带东边牵着亚太经济圈，西边系着发达的欧洲经济圈，被誉为"世界最长、最具发展潜力的经济大走廊"。丝绸之路经济带的构建，势必有利于促进区域各国的合作交流，为生产要素互通有无、互利共赢提供一个安全稳定的区域合作平台，也必将带来欧亚各国经贸合作的繁荣。新疆与周边八个国家接壤，区位优势明显，同时具有与周边国家语言相通、习俗相近和经济互补等优势，丝绸之路经济带的建设，无疑也为新疆对外贸易提供新的发展机遇。但也应看到，具有多方优势的新疆对外贸易在历经多年的高速增长后依然存在出口商品技术含量低、进口规模较小且结构不合理、外贸企业竞争力弱、"通道型"外贸特征明显等问题。面对这些存在多年但一直未有改观的问题，一方面需要我们严肃反思新疆以往沿袭的对外贸易发展方式存在的不足；另一方面也要求新疆外贸研究者认真思考如何借助国家大力推进丝绸之路经济带建设的重大机遇，提出加快新疆对外贸易发展方式转变的锦囊妙计。

　　本书是在石河子大学龚新蜀教授主持的国家社科基金项目《欧亚战略合作背景下新疆对外贸易发展方式转变研究》（批准号13BJL052）的研究成果基础上完成的，是作者对上述问题深入思考后对新疆对外贸易发展方式展开大量调研、实地考察、真实体验和反复思索的文字表达，也是作者长期从事新疆对外贸易发展问题研究的一个阶段性总结。在完成本书写作过程中，课题组在历尽坎坷的调研途中体验到了在新疆广袤大地开展对外贸易的艰辛以及当前外贸取得成绩的来之不易，在无数次的专题讨论中见证了每个课题组成员在相互讨论之后知识见长的满足，在撰写课题的日夜陪伴中加深了课题组成员患难与共之后的同事情、师生情、朋友情。在这里，本书的付梓还要感谢为课题组调研提供热情帮助的自治区商务厅、乌鲁木齐海关、新疆出入境检验检疫局、自治区统计局、霍尔果斯口岸管理委员会等有关领导以及第四届亚欧博览会举办期间国内各省市、区内各地州市的相关部门领导、企业和有关人员。同时，在本书的编写过程中，参考了大量文献，我们也向这些文献的作者表示深深的谢意。

　　尽管作者为本书的完成做了大量工作，但无论从理论角度和实践角度看，有关新疆对外贸易发展方式转变的诸多问题还有待于进一步深入研究和探讨。由于作者的水平有限，本书可能还存在一些缺陷和不足，欢迎读者批评指正。

黄伟新

2015 年 8 月